CONSILIA 20

Kommentare für den Unterricht

Herausgegeben von Hans-Joachim Glücklich

Hans-Joachim Glücklich

Sallusts »Catilinae coniuratio« im Unterricht

Vandenhoeck & Ruprecht

Exempla 20 ist in Grund- und Leistungskursen einsetzbar.

ISBN 3-525-25652-3

Satz: Schwarz auf Weiß GmbH, Hannover.
Druck und Bindung: Hubert & Co., Göttingen.
Umschlaggestaltung: Markus Eidt, Göttingen.

Gedruckt auf chlorfrei gebleichtem Papier.

Inhalt

Einleitung: Sallusts *Catilinae coniuratio* in der Schulpraxis

Begründungen der Sallust-Lektüre

Die Begründungen für die Lektüre von Sallusts *Catilinae coniuratio* werden zutreffend aus verschiedenen Bereichen geholt.

- Geschichte: Man soll an Sallusts Darstellung, so manipuliert sie im Einzelnen auch sein mag, die historischen Fakten zur Verschwörung Catilinas und zur Situation der römischen Gesellschaft und des Römischen Reiches in dieser Zeit (64 v. Chr.) erkennen.
- Politologie: Die lesenden Schülerinnen und Schüler sollen am Beispiel der Schilderung einer staatlichen Krise Überlegungen zu ihrem eigenen Verhalten im Staat und zu ihrem eigenen Staat anstellen.
- Anthropologie: Die lesenden Schülerinnen und Schüler sollen Sallusts Menschenbild und Sallusts Vorstellungen vom Lebensziel mit späteren, heutigen und eigenen Vorstellungen vergleichen. Hierzu gehört auch die Auseinandersetzung mit den römischen Wertvorstellungen, die zwar nicht generell als überholt erwiesen sind, aber kritisch geprüft werden müssen.
- Literarisches Arbeiten: Die lesenden Schülerinnen und Schüler sollen die Darstellungsart Sallusts erkennen und von ihr in ein vernetztes Denken und in philosophische Verhaltensweisen eingestimmt werden. (Vgl. dazu unten S. 6f.)

Thematische Auswahl

Entprechend haben sich die folgenden thematischen Gesichtspunkte für die Auswahl der Texte aus der *Catilinae Coniuratio* etabliert[1] :

- Die Krise der römischen Republik
- Rhetorik und Politik: Die Reden in Sallusts *Catilinae Coniuratio*
- Ein Staatsstreich im Alten Rom
- Sallusts *Catilina* als Einführung in die antike Geschichtsschreibung.

In allenThemen kommen die folgenden Kapitel vor: 5,14-17, 20-21, 39b-41, 44-45, 46-49, 59-61. Sie bilden auch in der Praxis den Kern jeder Lektüre von Sallusts *Catilinae coniuratio,* die meist aus den folgenden Kapiteln auswählt: 4,9-5; 6-13; 14-17; 20-25; 29-32,2; 33-35; 36,4-39,5; 51-52; 53-54; 58; 61.

1 Sie sind zusammengefasst und in ihrem Für und Wider diskutiert bei Blänsdorf, J./Lederbogen, E., S. 26–33.

Ganzschriftlektüre und Verbindung der thematischen Gesichtspunkte

Für die Lektüre der *Catilinae coniuratio* Sallusts fand man früher gerne auch die Begründung, hier sei die Lektüre einer Ganzschrift möglich. Aber die heutige Situation des Lateinunterrichts lässt dies noch weniger als früher zu. Eine Verbindung der genannten Gesichtspunkte ist sinnvoll und wird in der Ausgabe der Reihe Exempla ermöglicht. Weil Sallust archaisiert, Gedanken immer wieder auf anderer Ebene aufnimmt, weil er Ausdrücke stets neu beleuchtet und auf ihre Bedeutungen abklopft, weil er Geschichtsdarstellung, Selbstdarstellung, philosophische und soziologische Darstellungen miteinander verknüpft, ergibt sich ein vielseitiges Spektrum, das es verbietet, seine Darstellung nur eindimensional zu sehen. Weder eine rein historische noch eine rein anthropologische noch eine rein philosophische Betrachtungsweise ist angemessen. Eine rein literarische Betrachtungsweise ist nur dann als angemessen zu bezeichnen, wenn man darunter mehr versteht als Erschließen, Übersetzen und stilistische und gattungsgeschichtliche Analyse. Nimmt man das literarische Werk als Medium der Analyse und des Diskurses über die dort angesprochenen Probleme, dann allerdings ist literarische Arbeit eine Kombination aus ästhetischer, politischer und philosophischer Arbeit mit dem Ziel, einen geschichtlichen Vorgang, Verhaltensweisen des Menschen und sich selbst zu erkennen. Sallust verbindet Geschichtsdarstellung, Selbstdarstellung, politische *memoria* vor dem Hintergrund aktueller Politik, Reflexion über das Wesen des Menschen und Reflexion über die Rolle Fortunas in der Geschichte und in der Rezeption von Geschichte. Dies vereinbart sich hervorragend mit der geschilderten literarischen Betrachtungsweise. Ein alle Themenbereiche zusammenfassendes Oberthema könnte daher sein: Geschichtsschreibung als politische Öffentlichkeitsarbeit.

Aufbau, Stil und Ziel des Werkes

Sallusts Text ist gefährlich. Wer die spezifische Arbeitsweise und Darstellungsform des Autors nicht berücksichtigt oder nicht erkennt, verfällt Fehlurteilen. Selbst die Wissenschaft ist davor nicht gefeit.[2] Sallusts Stil ist schwierig. Dass ihn trotzdem die Lehrplanautoren auf spätestens die 11. Klasse setzen, ist insofern überraschend. Bereits antike Autoren hatten mit Sallust ihre Schwierigkeiten: Quintilian warnte vor der »Kürze und Abgebrochenheit« sallustischer Sätze (*inst.* 4,2,45) und sah ein fort-

2 Vgl. Maurach, G.: Unbehagen an Sallust, in: Mitteilungsblatt des Deutschen Altphilologen-Verbandes, Landesverband Niedersachsen zusammen mit den Landesverbänden Bremen und Hamburg, 38/3, 1988, S. 2–8. Kluge Analyse hingegen bei A. D. Leeman (s. Literaturhinweise).

geschrittenes Literaturverständnis als Voraussetzung für das Verständnis von Sallusts Werken an (2,5,19). Seneca charakterisierte Sallusts Stil als *obscura brevitas* (*ep.* 114,17). Gellius rühmt die Feinheit des sallustischen Stils, der ihm Neider geschaffen habe, und diskutiert die als unüberlegt kritisierte Stelle 3,2 (*Noctes Atticae* 4,15). Dieser Lehrerkommentar versucht, Sallusts Zielsetzung und seiner Kunst gerecht zu werden. Die Zielsetzung ist nicht einfach eine Verurteilung Catilinas; Sallust geht es darum darzustellen, wie der Staat von einer Gefahr bedroht wurde, die nicht wie die Umsturzversuche kleiner Gruppen bewältigt werden konnte. Er nennt sein Ziel selbst in 4,5. Diese Passage ist umstritten, weil dort die Catilinarische Verschwörung ohne weitere Erläuterung als *imprimis memorabile ... sceleris atque periculi novitate* bezeichnet wird; die Geschichtsforschung sieht aber in der Verschwörung kein besonders wichtiges oder gar folgenreiches Ereignis. Sallust macht erst im Verlauf seiner Darstellung deutlicher, warum er der Catilinarischen Verschwörung eine so große Bedeutung beimisst: Hintermänner, Kulmination der Probleme in der Entwicklung Roms, Vorahnungen einer neuen Staatsform und Gesellschaftsordnung, Abkehr von einem bewährten Menschenbild und Notwendigkeit der Rückkehr zu ihm.

Die Form, die das Verständnis erschwert oder zur Langsamkeit zwingt, ist das verschachtelte und archaisierende Darstellen. Auch ein Leser, der wenig vertraut ist mit griechischer Philosophie, Staatsphilosophie, Psychologie und den Gründen der Kontinuität des römischen Staates, soll ins Nachdenken kommen, teils durch beeindruckende Geschichtsschilderungen, teils durch eine Gedankendarstellung, die man nur langsam und genießerisch erfassen kann (was den halblaut lesenden Römern nicht schwer fiel). Die archaisch spiralförmige Darstellung, bei der immer wieder bereits angeschlagene Motive auf anderem Niveau neu aufgegriffen werden, ist ein Mittel der Leseraktivierung.

Interpretation (Kritik, Zeithintergrund, Wortschatzarbeit)

Damit die Schülerinnen und Schüler diesem Prinzip Sallusts tatsächlich folgen können, seine semantische und archaisierende Vorgehensweise erfassen und verstehen, werden in der Textausgabe sehr viele Aufgaben zur Semantik, zur Wortschatzübung und zum Vergleich verschiedener Textpartien vorgeschlagen. Vergleiche mit anderen Werken Sallusts oder mit Passagen aus Ciceros *Reden gegen Catilina* sind nur dann aufgenommen, wenn sie nicht lang aufhalten und wenn sie die Hauptinterpretationslinie stützen.

Die generelle Interpretationslinie in diesem Kommentar und in der Textausgabe folgt Sallusts Themen: seinem Menschenbild, seinem Geschichtsverständnis und seinem Verhältnis zu seiner Zeit. Diese Themen werden im Proömium angeschlagen, in den Charakteristiken, Exkursen und Reden weiter ausgeführt und in den reinen Erzählpartien immer durch semantische Hinweise als Hintergrundwissen

berücksichtigt. Das Verhältnis Sallusts zu seiner Zeit wurde im Schulunterricht bisher wenig berücksichtigt. Man muss aber sehen, dass es im Jahr 42 v. Chr. fast revolutionär war, ein Werk erscheinen zu lassen, das Cicero lobt, Cato in direkten Gegensatz zu Caesar stellt, ihn rühmt und in der Senatsauseinandersetzung gewinnen lässt und Caesar versöhnlicher und strenger rechtsstaatlich argumentieren lässt als seine angeblichen Rächer, die Caesarianer.
Selbstverständlich werden auch alle Fragen des Aufbaus des Werkes und seiner einzelnen Elemente wie Reden, Charakteristiken, Erzählpartien, Exkurse in die inhaltliche Arbeit integriert. An ausgewählten Beispielen werden die Rezeption des Werkes, die Ergebnisse der historischen Forschung und zeitgenössische Äußerungen konfrontiert. Damit sollen die lesenden Schülerinnen und Schüler in allen Bereichen, die oben genannt wurden (historisch, anthropologisch, philosophisch, politisch), Erkenntnisse gewinnen, immer geleitet von der ästhetischen Rezeption des Werkes, seines Stils und seines Aufbaus. Entsprechend sind nicht nur Aufgaben zur philologisch-historischen Interpretation in die Textausgabe aufgenommen, sondern auch vielerlei Anregungen zur Berücksichtigung heutiger Einstellungen und zur aktiven Neuproduktion, die ja immer eine vertiefte Auseinandersetzung mit dem Text voraussetzt (vgl. dazu S. 43, 86 u.ö.).

Aufbau der Lektüre

Die Reihenfolge, in der man die einzelnen Kapitel der *Catilinae coniuratio* lesen sollte, scheint eigentlich klar zu sein: so wie sie von Sallust vorgegeben ist. Aber viele methodische Vorschläge weichen davon ab, und gute Gründe werden dafür angeführt. So wird empfohlen, die zu lesenden Kapitel nach thematischen Gesichtspunkten anzuordnen, ja selbst innerhalb eines Themas leichtere Kapitel vor schwereren zu behandeln. Oder es wird geraten, die Texte ganz nach Schwierigkeitsgrad anzuordnen, mit leichteren erzählenden Partien zu beginnen, später einen Exkurs oder das gewichtige Redepaar Caesar–Cato zu lesen und sich ganz zum Schluss die verzwickte Einleitung vorzunehmen. Das ist, als würde man sich die Ouvertüre zu einer Oper am Schluss anhören oder den Prolog im Himmel nach dem Faust I lesen.
Die Ausgabe in der Reihe EXEMPLA stellt die gesamte *Catilinae coniuratio* in der originalen Kapitelanordnung dar, gibt aber viele Passagen entweder als Zusammenfassung oder in Übersetzung oder zweisprachig wieder. Dadurch soll es möglich werden, das gesamte Werk sowohl inhaltlich als auch kompositorisch zu erfassen. Die Komposition ist nicht nur eine zusätzliche Kategorie des Ästhetischen, sondern maßgeblich für die Konstituierung des angemessenen Verstehens. So wie Ausdrükke, Wortformen, Satzbau und Kapitelkomposition oft archaisierend sind, so ist es der Bau des gesamten Werks: Sallust kehrt immer wieder zu seinen eingangs angeschlagenen Themen zurück und die Darstellung steht vor dem Hintergrund der theoretischen oder betrachtenden Partien. Die Zusammenfassung mehrerer Kapitel

zu Textabschnitten in der Textausgabe soll darauf hinweisen. Welchen thematischen Schwerpunkt man auch setzt, die Gesamtkomposition darf nicht unbeachtet bleiben. Dann kann es durchaus möglich sein,

- vorwiegend Charakterisierungen und Erzählpartien zu übersetzen und die theoretischen Teile zweisprachig zu lesen oder
- den Lektüreschwerpunkt auf theoretische Teile zu legen und einige Erzählteile einzuschieben (die man sich, einfach weil sie Freude machen, nicht ganz entgehen lassen darf) oder
- ausgewählte Passagen aus Exkursen, Reden und Erzählteilen unter Bewahrung verschiedener thematischer Aspekte zu behandeln.

Vieles spricht also dafür,

- das Proömium zwar nicht ganz am Anfang, aber zu einem relativ frühen Zeitpunkt der Lektüre zu lesen, da man ohne Proömium Sallusts Beurteilungskriterien nicht im Auge hat,
- zu beachten, dass das Ziel und die Brisanz des Werkes nur vor dem Hintergrund der Zeitumstände Sallusts erfasst werden können,
- von Anfang an die wichtigsten anthropologischen Kategorien Sallusts zu berücksichtigen
- und demgemäß nicht sofort mit der Charakteristik Catilinas (c. 5) zu beginnen und daran alle Darstellungsprinzipien erarbeiten zu lassen.

Für den Lektürebeginn empfiehlt sich daher Folgendes:

- In einer sehr guten Lerngruppe oder bei Lektüre in der 12. oder gar 13. Jahrgangsstufe (mittlerweile sind viele Einsatzzeitpunkte möglich) beginnt man mit dem Proömium, eventuell in einer Mischform von lateinischer und zweisprachiger Lektüre oder mit einiger Lehrerhilfe oder so, dass die lateinischen Texte gemeinsam erschlossen werden, aber dann eine Übersetzung ausgeteilt wird.
- Die Schülerinnen und Schüler könnten auch vorher das Proömium auf Deutsch lesen (1,1-4,5) und sich aufschreiben, was ihnen erklärungsbedürftig erscheint (inhaltlich, grammatikalisch, stilistisch) und den Gedankengang schriftlich zusammenfassen sowie eine Gliederung erstellen.
- Da es immer mehr kombinierte Kurse gibt, wäre es auch möglich, dass die Leistungskursschüler das Proömium erschließen, die Grundkursschüler es auf Deutsch mit Auswertungsfragen lesen und es dann zu einem Gespräch zwischen Leistungs- und Grundkursschülern über den Inhalt und das Ziel des Proömiums kommt.
- Eine relativ schwierige Alternative besteht darin, zunächst B 1 zu T 1 lesen zu lassen und erst dann die Kapitel 1–3 unter folgender Fragestellung zu bearbeiten: »Wie stellt Sallust den im Begleittext geschilderten Sachverhalt in den Kapiteln 1–3 dar? Berücksichtigen Sie dabei, wie er seine Eingangsthese (1,1) und den Gegensatz *animus – corpus* im Verlauf dieser Kapitel ausführt.«
- Besonders sinnvoll erscheint es, die Lektüre mit 3,3-4,2 zu beginnen, wenn der Beginn mit 1-3,2 nicht möglich ist, also auf jeden Fall in der 11. Jahrgangsstufe und in schwächeren Grundkursen. Die Lektüre beginnt dann nicht unmittelbar mit der Charakteristik Catilinas, die ja nach Sallusts Willen eingebettet zwischen

seiner Rechtfertigung der Geschichtsschreibung und der Darstellung der Verschwörung als eines Ereignisses *inprimis memorabile* gelesen werden soll, sondern mit der Selbstdarstellung Sallusts. Sallusts Selbstdarstellung in c. 3,3-4,2 und seine Charakterisierung Catilinas in c. 5 sind aufeinander bezogen (vgl. unten S. 26). Dieser Lektürebeginn ist relativ leicht zu bewältigen, schafft durch Rückgriff auf c. 1-3,2 die anthropologischen Grundlagen und bereitet bestens auf die gesamte Lektüre vor. Die Maßstäbe, die sich in Sallusts Selbstdarstellung zeigen, können mit dem Inhalt der Kapitel 1–3 begründet werden, wodurch sich diese Anfangskapitel in die Lektüre integrieren lassen.

Für jede gewählte Möglichkeit bietet die Textausgabe eine inhaltliche Zusammenfassung der c. 1-4 als Begleittext 1 zu T 2. Zur Auswahl der Kapitel s.o. S. 5.

Interpretationen und Unterrichtsvorschläge

Textabschnitt 1: Vorwort: Lebensziel und Wahl der Lebensform (1,1-4,5)

Sallust beginnt mit einem Proömium zum Wesen und zum Lebensziel des Menschen. Er lässt es in einen Kommentar zu seinem eigenen Lebenslauf und zu seiner schriftstellerischen Tätigkeit einmünden (3,3-4,2) und mit der Ankündigung des Themas *Catilinae coniuratio* ausklingen (4,3-4), das zunächst eingeengt wird auf Catilinas *mores* (4,5).

1,1-4: Lebensziel

Am Anfang des c. 1 hebt er sofort seine Zielgruppe von anderen Menschen ab. Er beginnt zwar mit *omn(e)is homines* (»alle Menschen«), fügt aber sofort einen restriktiven Relativsatz hinzu*: qui sese student praestare ceteris animalibus* (»die danach streben, über andere Lebewesen herauszuragen«). Zwar könnte der Leser unter *ceteris animalibus* auch andere Menschen und nicht alle Lebewesen verstehen. Aber auf jeden Fall ist sofort eine Menschengruppe angesprochen, die nicht reaktiv, sondern aktiv ihr Leben gestaltet *(student)* und die nach einer Vorrangstellung strebt (*praestare*). Der Gedanke wird durch die Wortstellung betont: Das Subjekt des *A.c.i.* steht in der starken Doppelform *sese* voran, dann folgt das wichtige Prädikat *student* und dann erst der Rest des *A.c.i.: praestare ceteris animalibus.* Sallust schildert eine Elite. Der Wesensbestimmung dieser Elite folgt die Zielangabe: *summa ope niti decet, ne vitam silentio transeant.* Das Ziel wird mit *decet* als ethisch und vital qualifiziert, als angemessener Zustand. Die bereits grundsätzlich genannte Anstrengung und Eigeninitiative *(student)* wird mit der superlativischen Formulierung *summa ope* und mit *niti*, das auch körperliche Leistung und harten Kampf ausdrückt, verstärkt. Das Ziel fordert vollen Einsatz, es gibt kein anderes. Es besteht darin, nicht unter Begleitung des Schweigens oder mit dem Mittel des Schweigens durchs Leben zu gehen. Der semantisch mehrfach deutbare Ablativ *silentio* kann aktivisch und passivisch aufgefasst werden: »ohne zu reden« oder »ohne dass über einen geredet wird«, d.h., »ohne von sich reden zu machen«. Der sich anschließende Vergleich macht deutlich, dass ein Leben ohne dieses Ziel ein animalisch-tierisches ist, das den aufrechten Gang und die damit gegebene Bestimmung zur Betätigung des Geistes leugnet und stattdessen den Kopf eher zu Boden richtet und nur dem Fress- oder Nahrungstrieb gehorcht: *veluti pecora, quae natura prona atque ventri oboedientia finxit* (»wie die Tiere, die die Natur nach vorne gebeugt und dem Bauch hörig geformt hat«). Dass die Natur den Tieren ihr Wesen gegeben hat, lässt darauf schließen, dass sie auch den Menschen ihr Wesen gegeben hat. Sallust kommt sofort auf dieses Thema. Mit *sed* leitet er den Gegensatz ein; das betonte *nostra* hebt hervor, dass es jetzt um die menschliche Natur im Gegensatz zur tierischen geht. Er nennt die Menschennatur *vis*, ein naturgegebenes Potenzial. Dieses sucht oder sieht er in zwei Bereichen, *in animo* und *in corpore.*

Animus und *corpus* könnte man als eine Symbiose begreifen, deren Harmonie hergestellt werden muss. Aber Sallust macht aus der Addition *in animo et corpore* sofort einen Gegensatz der Funktionen, spricht dem Geist die Herrschaft, dem Körper den Gehorsam zu; dabei verstärkt er die Dienstleistung des Körpers zum Sklavendienst und mildert die Herabwürdigung des Körpers etwas durch das Wort *magis: animi imperio, corporis servitio magis utimur.* Eine zweite Antithese verstärkt und verschiebt die Aussage zugunsten des Geistes, indem dieser als göttlicher, der Körper aber als tierischer Bestandteil des Menschen gekennzeichnet wird. Sallust sagt dies aber nicht explizit, sondern behauptet nur, dass wir mit den Göttern die Herrschaft des Geistes, mit den Tieren die Dienstleistung des Körpers gemeinsam haben: *alterum nobis cum dis, alterum cum beluis commune est; alterum – alterum* bezieht sich eindeutig auf *imperium – servitium*, nicht auf *animus – corpus* (worauf er sich mit *alter – alterum* beziehen müsste). Damit bleibt unklar, welches Götter- oder Gottesbild Sallust vorschwebt, ein stoisches des reinen Pneumas oder ein platonisches des *agathón* oder ein aristotelisches des unbewegten Bewegers. Er ordnet nur pauschal den Nutzen der geistigen Herrschaft den Göttern und die Dienstleistung des Körpers den Tieren zu, etwa denen der Landwirtschaft und des Transports. Dann folgert er daraus, dass der eingangs genannten Wesensbestimmung des Herausragens und der Zielbestimmung eines in der Öffentlichkeit beachteten Lebens richtiger mit den Kräften des *ingenium* als mit denen des *corpus* entsprochen werden kann *(rectius videtur ingeni quam virium opibus gloriam quaerere);* dabei ist aus der ersten Formulierung *niti, ne vitam silentio transeant* jetzt eine ganz positive und starke geworden: *gloriam quaerere.*

Er fügt eine zweite Folgerung an, die wiederum eine leichte Verschiebung der ersten ist. Er gesteht zu, dass wir ein körperliches, vitales Leben genießen: *vita, qua fruimur*, setzt dieses aber durch *ipsa* (»das Leben an sich«) von einem weiter gefassten Lebensbegriff ab, der eine Ewigkeitskomponente wie die Existenz der bereits genannten Götter hat: *memoriam nostri quam maxume longam efficere.* Damit hat sich die Aufgabe des elitären, nach Vorherrschaft und Auszeichnung strebenden Menschen weiter konkretisiert: Aus *summa ope niti decet, ne vitam silentio transeant* war erst *gloriam quaerere* und ist jetzt *memoriam nostri quam maxume longam efficere* geworden. Im nächsten Satz spitzt sich *ingeni opibus* auf *virtus, memoriam longam efficere* auf *clara aeternaque habetur* zu (»ist ein ruhmvoller und dauernder Besitz«). Als neuer Gegensatz wird diesem geistigen Wert die Brüchigkeit äußerer Werte wie körperliche Schönheit und anderer Werte wie Reichtum entgegengestellt.

Sallust hat sich über viele Antithesen zu seinem sentenzartigen Zielsatz *virtus clara aeternaque habetur* emporgearbeitet. Dabei standen sich immer wieder zwei Gegensatzbegriffe gegenüber. Sie entstanden entweder, indem die vorigen Gegensätze durch zum Teil ähnliche ersetzt wurden (z.B. *animus – corpus* durch *imperium animi – servitium corporis* oder *animus – corpus* durch *ingenium – vires*) oder indem ein Begriff eines Gegensatzpaares entweder fallen gelassen (z.B. von *homines – animalia/*

pecora der Tierbereich durch die Aufspaltung *nostra omnis vis in animo et corpore sita est*) oder entwertet wurde (z.B. *ingeni* durch *rectius* gegenüber *virium*). Den Verlauf zeigt die folgende Aufstellung:

Der spezifisch menschliche Weg zum Ruhm (Sallust, *Catilinae coniuratio* 1,1-4)			
Götter	**Mensch**		**Tier**
	omnis homines		ceteris animalibus
	sese student praestare		ne vitam silentio transeant veluti pecora (quae natura) prona atque ventri oboedientia (finxit)
	nostra vis sita est		
	in animo	in corpore	
	imperio	servitio	
	utimur		
	alterum	alterum	
cum dis commune		cum beluis commune	
	rectius ingeni	quam virium opibus	
	gloriam quaerere	(vita brevis)	
	memoriam nostri quam maxume longam efficere		
	virtus clara aetenaque habetur	(divitiarum et formae gloria fluxa et fragilis)	
Ruhm erwirbt der Mensch durch virtus			

Archaisierender Stil

Mit diesem Verfahren der Antithese, der semantischen Verschiebung, der Aufspaltung in neue Antithesen oder der unterschiedlichen Gewichtung von Gegensatzpaaren folgt Sallust dem alten sophistischen und rhetorischen Prinzip des *in utramque partem disserere* (»in beide Richtungen argumentieren«), setzt es aber nicht als Mittel der Indifferenz, sondern als Mittel der Argumentefindung und der unmerklichen Lenkung des Lesers ein. Gleichzeitig nimmt er manchmal voraus, was Senecas Stil kennzeichnet: die verengende Vertiefung, ein immer weiteres Selektieren aus Gegensätzen und das Vergrößern einer bestimmten Sinnlinie.

In der Art seiner Gedankenentwicklung folgt Sallust aber einem archaischen Stil. Dessen Kennzeichen sind: Parataxe, Antithese und Schwerfälligkeit. Gedanken wer-

den antithetisch formuliert statt in einer kontinuierlichen Darstellung in logischer Abfolge. Zur Schwerfälligkeit gehören Wiederholungen ganzer Gedanken ebenso wie einzelner Wörter. Archaisieren bedeutet die Nachahmung dieses archaischen Stils in späterer Zeit. Sallust wendet diese Mittel bewusst insbesondere in den Teilen seines Werkes an, die nicht einfach erzählen. Der Archaismus in Sallusts Stil ist also einer des Denkens. Ein anfangs angeschlagenes Thema wird immer wieder aufgegriffen, aber verändert und mit immer neuen Gesichtspunkten oder auf höherer Ebene und mit zugespitzten sentenzartigen Formulierungen.
Zum Verständnis Sallusts muss der Leser sich an diesen Stil gewöhnen. Die Textausgabe gibt dabei folgende Hilfen:

- Eine Erklärung des archaisierenden Stils (Spr 1-11, besonders 1 und 11). Die ersten Erfahrungen mit diesem Stil kann man aber durchaus vor der Lektüre dieser Erklärung machen.
- Aufgaben zur Betrachtung dieses Stils (vgl. etwa A 2a zu T 1 und A 4 zu T 2, c. 6-13).
- Aufgaben zum Wortschatz, etwa die Zusammenstellung aller Wörter eines Wortfelds (z.B. A 1b zu T 1und A 4 zu T 2, c. 6-13). Weitere Möglichkeiten wären die Zusammenstellung von Wortkoppelungen zweier Substantive im gleichen Kasus oder eines Substantivs und eines Attributs und das Bedenken ihrer Wirkung, z.B. Aufsplitterung, Differenzierung, Perspektivenverschiebung, Weiterführung, auch unter Berücksichtigung der entstehenden stilistischen Figuren, schließlich die Zusammenstellung von Kapitelwortschätzen.

Viele dieser Aufgaben können auch in der Art erfolgen, wie sie bei der Interpretation der einzelnen Kapitel in verschiedenen Schaubildern und Übersichten dargestellt ist. Erschließung, Wortschatzarbeit und Interpretation sind so auf das engste verzahnt, oft ein und dasselbe. Wegen des Vorrangs dieser Aufgaben, die in Sallusts Gedankenwelt und Darstellungsweise hineinführen, werden in der Textausgabe am Anfang anders gerichtete Aufgaben, insbesondere der Vergleich mit anderen Proömien, z.B. dem des Livius, zwar nicht ausgeschlossen, aber nicht an die erste Stelle gesetzt.

1,5-2,6: Die Bedeutung geistiger Tüchtigkeit im Krieg und in der Politik

1,5-2,2: Nach den Kriterien des Abschnitts 1,1-4, *animus/corpus*, lässt sich auch der Gedankenabschnitt 1,5-2,2 erfassen. Die Gegensatzpaare in den einzelnen Sätzen sind: *vine corporis an virtute animi*, 1,5a, und *prius quam incipias, consulto opus est – ubi consulueris, mature facto opus est*, 1,5b. Eine Zusammenfassung wird dazwischengeschaltet: *Ita utrumque, per se indigens, alterum alterius auxilio eget*, 1,5c. Dann wird an allgemein gehaltenen historischen Beispielen erst das Unentschieden zwischen der Wertung des Geistes und des Körpers dargestellt, dann die Entscheidung: *divorsi pars ingenium, alii corpus exercebant*, 2,1a, und *tum demum periculo atque negotiis conpertum est in bello plurumum ingenium posse*, 2,2. Den Ablauf zeigt die folgende semantische Aufstellung:

1,5-2,2: Die *animi virtus* garantiert den Bestand der Herrschaft

diu	**certamen**		
	vine **corporis**	an	virtute **animi**
		res militaris magis procederet	
nam	mature facto ubi consulueris	opus est	prius quam incipias – consulto
		utrumque per se indigens	
	alterum	auxilio eget	alterius
igitur initio		reges	
	alii corpus	divorsi exercebant	pars ingenium
etiam tum		vita sine cupiditate agitabatur	
postea vero		lubidinem dominandi causam belli habere	
tum demum		periculo atque negotiis	
		in bello	plurumum ingenium posse
quodsi		in pace	animi virtus valeret
		aequabilius sese res humanae haberent	
nam		imperium retinetur	iis artibus, quibus ... partum est
verum ubi ...	desidia, lubido atque superbia		pro labore, pro continentia et aequitate
		fortuna inmutatur	
ita		imperium transfertur	

Der Streit, ob Geist oder Körper wichtiger sind, wird am Kriegswesens dargestellt. Das ist etwas überraschend, nachdem in 1,4 die *virtus* genannt worden war, die man als Leistung für den Staat kennt, jedoch nicht völlig überraschend, denn statt *res publica* steht *res militaris* und *virtus* ist auch kriegerische Tüchtigkeit, der Einsatz des Mannes *(vir)* könnte auch körperlicher Natur sein. Und im Krieg sind ganz offenbar geistige Strategie und körperlicher Einsatz notwendig, wie Sallust in zwei Sätzen (1,5b–c) betont. Deswegen war die Streitfrage auch »lange« *(diu)* unentschieden. Sallust zeigt, dass am Beginn der Geschichte *(initio)* die Führer *(reges)* teils mehr den Geist, teils mehr den körperlichen Einsatz bevorzugten, scheint also an weise

Richterkönige ebenso zu denken wie an schlagkräftige, turnier- oder wettkampffreudige Führer. Offenbar gab es ein Nebeneinander der beiden, ohne dass eine Seite den Sieg davontrug und ohne dass man in jedem König nur eines von beiden finden musste – es heißt nur *pars ingenium, alii corpus exercebant:* Üben und Trainieren bedeutet nicht völligen Verzicht auf das Untrainierte. Die Inkonzinnität verdeutlicht die Verschiedenheit und das *certamen.* Erst später, in einer nunmehr mit *Cyrus, Lacedaemonii* und *Athenienses* konkreter genannten geschichtlichen Periode, fällt die Entscheidung: Im Kriegswesen hat das *ingenium,* das – wie 1,3 zeigte – eine geistige Potenz ist, den größeren Einfluss und gibt den Ausschlag. Man kann dies leicht nachvollziehen, wenn man an die größer und komplizierter werdenden Kriege mit mehr technischem Einsatz denkt oder wenn man an die Überwindung der persischen Flotte durch die zahlenmäßig unterlegenen Griechen durch Strategie und Taktik denkt (Schlacht von Salamis, 480 v. Chr.).
Interessant und provokant wird aber der Gedankengang dadurch, dass die alte Zeit durch Abwesenheit von Gier *(cupiditas)* gekennzeichnet wird, die spätere durch Machtgier und Imperialismus *(lubidinem dominandi causam belli habere; maxumam gloriam in maxumo imperio putare).* Es ist die List der Geschichte, dass sie eher schlechte Eigenschaften des Menschen nutzt, um ihnen Erfahrungen zu vermitteln. Es ist dies auch die Auffassung vom Menschen, die den griechischen Tragiker Aischylos auszeichnet, wenn er in der Tragödie *Agamemnon,* v. 177, das Wort prägt: *pathei mathos,* »durch Leiden Lernen«. Zudem ist der Krieg von je her nicht nur das Paradebeispiel der Aggression, sondern auch der Bereich, in dem abendländische Rationalität am kältesten, am brutalsten, aber auch am klarsten und deutlichsten zutage getreten ist und sich profiliert hat.[3]

2,3-2,6: Der folgende Abschnitt ist wieder durch Gegensatzpaare gekennzeichnet:

2,3	in pace	ita ut	in bello
2,3	aequabilius atque constantius sese res humanae haberent	*Periphrase:*	neque aliud alio ferri neque mutari neque misceri omnia
2,5	pro labore		desidia
2,5	pro continentia et aequitate		lubido atque superbia
2,5	fortuna	cum	moribus
2,6	optumum quemque		a minus bono

Die Gegensatzpaare sind aber jetzt kaum antithetisch einander gegenübergestellt, sondern sie ergänzen sich (negative Umschreibung eines vorher positiven Begriffes:

3 Vgl. Weber, M.: Gesammelte Aufsätze zur Religionssoziologie I, Tübingen 1920, S. 12. – Cancik, H.: Rationalität und Militär – Caesars Kriege gegen Mensch und Natur, in: Glücklich, H.-J. (Hg.): Lateinische Literatur, heute wirkend, Bd. II, Göttingen 1987, S. 7–29, bes. 19–21.

constantius se habere = neque misceri omnia usw.), werden miteinander verbunden *(cum)*, verglichen *(ita, ut)*. Nur beim Eindringen der schlechten Eigenschaften wird ein Wechsel beschrieben, es findet eine Substitution *(pro)* statt. Sallust lässt offen, ob diese Eigenschaften aus dem Innern des Menschen in den Staat dringen oder von außen in den Menschen eindringen, er schreibt nur *invasêre* und beschreibt damit einen feindlichen Angriff der schlechten Verhaltensweisen. Gleichzeitig kehrt er jetzt zu den Gedanken des Eingangskapitels zurück und macht deutlich, dass das Eindringen dieser Eigenschaften vom Ziel der Elite wegführt, das in Auszeichnung und Abhebung vom Vieh besteht. Man kann die Aussagen des c. 2 mit denen des c. 1 vergleichen:

1,1	summa ope niti	2,5	pro labore
1,1	prona	2,5	desidia
1,3	ingeni opibus	2,5	pro continentia et aequitate
1,1 1,4	ventri oboedientia divitiarum et formae	2,5	lubido atque superbia

Innerhalb des c. 2 formuliert Sallust den Substitutionsabschnitt in jetzt schon vertrauter antithetischer Weise: *pro labore – desidia, pro continentia – lubido, et aequitate – atque superbia* (2,5). Die Antithese Krieg – Frieden der §§ 1,5–2,6 wiederholt also auf anderer, historischer Ebene, was vorher schon als Gegensatz Mensch – Tier und Geist – Körper dargelegt worden war. Mit anderen Worten: Die Antithesen des Anfangs setzen sich in veränderter Form fort und ein Antithesenpaar beleuchtet das andere neu, das eine wirft Licht zurück, das andere nach vorn.
Sallust verbindet diese generelle geschichtliche Darstellung gleich mit dem Gedanken des Wandels und Verfalls, deutet bereits hier, wo es noch nicht um Rom geht, den generell gültigen Grund für den Verfall einer Herrschaft an: *Verum ubi pro labore desidia, pro continentia et aequitate lubido atque superbia invasere, fortuna simul cum moribus inmutatur* (5). Veränderungen des Charakters bedeuten Veränderungen des Schicksals oder des Glücks. Das gilt für den Einzelnen wie für den Staat. Deswegen kann Sallust auch unvermittelt hinzusetzen: *Ita imperium semper ad optumum quemque a minus bono transfertur* (6). Man kann den Zusatz positiv auffassen: Die Macht geht zum jeweils Besten über, weg von dem König, der versagt. Man kann ihn auch als Ironie verstehen: Versagen des Machthabers lässt die Macht an einen relativ Guten übergehen. Der Zusatz stimmt in beiden Fällen und ist also motiviert und organisch. Man darf ihn noch nicht auf Rom beziehen, sondern muss ihn generell sehen.

2,7-3,2: Bewertung menschlicher Tätigkeiten einschließlich der Geschichtsschreibung

Derselbe Effekt der gegenseitigen Beleuchtung von Antithesenpaaren wird in 2,7–9 erreicht. Jetzt ist das Gewebe extrem dicht. Es gibt Gegensatzpaare innerhalb des Abschnitts, Gegensatzpaare in den einzelnen Kleinabschnitten (Kola) und Gegensatzpaare oder Wiederholungen im Verhältnis zum Anfang des Buches. Die folgende Übersicht mag dies zeigen:

2,7–9		Verhältnis zum vorigen Text
2,7: arant, navigant, aedificant *Gegensatz zu*	2,8: dediti ventri atque somno	Vgl. 1,1: pecora, quae natura prona atque ventri oboedientia finxit *2,7-8 wiederholt 1,1, macht aber nun eindeutig, dass bestimmte Menschen den Tieren gleich sind und damit ihr Wesen verfehlen*
2,7: virtuti omnia parent *Gegensatz zu*	2,8: indocti incultique	Vgl. 1,3: ingeni opibus gloriam quaerere *2,7-8 konkretisiert 1,3: geistige* virtus (virtus animi *besteht in Betätigung des* ingenium *und Bildung*)
2,9: vivere atque frui anima *Gegensatz zu:*	2,8 vitam sicuti peregrinantes transiere	Vgl. 1,1: ne vitam silentio transeant *2,8-9 konkretisieren 1,1: Wahres Leben ist Leben, das den* animus *und die* anima *nutzt, um bleibenden Ruhm zu erwerben, und sich so das Leben tatsächlich aneignet.*
2,9: aliquo negotio intentus *Gegensatz zu*	2,8 contra naturam anima oneri – corpus voluptati *Gegensatz in sich*	Vgl. 1,2: nostra omnis vis in animo et corpore sita est / animi imperio – corporis servitio *2,8-9 zeigen die Konkretisierung der menschlichen Potenz* (vis) *und deren Verfehlung durch Verdrehung der Nutzungsbestimmung von Körper und Geist.*
	2,8: vitam mortemque iuxta aestumo *überraschende Parallelisierung eines Gegensatzes*	Vgl. 1,3: vita ipsa, qua fruimur, brevis est – memoriam nostri quam maxume longam efficere *2,8 kommentiert 1,3: Falsche Nutzung der menschlichen Potenzen führt von der Zielsetzung des Menschen ab.*
2,9: praeclari facinoris aut artis bonae famam quaerit *Gegensatz zu:*	2,8: de utraque siletur	Vgl. 1,4: virtus clara aeternaque habetur *2,9 konkretisiert 1,4:* virtus *besteht in einer herausragenden Tat oder einer tüchtigen Betätigung erlernten Könnens und dem damit verbundenen Ruhm.*

Im Ganzen übernimmt Sallust die stoische Lehre von der Bestimmung des Menschen, die Cicero mehrfach in seinem Werk *De officiis* dargestellt hat, so in Buch 1,11-17 im Zusammenhang mit den Grundtrieben des Menschen und in Buch 1,107-125 in seiner Lehre von den vier Masken oder Rollen *(personae)*, die der menschlichen Seele angelegt werden (vgl. B 1b zu T 1). Sallust unterscheidet sich von Cicero u.a. dadurch, dass er die Gedanken nicht als stringenten Beweisgang darlegt, sondern in der oben geschilderten archaisierenden Manier, die den Leser zwingt, sich die logischen Verhältnisse selbst zurechtzulegen.
3,1 greift den Gedanken *aliquo negotio intentus ... famam quaerere* (2,9) wieder auf: *pulchrum est, haud absurdum est, clarum fieri licet, laudantur.* Der allgemeine Begriff *aliquo negotio intentus* wird nach und nach konkretisiert. Erst wird die Menge der naturgegebenen Möglichkeiten gezeigt *(in magna copia rerum aliud alii natura iter ostendit)*, dann werden einzelne Bereiche und Tätigkeiten genannt: *bene facere rei publicae – bene dicere; pace – bello; qui fecere – qui facta aliorum scripsere.* Die Reihung zeigt, dass Sallust langsam den Gegensatz von allgemein akzeptierten Formen und Bereichen ruhmvoller Tätigkeit auf den Gegensatz *facere – scribere* verschiebt. In 3,2 kommentiert er diesen Gegensatz unter den Gesichtspunkten Ruhm *(gloria)* und Schwierigkeit *(arduom):* Der Schriftsteller (als Historiograph) erhält nicht den gleichen Ruhm wie der von ihm Beschriebene und erfüllt doch eine geistig besonders anspruchsvolle und schwierige Aufgabe, die der Forderung nach Aktivierung des *animus* voll entspricht und somit *virtus* ist.

3,3-4,2: Sallusts eigener Lebensweg und seine Lebensform

In 3,3-4,2 zeigt Sallust an seinem persönlichen Beispiel, dass er in seinem Innern den Weg vom Streben nach aktivem politischen Tun zur Darstellung von Geschichte selbst vollzogen hat. Er stellt allgemeines Verhalten seinem Verhalten und seine Erwartungen der Realität gegenüber:
Politische Betätigung ist der Weg zu Anerkennung. Sallust sagt *studio latus sum.* Das ist in mehrfacher Hinsicht unklar. Erstens kann *latus sum* passivisch, aber auch medial aufgefasst werden: Sallust hat sich aus innerem Antrieb politisch betätigen wollen (»ich stürzte mich in die Politik«) oder er wurde – fremdbestimmt und ohne eigenständige Überlegung – »in die politische Betätigung getrieben«. Zweitens hat *studio* kein Genitivobjekt.[4] Man kann selbstverständlich aus dem Zusammenhang

4 Sallust verwendet in diesem Werk *studium* meist mit einem Genitivobjekt, das angibt, worauf sich das Interesse richtet *(pecuniae* 11,3; *dominandi* 33,3; *novarum rerum* 37,2; *belli* 41,2; *coniurationis* 41,5; *rei publicae* 51,16; *modestiae* 54,4; *novarum rerum* 57,1; eine volkstümliche Ergänzung ist der präpositionale Ausdruck *in rem publicam* 47,4. Aus dem Zusammenhang geht das Objekt des Interesses in 51,38 hervor: Alles, was vorbildhaft war, wurde *cum summo studio* verfolgt. Nur hier in 3,3 und kurz darauf im gleichen Zusammenhang in 4,2 erscheint *studium* ohne Genitivus obiectivus. In 4,2 könnte man aus dem Zusammenhang schließen, Sallust meine das Interesse an der Geschichtsschreibung, aber er sagt, dass er von diesem Interesse am Anfang seiner Laufbahn durch die schlechte Ämtersucht, *mala ambitio,* abgehalten wurde; in 3,3 hat er dies nicht erwähnt.

rei publicae ergänzen, weil es gleich danach heißt: *ad rem publicam latus sum.* Vielleicht hat Sallust diese unschöne Doppelung vermeiden wollen. Aber zusammen mit der Mehrdeutigkeit von *latus sum* ergibt sich auch ein breiterer Sinn für *studium.* In dem jungen Sallust wirkt ein Grundtrieb, nämlich Einsatzfreude, Engagement, Profiliersucht positiver Art.[5] Damit wird dann auch die erneut archaisierende und kreisförmige Struktur des Abschnitts 3,3-4,2 deutlich. In 4,2 wird nämlich das Wort *studium* wieder aufgegriffen, mit *incepto* verbunden und der Gegenspielerin *mala ambitio* entgegengestellt. Sallusts Ansatz, etwas im Staat und für den Staat tun zu wollen, war richtig und entsprach seinem und dem allgemein menschlichen Drang *(studium)*, etwas leisten und etwas für die Gemeinschaft tun zu wollen. Er ist insofern ein Glied in der Kette, die er in c. 1-2 dargestellt hat. *Studium* meint *studere praestare ceteris animalibus* (1,1), *niti, ne vitam silentio transeant* (1,1), *ingeni opibus gloriam quaerere* (1,3), *memoriam nostri quam maxume longam efficere* (1,3); *studium* richtet sich auf *virtus,* weil diese ein ruhmvoller und ewiger Besitz ist *(clara aeternaque habetur,* 1,5), *studium* meint den Willen zur Selbstverwirklichung in der in 1,9 beschriebenen Weise: *is demum mihi vivere atque frui anima videtur, qui aliquo negotio intentus praeclari facinoris aut artis bonae famam quaerit.* Man muss wiederum die Gedanken und die Gedankenbewegung und -verschiebung der vorhergehenden Passagen im Gedächtnis haben, um Sallusts Darlegung in c. 3-4 zu verstehen.

Das gilt auch für *nam pro pudore, pro abstinentia, pro virtute audacia, largitio, avaritia vigebant,* eine auf den ersten Blick seltsam anmutende Begründung für die davor stehende Aussage *ibique mihi multa advorsa fuere.* Sie ist mit einem einfach reihenden *que* an seine Selbstdarstellung *ad rem publicam latus sum* angehängt. Gezeigt werden soll, dass alles erst seinen normalen Gang ging: Sallust – jung – will sich im Staat profilieren – und schon kommen die Widrigkeiten. Dann kommt die Erläuterung: Widrig sind nicht individuelle politische Gegner, nicht eigentlich das politische System, sondern menschliche Verhaltensweisen und Eigenschaften: Während das, was er erwartete, in drei anaphorisch formulierten Kurzkola dargestellt wird, wird das, was er antraf, in drei asyndetisch gereihten Substantiven eng zusammengestellt: *pro pudore: audacia; pro abstinentia: largitio; pro virtute: avaritia.* Die Gegenüberstellung soll an die ähnliche in c. 2,5 erinnern. Sallust kommt mit alten und an sich richtigen Vorstellungen in eine veränderte Umgebung. Sein Problem ist grundsätzlicher Natur und nicht nur auf einen Einzelfall beschränkt wie die Abwendung von der Politik, die Platon in seinem *7. Brief* (324bff.) beschreibt, an den Sallust hier erinnert.

Audacia (Rücksichtslosigkeit) ist in etwa ein negatives Pendant zu *pudor* (Ehrgefühl, Schamgefühl), hat jedoch eine positive Komponente, weil es auch rücksichtslosen Einsatz der eigenen Person im Dienste einer Sache meinen kann (Kühnheit); *largitio*

Allgemein verwendet Sallust *studium* noch in 14,6 und 23,5. In 14,6 wird aus dem Zusammenhang klar, dass er die Interessen junger Leute an Huren, Hunden, Pferden meint. In 23,5 verwendet er den Plural *studia;* der Zusammenhang zeigt: Gemeint ist das Interesse vieler Individuen daran, dass Cicero Konsul wird. Nur hier in 3,3 bleibt das Objekt von *studium* etwas unklar.

5 K. F. von Nägelsbach (Lateinische Stilistik, Nürnberg, 9. Aufl. 1905, Nachdr. Darmstadt 1963, § 83, S. 352) übersetzt, die affektive Seite betonend, *studio* mit »leidenschaftlich«.

(Verschwendungssucht) hat zum Teil in *abstinentia* ein positives Pendant, aber *abstinentia* geht weit über Finanzielles hinaus, während *largitio* Verschwendung von Vermögen meint. *Avaritia* (Habgier und Geiz) ist nur zu einem kleinen Anteil ein Gegensatz zu *virtus* (Einsatz für den Staat), insofern, als Geiz und Habgier die Gemeinsamkeit der Bürger stören, ciceronisch gesprochen die *utilitatis communio (de re publica* 1,39*)*, auf die sich *virtus* zu einem Großteil bezieht. *Abstinentia* könnte zum Beispiel *largitio* gegenüber anderen meinen, über Zurückhaltung und Selbstdisziplin hinaus.

Mit dem Tableau seiner erwarteten Protektoren *pudor, abstinentia* und *virtus* und der angetroffenen starken *(vigebant)* Widersacher *audacia, largitio, avaritia* schildert Sallust das Umfeld, in das seine zarte, noch in der Entwicklung befindliche Persönlichkeit *(inbecilla aetas)* gerät, die noch nichts von der rauen Wirklichkeit kennt *(insolens).* Die böse Umwelt wird in einer Reihe von Ausdrücken charakterisiert, die den Begriff *res publica* aus dem ersten Paragraphen wieder aufnehmen, den Staat schildern und ihn immer mehr ins Dunkle tauchen: *rem publicam, ibi multa adversa* 3,3; *audacia, largitio, avaritia vigebant* 3,3; *malarum artium* 3,4; *tanta vitia* 3,4; *ambitione conrupta* 3,4; *ab relicuorum malis moribus* 3,5; *honoris cupido ... fama atque invidia vexabat* 3,5; *ex multis miseriis atque periculis* 4,1; *a re publica* 4,1; *ambitio mala* 4,2; *partibus rei publicae* 4,2.

Sallust wendet sich dem Staat zu und er bleibt dabei, als er sich mit der Schriftstellerei beschäftigt. Aber zwischen der ersten und der jetzigen Hinwendung zum Staat wird sein ursprüngliches Wesen, das mit *inbecilla* und *insolens* charakterisiert wird, durch die äußeren Einflüsse verdorben (*conrupta),* und die Verderbtheit entwickelt ihr Eigenleben und martert ihn *(vexabat).* Entsprechend wird die Reaktion darauf in einer Kette von Ausdrücken geschildert, die vom feindlichen Einwirken und Festhalten bis zur verantwortlichen Übernahme eigenen Denkens und Entscheidens geht: *adversa fuere* 3,3; *(vigebant 3,3;) tenebatur* 3,4; *vexabat* 3,5; *detinuerat* 4,2; dagegen ab 4,1: *requievit, decrevi, consilium, incepto studioque, regressus, statui, animus liber.* Beteiligt sind alle Schichten seiner Person: *animus aspernabatur* (3,4): eine Abwehrreaktion seines Denkens; *conrupta tenebatur* (3,4): eine von außen kommende Fesselung ans Schlechte; *dissentirem* (3,5): eine grundsätzliche Abweichung in der Empfindung und im Denken; *vexabat* (3,5): ein äußerer Marterzwang, der gleichzeitig zu zwanghaften Handlungen führt; *procul habendam decrevi* (4,1): eine bewusste Entscheidung wie die eines beratenden und beschließenden Senats *(decernere + nd-*Form); *non fuit consilium* (4,1): was bewusst nicht geraten und nicht beschlossen wird; *eodem regressus* (4,2): aktive Rückkehr zu einem alten Plan und Gesetz (man stimmte im Senat auch durch Hingehen zu bestimmten Senatoren für deren Anträge ab); *statui* (4,2): ein eigener Beschluss; *liber erat* (4,2): Unabhängigkeit.

Sallust unterstreicht diesen Weg der Findung des eigenen Ichs und gleichzeitig den Wert seiner Tätigkeit für den Staat, indem er nach der Darstellung seines Entschlusses *mihi relicuam aetatem a re publica procul habendam decrevi* und vor der Darstellung seiner gewählten Tätigkeit als Geschichtsschreiber einschiebt, was er nicht in einem politikfernen Leben tun wollte:

Er entscheidet sich nicht für *socordia* und *desidia*, die er *bonum otium* nennt, also

zwar nicht schädlich *(bonum)*, aber eben auch nicht nützlich für den Staat *(otium, de-sidia)*.
Er entscheidet sich auch nicht für Ackerbau und Jagen, was er *servilia officia* nennt, denn es sind offenbar Tätigkeiten, die Sklaven allein tun können oder bei denen Sklaven mitwirken, auch wenn die Jagd eine mondäne Beschäftigung geworden war und wenn Cato mehr als ein Jahrhundert vorher in seinem Werk *De agri cultura (praefatio* 2) den Beruf des Landmanns über alle anderen gestellt, aber eben nur den Großgrundbesitzer, nicht den hart arbeitenden Bauern gemeint hatte: »Und wenn sie einen guten Mann (einen Ehrenmann) (in der Grabrede) lobten, lobten sie ihn so: ein guter Landwirt und ein guter Bauer. Man glaubte, am reichlichsten werde gelobt, wer so gelobt wurde.« Da sich aber Cato, der Zensor, in einer Rede als eben dieser hart arbeitende Bauer stilisiert, muss dies ein Ideal bzw. ein Mittel, Anerkennung zu erreichen, gewesen sein.[6] Diese Zeit ist vorbei.
Die Jagd galt im Verlauf der Geschichte erst der Fleisch- und Fellgewinnung und der Verteidigung der Haustiere, später wurde sie eine Art Abenteuer oder ein Mittel männlicher Bewährung. Ihre erzieherische Kraft wird von griechischen Autoren wie Platon und Xenophon gewürdigt. Zu Sallusts Zeit war diese Bedeutung der Jagd gering, es kam insbesondere die von professionellen Großhändlern und Jägern veranstaltete und mit vielen Sklaven betriebene Jagd auf Tiere auf, die für das Heer, für den Transport, für die Haustierhaltung und insbesondere für die großen Tierschauen gebraucht wurden, die mit der Tötung der Tiere endeten. Sallust kann daher in der Jagd nicht ein *negotium* erkennen, das sich durch besondere Betätigung der *virtus* auszeichnete.
Die Geschichtsschreibung hingegen ist nunmehr in die vorher dargestellte Kette seiner persönlichen Selbstfindung und ebenso in die davor dargestellte Kette des Ruhmeserwerbs durch die *animi vis* eingereiht. Sie ist zur Gegenspielerin der verderblichen Einflüsse auf die staatliche Entwicklung und somit zu einer Gegenspielerin von schlechten *mores* und schlechter *fortuna* (2,6) geworden.

Sallust charakterisiert sich vor dem Beginn seiner Berührung mit dem Staat als *insolens malarum artium* und mit den Wörtern *inbecilla aetas* und *ab relicuorum malis moribus dissentirem*. Als Geschichtsschreiber empfiehl er sich mit den Qualifikationen *a spe, metu, partibus rei publicae animus liber*. Er hat eine Entwicklung durchgemacht, aber seine guten Anlagen haben sich zu guten Qualifikationen entwickelt: Man vergleiche:

---

6 Cato in seiner Rede *de suis virtutibus contra Thermum: ego iam a principio in parsimonia atque industria omnem adulescentiam meam abstinui agro colendo, saxis Sabinis silicibus repastinandis atque conserendis.*

3,4-5 Anlagen/ Verhaltensweisen des jugendlichen Sallust	**4,2 Qualifikationen des Historikers Sallust**	**Kommentar**
ab relicuorum malis moribus dissentirem	a spe,	Die Abweichung von den schlechten Verhaltensweisen anderer wird zum Verzicht auf Karrieredenken, auf entsprechende Voreingenommenheit bzw. Abhängigkeit.
insolens malarum artium	metu,	Die Unkenntnis schlechter Fähigkeiten wird zur Freiheit von Furcht vor solchen und damit zur Freiheit des Urteils.
inbecilla aetas	partibus rei publicae animus liber	Die »naive« Unschuld der Jugend wird zur Freiheit von Parteilichkeit.

Ambitio entwickelt sich aus *honoris cupido* und diese aus *studium*. Sallusts Weg ist der der Befreiung von schädlichen Einflüssen zum Finden oder sogar Wiederfinden der eigenen Begabung und Berufung; dies ist ein stoischer Gedanke (vgl. Cicero, *de officiis*, B 1b zu T 1), der hier nicht theoretisch, sondern in einer anschaulichen Reihe von Stationen und Haltungen dargestellt wird. In dieser endlich gefundenen Freiheit des Denkens kann er Geschichte schreiben, als unabhängiger Mensch ohne schädlich emotionale Einflüsse wie *spes* (hier wohl: berechnende Karrierehoffnung), *metus* (Angst vor mächtigen Gegnern oder vor Verlust äußerer Werte, die in der Gesellschaft eine Rolle spielen, vgl. B 3 zu T 1), *partes* (Parteidenken, vgl. B 2 zu T 4).

Wie will Sallust Geschichte schreiben? Er will kein Annalist sein und damit eher neutral »all that's fit to print« (Slogan der *New York Times*) aufschreiben. Er will *carptim perscribere*. *Carptim* meint Auswahl, diese ist Zeichen einer eigenen Entscheidung. *Perscribere* ist der Terminus technicus für eine amtliche Niederschrift, ein Protokoll, es kann auch »ausführlich niederschreiben« meinen, ohne dass das »Amtliche« ausgeschaltet wird. Die ausführliche Schilderung kann ein Zeichen für gründliches Durchdenken des Stoffes in all seinen Aspekten sein. Das tut Sallust; die Ankündigung in § 3 *paucis absolvam* steht dazu nicht im Gegensatz; die Ankündigung der Kürze (3) bezieht sich auf *de Catilinae coniuratione*, der Entschluss *perscribere* (2) auf *res gestas populi Romani ... ut quaeque memoria digna videbantur*; die Ausführlichkeit betrifft die römische Geschichte und ihren Verlauf. Der Ausdruck *perscribere* meint aber erst recht die Bedeutung der Aufgabe, vor der sich Sallust sieht: Er ist Zeitzeuge und hält ein bedeutendes Ereignis amtlich fest, als Dokument, als Grundlage für weitere Entscheidungen, als unumstößliches Faktum und gültige Entscheidung. Entscheidungskriterium für die Auswahl ist: *ut quaeque memoria digna videbantur*. Die *memoria* spielte im Leben der Römer lange eine große Rolle, denn sie waren auf die Verbindung früherer Leistungen und Persönlichkeiten mit ihrer jeweiligen Gegenwart bedacht und wussten, was sie vergangener Leistung verdankten. Das spiegelt sich in ihrer Berufung auf den *mos maiorum*, in ihrem Ahnenkult, bei dem die Bilder verdienter Verstorbener feierlich umhergetragen wurden, und in ihrem Glauben an die unsichtbar anwesenden Manen der Verstorbenen wider. Ohne *memoria* käme es zum Traditionsabbruch und zu einem primitiven Neubeginn.

Vergleich Sallust – Platon

So hat auch die Anspielung auf Platons *7. Brief*, mit der Sallust hier zu arbeiten scheint, nicht nur Parallelen, sondern kennzeichnende Unterschiede. Platon schreibt (*ep.* 7,324b–326b) unter anderem: Als er jung war, wollte er politisch tätig sein. Das war aber die Zeit, als die Verfassung Athens umgewandelt wurde. Das wurde von den dreißig Männern vorgenommen, die von Sparta eingesetzt waren. Einige davon waren mit Platon verwandt oder bekannt. Sie forderten ihn zur Mitarbeit auf. Er glaubte, »sie würden den Staat so lenken, dass sie ihn aus einem Zustand der Ungerechtigkeit zu einer gerechteren Lebensweise hinführten«. Aber er sah, dass sie alles noch schlechter machten, sodass man sich nach dem früheren Zustand als dem besseren sehnte. Unter anderem wollten sie sein Vorbild Sokrates dazu bringen, einen ihrer Gegner unter einem Vorwand nach Athen zurückzuholen, wogegen sich dieser weigerte. Daher zog sich Platon, so sagt er, von dieser schlechten Regierung zurück. Nach dem Sturz der 30 Tyrannen wollte er wieder, auch wenn er etwas zögerte, am politischen Leben teilhaben. Aber erneut stellte er Verwirrung fest. Manche rächten sich an den alten Machthabern über die Maßen, »obwohl die damals Zurückgekehrten allgemein mit großer Mäßigung verfuhren.« Gerade Sokrates, der sich nicht an den Machenschaften gegen sie beteiligt hatte, klagten sie wegen Gottesfrevel an und ließen ihn hinrichten. Platon bedachte dies, dachte über die Männer, die an der Spitze des Staates standen, über die Gesetze und über die allgemeinen Verhaltensweisen nach. Sein Ergebnis: Die Lenkung des Staatswesens ist schwierig; ohne Freunde und gleichgesinnte Helfer ist es unmöglich, etwas politisch zu bewirken; die staatlichen Gesetze und das Herkommen haben ihren Einfluss verloren; die allgemeine Verwirrung ist groß. Es wurde Platon »schwindlig«, er gab zwar nicht auf, über die beste Art des Staates und seiner Verwaltung nachzudenken, aber er wartete auf günstigere Umstände, erkannte, dass alle Verfassungen schlecht gehandhabt werden. Er wiederholt, was er auch in seinem bedeutenden Werk *Politeia* (*Der Staat,* 473c–e) sagt: »Die Not der Menschen wird nicht aufhören, bevor nicht entweder die Philosophen zur Herrschaft gelangen oder die Herrscher philosophisch werden.« Auch sein weiterer Versuch zur politischen Tätigkeit, beim Tyrannen Dionysios II. von Syrakus, schlägt fehl.
Platon personalisiert die Probleme erst an den 30 Tyrannen, dann an der Nachfolgeregierung, dann an Dionysios II. Er nimmt zu den dahinterstehenden Ursachen vor allem in der Weise Stellung, dass er eine Lösung vorschlägt: die Philosophenherrscher. Er gibt sein Interesse an aktueller politischer Arbeit nicht auf. Sallust erkennt seine Berufung in der Geschichtsschreibung und sieht die Zeit seiner politischen Tätigkeit als Verirrung an, die ihm von außen aufgenötigt wurde. In der Geschichtsschreibung sieht er einen vollwertigen Ersatz für aktive politische Tätigkeit.

Vergleich Sallust – Catilina

Mit der Selbstkritik in 3,3-4,2 und der dort geschilderten eigenen Entwicklung reiht sich Sallust in den später dargestellten Verlauf der römischen Geschichte ein. Er könnte sogar regelrecht als Gegenmuster zu Catilina gesehen werden, wie dieser in c. 5 charakterisiert wird. Die beiden Passagen haben 138 bzw. 130 Wörter und stehen kurz hintereinander; sie sind jedoch in der philologischen Betrachtung kaum aufeinander bezogen worden, weil sie verschiedenen Teilen des Werks zugeordnet wurden und daher der Zusammenhang etwas außer Augen geriet.[7]

Sallusts gute Anlagen haben ihn nicht vor dem äußeren Einfluss bewahrt, aber schließlich hat sich die Kraft seines Geistes in einem Prozess der Selbstbefreiung durchgesetzt. Catilinas negativ gerichtetes *ingenium* ist hingegen von der Umwelt nur noch verstärkt worden, sodass sein *animus* nicht eine Entscheidung zur Umbesinnung fällte, sondern seiner Neigung verstärkt nachging. Statt der Wörter der inneren Abneigung und des Entscheidens bei Sallust finden sich bei Catilina die Wörter der Zuneigung zum Schlechten und des Wohlgefühls beim Schlechten.

Sallusts Abscheu: *aspernabatur* 3, *dissentirem* 5; der Einfluss von außen: *vigebant* 3, *conrupta tenebatur* 4, *vexabat* 5, *animus ex multis miseriis atque periculis requievit* 4,1, *ambitio mala detinuerat* 4,2; Sallusts Entscheidung: *et mihi relicuam aetatem a re publica procul habendam decrevi* 4,1; *eodem regressus statui, res gestas populi Romani carptim, ut quaeque memoria digna videbantur, perscribere* 4,2. – Hingegen Catilinas Neigung: *ingenio malo pravoque* 1, *huic ab adulescentia bella intestina, caedes, rapinae discordia civilis grata fuere* 2, *ardens in cupiditatibus* 4, *sapientiae parum* 4, *vastus animus inmoderata, incredibilia, nimis alta semper cupiebat* 5, *lubido maxuma invaserat rei publicae capiundae* 6, *neque ... quicquam pensi habebat* (vgl. *sapientiae parum* 4), *animus ferox* 7; sein Verhältnis zu äußeren Einflüssen: *ibique iuventutem suam exercuit* 2, *huic ab adulescentia bella intestina, caedes, rapinae, discordia civilis grata fuere* 2, *hunc post dominationem L. Sullae lubido maxuma invaserat rei publicae capiundae* 6, *agitabatur magis magisque in dies animus ferox inopia rei familiaris et conscientia scelerum, quae utraque iis artibus auxerat, quas supra memoravi* (gegenseitiges Aufwiegeln von Veranlagung, äußeren Einflüssen, veränderter oder verstärkter Anlage, verstärkten Einflüssen), *incitabant praeterea conrupti civitatis mores, quos pessuma ac divorsa inter se mala, luxuria atque avaritia, vexabant* 8.

Catilinas Charakter wird also nicht als einmal feststehend schlecht dargestellt, sondern Sallust beschreibt eine Schlechtigkeit, die durch Wechselwirkungen von äußeren Umständen und eigenen Reaktionen darauf immer weiter verstärkt wird. Sich selbst schreibt Sallust eine gute Veranlagung zu, die zwar von äußeren Umständen angegriffen wird, sich aber letztlich doch behauptet.

Im Detail kann man viele Elemente der Schilderung Catilinas und der Selbstdarstellung Sallusts vergleichen (siehe Übersicht). Es ergeben sich Parallelen, wenn es sich

---

7 Ausführlicher Vergleich bei Glücklich, Hans-Joachim: Sallust als Gegenspieler Catilinas. – Ziele und Aufbau einer Lektüre der *Catilinae coniuratio*, in: Kipf, Stefan (Hg.): Alte Texte im neuen Rahmen. Innovative Konzepte zum lateinischen Lektüreunterricht, FS Andreas Fritsch, Bamberg 2001, S. 28–44.

um die gesellschaftliche Situation handelt, Gegensätze, wenn es sich um die Reaktion des Individuums handelt, Leerstellen, wenn bestimmte unterschiedliche Charakteristika und Handlungen ausführlicher dargestellt werden. Am sinnvollsten wäre es, diese Übersicht in zwei Versionen zu geben: einmal für den Fall, dass zuerst c. 3,3-4,2 und dann c. 5 gelesen werden, einmal für den Fall, dass mit c. 5 begonnen und die Lektüre von 3,3-4,2 nachgeholt wird; das heißt einmal für einen Vergleich, der von Sallust, einmal für einen, der von Catilina ausgeht. Die hier abgedruckte Gegenüberstellung orientiert sich an Sallusts Selbstdarstellung, die auf diese Weise leicht als das positive Gegenmuster zu erkennen ist, von dem sich die Fehlentscheidungen Catilinas abheben.

Sallust	**Catilina**
3,3 ego adulescentulus initio, sicuti plerique: *Jugend, keine Angabe des Standes*	5,1 L. Catilina, nobili genere natus: *Jugend, Nobilität*
Sallust spricht nicht von seinen Fähigkeiten, er zeigt sie.	5,1 fuit magna vi et animi et corporis: *große Geistes- und Körperkraft*
3,3 studio ad rem publicam latus sum: *leidenschaftlicher Wille zu politischer Tätigkeit*	5,6 hunc post dominationem L. Sullae lubido maxuma invaserat rei publicae capiundae: *C. will nicht grundsätzlich politisch tätig sein, sondern einen Umsturz, nicht von Jugend an, sondern als Folge seiner von Jugend an bestehenden Schlechtigkeit, die dann durch Sulla eine Zielbestimmung erfährt.*
3,3 ibique mihi multa advorsa fuere: *Gegensatz zu den gesellschaftlichen Zuständen*	5,2 Huic ab adulescentia bella intestina caedes rapinae discordia civilis grata fuere: *Übereinstimmung mit gesellschaftlichen Zuständen*
3,3 Nam pro pudore, pro abstinentia, pro virtute: *Erwartung, die von den gesellschaftlichen Umständen nicht erfüllt wird*	5,2 Huic ab adulescentia bella intestina, caedes, rapinae, discordia civilis grata fuere: *Übereinstimmung mit gesellschaftlichen Zuständen, die seiner Erwartung und Veranlagung zu entsprechen scheinen*
3,3 audacia, largitio, avaritia vigebant: *dieselben gesellschaftlichen Umstände*	5,2 bella intestina, caedes, rapinae, discordia civilis: *dieselben gesellschaftlichen Umstände*
3,4 Quae tametsi animus aspernabatur: *Widerwille gegen die Übel der Gesellschaft*	5,2 Huic ab adulescentia bella intestina, caedes, rapinae, discordia civilis grata fuere: *Übereinstimmung mit gesellschaftlichen Zuständen*

Sallust	**Catilina**
	5,2 ibique iuventutem suam exercuit: *jugend liches Training in den Übeln der Gesellschaft*
	5,3 Corpus patiens inediae, algoris, vigiliae, supra quam quoiquam credibile est: *Einzelheiten der Körperkraft, die sein Training im Schlechten begünstigen*
3,4 insolens malarum artium: *Unschuld, gute Veranlagung, die in Widerspruch zu den gesellschaftlichen Umständen* steht	5,1 sed ingenio malo pravoque: *schlechte Veranlagung* 5,4 Animus audax subdolus varius, quoius rei lubet simulator ac dissimulator, alieni adpetens, sui profusus, ardens in cupiditatibus: *Darstellung der schlechten Veranlagung, die den gesellschaftlichen Umständen entspricht*
3,4 tamen inter tanta vitia inbecilla aetas ambitione conrupta tenebatur: *verderblicher Einfluss von außen*	5,2 Huic ab adulescentia bella intestina caedes rapinae discordia civilis grata fuere: *Übereinstimmung mit gesellschaftlichen Zuständen*
3,5 ac me, quom ab relicuorum malis moribus dissentirem: *Widerwillen gegen die schlechten Verhaltensweisen anderer*	5,5 Vastus animus inmoderata, incredibilia, nimis alta semper cupiebat: *dauerndes affektives Streben nach Unmäßigem*
3,5 nihilo minus honoris cupido eadem, qua ceteros, fama atque invidia vexabat: *zeitweises Verfallensein an Ruhmsucht und Neid*	5,6 Hunc post dominationem L. Sullae lubido maxuma invaserat rei publicae capiundae: *Entwicklung einer Lustentscheidung: Staatsstreich bzw. Macht*
4,1 Igitur, ubi animus ex multis miseriis atque periculis requievit: *Beruhigung der Gier nach staatlichen Ämtern*	5,6 neque id quibus modis adsequeretur, dum sibi regnum pararet, quicquam pensi habebat: *rücksichtsloses Streben nach Herrschaft*
4,1 et mihi relicuam aetatem a re publica procul habendam decrevi: *Willensentscheidung: Fernbleiben von der Politik*	5,7 Agitabatur magis magisque in dies animus ferox inopia rei familiaris et conscientia scelerum, quae utraque iis artibus auxerat, quas supra memoravi: *Verstärkung der rücksichtslosen Verfolgung seines Ziels durch Geldmangel und schlechtes Gewissen*
4,1 non fuit consilium, socordia atque desidia bonum otium conterere: *Widerwillen gegen Untätigkeit*	5,8 Incitabant praeterea conrupti civitatis mores, quos pessuma ac divorsa inter se mala, luxuria atque avaritia, vexabant: *Anreize und ungehemmter Einfluss von außen*

Sallust	Catilina
4,1 neque vero agrum colundo aut venando, servilibus officiis, intentum aetatem agere: *Widerwillen gegen Ackerbau und Jagd*	—
4,2 sed, a quo incepto studioque me ambitio mala detinuerat, eodem regressus: *Rückkehr von falschem Ehrgeiz zu echtem, der Veranlagung entsprechendem Interesse*	*keine Umkehr*
4,2 statui, res gestas populi Romani carptim ... perscribere: *Geschichtsschreibung an ausgewählten Stoffen*	5,4 satis eloquentiae, sapientiae parum: *gefährliche Mischung von Redekunst und mangelnder Weisheit, mangelnder Selbststeuerung und fehlender Entscheidungsfähigkeit für das Gute*
4,2 eo magis, quod mihi a spe, metu, partibus rei publicae animus liber erat: *Freiheit des Geistes*	—

Weder von Sallust noch von Catilina gibt es realistische oder auch nur der Realität nachempfundene Porträts. Abbildung 1 zeigt einen idealisierten und ganz erfundenen Sallust, auf Abbildung 2 kann man erkennen, wie die Nachwelt, geleitet von Sallusts Darstellung, Catilina sah.

4,3-5: Thema des Werkes und Begründung der Themenwahl

Aus seiner Entscheidung für *animus* und *virtus* und für die Geschichtsschreibung zieht Sallust abschließend die Folgerung *(igitur)*, die Verschwörung Catilinas so wahrheitsgetreu wie möglich zu schildern. Er begründet, warum er gerade auf dieses Thema kommt: Es sei *memorabilis.* Das kann nicht einfach »denkwürdig« in unserem abgeblassten Sinn meinen. Denn gerade hatte Sallust geschildert, er wolle sich Stoffen widmen, die *memoria digna* seien. *Memoria digna* erinnert aber wiederum an das, was Sallust als Lebensziel der Menschen beschrieben hat, die herausragen wollen (so 1,1): *memoriam nostri quam maxume longam efficere* (1,4). *Memorabilis* meint also wohl Ähnliches wie *memoria digna*: Es ist dadurch, dass es in der Erinnerung der Menschen ist, würdig geworden und es ist würdig, weiterhin in Erinnerung zu bleiben (beides steckt in dem ursprünglich instrumentalen Ablativ bei *dignus*). Warum macht nun Sallust gerade ein Ereignis, das *sceleris atque periculi novitate memorablis* ist, zum Gegenstand seiner Arbeit und verhilft ihm damit zu einer langen Nachwirkung? Warum meint er, es sei dieser Nachwirkung würdig *(digna)?*
Wenn Sallust gerade Catilinas Verschwörung für *memoria digna* hält – er spricht allerdings im Zusammenhang mit ihr nur von *memorabilis* –, dann will er sie zu

einem Bestandteil der kollektiven Erinnerung machen, mit der man leben, die man verarbeiten und aus der man Konsequenzen ziehen muss. Für Deutsche ist diese Sichtweise von aktueller Bedeutung. Außerdem ist die Catilinarische Verschwörung exemplarisch für den Niedergang Roms, in ihr kulminieren *avaritia* und *ambitio* und mit ihrer Darstellung wollte Sallust seine Zeitgenossen vor dem Niedergang Roms warnen.

Man kann dazu im Unterricht Vermutungen anstellen und wird vielleicht zu dem eben geschilderten Ergebnis kommen. Es genügt aber auch, den Zusammenhang zu dem positiv besetzten *memoriam quam maxume longam efficere* zu sehen und ihn bei der Lektüre des Folgenden immer wieder herauszustellen. Dann kann man auch die Struktur des Werkes mit den so genannten Exkursen (die keine sind) als Aussageform erkennen.

Die nachfolgende Charakterisierung Catilinas wird ausdrücklich noch als Vorschaltung vor die eigentliche Erzählung *(prius quam initium narrandi faciam* 4,5) bezeichnet und auch insofern ist der Vergleich zwischen Sallust und Catilina berechtigt; denn für Sallust sind die Ausführungen über Catilinas Persönlichkeit noch nicht Teil des Berichts über die Ereignisse, sondern Voraussetzung dafür, und gehören noch zu seiner anthropologisch orientierten und mit der Schilderung seines eigenen Werdegangs verknüpften Einleitung. Insofern ist die Grenze zwischen Proömium und Darstellung der Verschwörung eigentlich nicht bei c. 5 zu setzen. Die Erzählung wird insofern auch nicht von den Kapiteln 6–13 unterbrochen. Vielmehr sind die Kapitel 6–13 eine Hintergrundschilderung zur Charakterisierung Catilinas. So sagt es Sallust selbst in 5,9: Die Charakterdarstellung Catilinas erfolgt mit Bezug auf die Charakterentwicklung Roms bzw. des römischen Volkes *(civitatis)* und deswegen müssen diese Themen unmittelbar hintereinander behandelt werden. Trotzdem muss das nicht an der Zuordnung des Kapitels 5 auch zur Erzählung des Geschehens hindern, denn diese beginnt in c. 14 mit dem Verweis auf die davor stehende Darstellung *(in tanta tamque corrupta civitate)* und nimmt mit der Feststellung, dass Catilina alle Arten von Schandtaten und Verbrechen um sich hatte, die Darstellung aus 5,8 wieder auf, dass ihn die verdorbene Moral der Bürger, verursacht durch *luxuria* und *avaritia*, antrieb. Man vergleiche:

5,9	**Bezug/Verhältnis**	**14,1**
incitabant praetera	Außenreize – leichter Zugang zum Verbrechen	Catilina – id, quod factu facillumum erat –
conrupti civitatis mores	verdorbener Charakter der Bürger	in tanta tamque corrupta civitate
quos pessuma ac divorsa inter se mala, luxuria atque avaritia	Schandtaten sind Zeichen der Verschwendungssucht, Verbrechen Zeichen der Habgier.	omnium flagitiorum atque facinorum circum se
vexabant	Folterung – tyrannische Schergen	tamquam stipatorum catervas habebat

Diese Wiederaufnahme ist erst recht ein Grund dafür, in 14,1 *flagitiorum atque facinorum* nicht als Metonymie für Schandtäter und Verbrecher zu sehen, wie es die meisten Kommentatoren tun. Auf die Einzelnen kommt es nicht an, *flagitia* und *facinora* sind wirkende Mächte – was diesen Satz natürlich auch mit der Darstellung der Triebe als wirkender Mächte in den Kapiteln 6–13 verbindet. In c. 5 wirken diese Mächte noch auf Catilina ein, in c. 14 gehen sie von Catilina aus, sie sind gleichsam seine Schutztruppe. Schutztruppen und Verbrechen sind Kennzeichen des Tyrannen.

Textabschnitt 2 A: Catilinas Persönlichkeit und ihr Einfluss auf die Verschwörer (5,1-8)

Das 5. Kapitel ist in doppelter Hinsicht schwierig: semantisch und syntaktisch. Viele Ausdrücke aus den Bereichen Charakter und Verhalten bilden zwar ein enges semantisches Geflecht, sie sind jedoch häufig schwer in ihrer Bedeutung festzulegen und von anderen Begriffen abzugrenzen. Zudem sind die einzelnen Sätze fast durchweg unverbunden nebeneinander gestellt – mit einer bezeichnenden eventuellen Ausnahme (8); den Sinn und den Zusammenhang muss sich der Leser durch Innehalten und Nachdenken selbst erschließen. Insofern haben römische Leser und heutige Schüler etwas gemeinsam.

Eine erste Texterschließung durch die Schüler könnte so erfolgen: Aus 4,5 *(de quoius hominis moribus)* steht das Thema des Kapitels fest: *mores Catilinae.* Es wird als Überschrift an die Tafel (oder auf Folie) geschrieben (oder auf der vorgefertigten Folie aufgedeckt). Eine Vorüberlegung kann die Bedeutung von *mores* erarbeiten (»sich im äußeren Verhalten dokumentierender innerer Charakter«) und darauf führen, worin sich *mores* ausprägen und was man also in einer Charakterschilderung zu erwarten hat: Eigenschaften (Adjektive/Substantive) und Handlungen und Verhaltensweisen (Verben/Substantive). Daraus ergeben sich zunächst zwei Spalten des Tafelbildes (eine dritte wird später hinzukommen): 1. Charaktereigenschaften, 2. Verhaltensweisen/Handlungen.

Nun wird der erste Satz erarbeitet. Er bringt Eigenschaften, die in Gegensätzen dargestellt werden (ein für Schüler, die die Lektüre mit c. 1 begonnen haben, bereits bekanntes Verfahren): Die Herkunft ist vornehm, die geistigen und körperlichen Kräfte sind groß, die Veranlagung ist schlecht und verkehrt. Die Eigenschaften werden im Tafelbild (auf der Folie) festgehalten.

Der zweite Satz beginnt mit dem Rückverweis auf Catilina *huic* und nennt in den Prädikaten Verhaltensweisen *(grata fuere, exercuit);* sie werden in die zweite Spalte des Tafelbildes eingetragen. Gleichzeitig nennt der Satz aber äußere Umstände *(bella intestina, caedes, rapinae, discordia civilis).* Sie werden in eine dritte Spalte eingetragen, die die Überschrift »äußere Umstände« erhalten kann. Pfeile bzw. Doppelpfeile im Tafelbild verdeutlichen: Diese äußeren Umstände wirken auf Catilina ein, nicht aber in dem Sinn, dass sie ihn verändern, sondern insofern, als sie seiner deutlich als

schlecht und verkehrt gekennzeichneten Veranlagung entgegenkommen *(grata fuere)* und ihm ein Betätigungsfeld zur Verfügung stellen *(exercuit)*.
Hatte der § 2 allgemein das Verhältnis des *ingenium* zu den Zeitumständen geschildert, so nehmen die §§ 3–7 nun das Gegensatzpaar *corpus – animus* auf. In § 3 werden dem Körper im Sinne von *magna vis* aus § 1 positive Eigenschaften der Härte und Ausdauer zugeschrieben. Sie können im Tafelbild in der ersten Spalte festgehalten werden. Die Geistseele erhält in den §§ 4–7 stets neue Attribute: *audax, subdolus, varius* usw. (4), *vastus* (5), *ferox* (7). Sie zeigen, dass die dort geschilderten äußeren Umstände (die in der dritten Spalte eingetragen werden) äußere Akzidentien sind, die geistig-seelische Veranlagung aber die Ursache für Catilinas Verhalten.
Die Schüler können ab § 3 die einzelnen Sätze relativ selbstständig erarbeiten, wenn sie dort das Schema *corpus – animus* aus § 1 wieder finden und wenn sie die Informationen der Sätze einer der drei Gruppen »Eigenschaften«, »Verhaltensweisen«, »äußere Umstände« zuordnen bzw. in das dreispaltige Tafelbild einordnen und untersuchen, wie sich die Faktoren zueinander verhalten.
Dabei lassen sich semantische Gruppen oder Zusammengehörigkeiten finden, u.a. folgende: *satis eloquentiae, sapientiae parum* (Chiasmus als den § 4 abschließende, jedes Wort betonende Aussage) verdeutlicht *magna vis animi* und *ingenium pravum*, ebenso *animus audax* (das »rücksichtslos«, »fremde Interessen nicht respektierend« meint); § 5 führt *ardens in cupiditatibus* (4) aus; § 6 gibt dazu ein kulminierendes Beispiel, wobei die Zeitangabe *post dominationem L. Sullae* wieder bezeichnenderweise statt einer Ursachenangabe steht; Sulla war nicht das Vorbild und die Anregung, vielmehr war die Begierde, die Alleinherrschaft anzustreben *(regnum)*, in Catilinas Charakter angelegt, kommt nur nach Sullas Beispiel zum Ausbruch. Das Tempus (*invaserat*, Plusquamperfekt) zeigt an, dass in Sallusts Charakterschilderung auch diese Begierde als längst fertig und vorhanden angesehen wird (resultatives Plusquamperfekt), ebenso wie im § 7 die materielle Not und das schlechte Gewissen durch das Tempus in *auxerat* als längst fertig, durch den begründenden Rückverweis *iis artibus, quas supra memoravi* (gemeint *alieni appetens* mit seinem Pendant *sui profusus*, 4) und durch das Tempus in *agitabatur* (frequentatives Imperfekt) als längst und immer noch wirkend, ja sich verstärkend *(magis magisque* und Imperfekt) dargestellt wird.
In § 7 wird mit dem Imperfekt Passiv *agitabatur* dargestellt, dass die Geistseele Catilinas selbst in sich die Ursachen für das ständige Getriebensein enthält. In § 8 wird das Wortfeld »antreiben« im Imperfekt Aktiv *incitabant* aufgenommen. Jetzt werden von außen kommende Gründe geschildert, die Catilina zu seinem Vorhaben anreizen, die Macht zu ergreifen. Durch die Reihenfolge der §§ 7–8 und durch *praeterea* werden diese Gründe gegenüber den primären, in Catilina selbst liegenden als sekundär gekennzeichnet. Der semantische Zusammenhang von *agitare* und *incitare* und der hier erstmalig gesetzte Konnektor *(praeterea)* machen zwar einen Zusammenhang deutlich, dafür fehlt nun ein Verweis auf Catilina bzw. seinen *animus*, etwa *eum, hunc*. Auch dies ist wohl ein Hinweis darauf, dass die genannten äußeren Gründe nur akzidentiell wirken *(praeterea); incitare* wäre also etwa mit »aufreizend wirken«, »einen verstärkenden Einfluss haben« wiederzugeben. Die verdorbenen »Sitten« (Verhaltensweisen und Eigenschaften) »der Bürger insgesamt« *(civi-*

tas) wirken verstärkend auf Catilinas wild entschlossenen *(ferox)* Geist ein, denn sie stehen nicht im Gegensatz zu Catilinas Verhalten, sondern stimmen mit ihm überein: *luxuria* und *avaritia* (8) entsprechen in Catilinas Charakteristik § 4 *alieni appetens, sui profusus*; so, wie Catilina von seinem unersättlichen Geist zu Maßlosigkeit getrieben wird, wird die kollektive Moral beständig von den Übeln *luxuria* und *avaritia* angegriffen und verschlechtert *(vexare)*. Sallust nennt diese Übel *pessima ac divorsa inter se*. Im Folgenden legt er die Gründe für dieses Urteil in einem »Exkurs« (c. 6-13) dar. Aber *inter se divorsa* kann nur die Erscheinungsform meinen, denn im Grunde sind beide Erscheinungen miteinander verbunden, die Verschwendungssucht kann Gier nach fremdem Eigentum bewirken.

Trotz dieser problemlosen Erarbeitung des Textes können sich Lehrer und Schüler am Schluss fragen, wie die einzelnen Sätze zusammenhängen und warum Sallust den Zusammenhang nicht deutlicher gemacht hat. Ein Weg, sich selbst den Zusammenhang klarer zu machen und dessen Verständnis zu dokumentieren, zugleich aber auch ein Weg, Eigenart und Absicht des Kapitels 5 besser zu erkennen, ist folgender: Die Schüler sollen die einzelnen Sätze mit Konnektoren verbinden. Das würde zu folgender Abfolge führen:

L. Catilina ... war von großer Kraft sowohl des Geistes als auch des Körpers, aber von verkehrter Veranlagung. (2) *Deswegen* waren ihm von Jugend an innere Kriege ... willkommen und darin übte er seine Jugend. (3) *Zwar* konnte sein Körper Hunger ertragen ... (4) *Aber* sein Geist war rücksichtslos ... (5) *Und so* begehrte sein maßloser Geist ... immer allzu Hohes. (6) *Kein Wunder, dass* ... in ihn die größte Begierde eingedrungen war, sich des Staates zu bemächtigen ... und es ihm egal war, auf welche Weise er das erreichte ... (7) Mehr und mehr wurde sein wilder Geist *nämlich außerdem (auch)* von Tag zu Tag hin- und hergetrieben ... (8) Außerdem stachelten ihn ... an ...

Das Darstellen in immer neuen Gegensätzen und Rückgriffen entspricht dem archaisierenden Stil. Aber wenn c. 5 das erste Kapitel ist, das die Schüler lesen, werden sie vielleicht fragen, ob Sallust nicht deutlicher schreiben kann (weil er die Sache nicht besser durchdacht hat) oder ob er nicht deutlicher schreiben will. Wenn die Schüler vorher das Proömium gelesen haben, erkennen sie, dass zwischen dem Proömium und Catilinas Charakterisierung viele Zusammenhänge bestehen, insbesondere der, dass dort der Weg zum Ruhm in Betätigung der *virtus* bestand und eine Wechselbeziehung von geistigen und körperlichen Aktivitäten dargelegt wurde, während Catilina zwar über körperliche und geistige Fähigkeiten verfügt, sie aber nicht im Sinne der in c. 1-2 dargestellten Menschennatur einsetzt und damit weder *virtus* noch echten Ruhm erwerben kann. Wenn die Schüler die Lektüre erst mit c. 3,3 oder c. 4,3 begonnen haben, kann der Inhalt der c. 1-4 referiert oder mithilfe einer der oben S. 9f. genannten Möglichkeiten (einschließlich B 1 zu T 2) erarbeitet werden. Man kann auch darauf verweisen, dass Sallust an anderen Stellen – vorwiegend allerdings historischen Berichten – durchaus Konnektoren verwendet und schlüssig-konsequent darstellt. So könnten die Schüler in diesem Stadium der Lektüre Sallust doch Beherrschung seines Stoffes unterstellen und seiner Darstellung in c. 5 folgendes Ziel zubilligen: Durch Vermeidung logisch gliedernder Elemente bleibt die Darstellung bildhaft und vermittelt dem Leser statt der Vorstellung von einer Entwicklung immer neue statische Eindrücke, die zusammen ein Bild von Catilinas von Anfang an schlechtem Charakter zeichnen. Konnektoren hätten da eine Entwicklungslinie suggeriert, die Sallust gerade nicht annimmt und die nur Heutige anzunehmen geneigt sind, weshalb sie den Text besser verstehen würden, wenn er solche Konnektoren enthielte. Zusätzlich kann dieses Ergebnis dadurch untermauert werden, dass man moderne Auffassungen von der Charakterentwicklung konfrontiert (B 4 zu T 2).

Ich lasse dahingestellt, ob die immer wieder vorgetragene Behauptung, die Antike habe die Vorstellung, der Charakter sei von früher Kindheit an fertig und entwickle sich nicht mehr, richtig ist. Ich traue Vergils Aeneas im Unterschied zu vielen seiner Interpreten eine Charakterentwicklung zu und in gewissem Ausmaß auch Catilina. Nepos sagt *Atticus* 11,6: *sui cuique mores fingunt fortunam hominibus.* Er macht damit die charakterliche Veranlagung und das jeweilige Verhalten für das Schicksal des Individuums verantwortlich. Aber das schließt Veränderungen nicht aus. Sallust selbst sagt *Catilinae coniuratio* 2,5: *fortuna simul cum moribus immutatur.* Es bedarf keines weiteren Beweises, dass er mit Charakterveränderungen rechnet. Man kann trotzdem unterstellen, dass er an ein bestimmtes Charakterpotenzial *(vis)* glaubt, das jedem mitgegeben ist und das in Abhängigkeit von den Zeitläuften und der Entwicklung des Staates in verschiedener Akzentuierung zum Vorschein kommt. In seiner Selbstdarstellung zeigt Sallust, dass auch er zeitweise nach außen eine andere Haltung zeigte als die ihm mitgegebene, dass er später zu ihr »zurückkehrte« und sie nunmehr bewusst entwickelte und lebte und dass der Außeneinfluss groß ist. Nur so kann man sich auch seine Darstellung der Haltungsänderung in c. 6–13 erklären.

Aus c. 5 kann man die Elemente einer Charakteristik herausarbeiten. Umgekehrt kann man auch das Schema (vgl. Textausgabe, Spr 15) vorgeben und so das Auffinden der Elemente und die Texterschließung beschleunigen. Die Catilina-Charakteristik ist nach einem Schema aufgebaut, das die griechische Rhetorik für das Enkomion (Lobrede) entwickelt hat: a) Abstammung (5,1); b) Anlagen des Körpers (5,1); c) Anlagen des Geistes (5,1); d) Heranwachsen und Ausbildung (5,2) zur e) entfalteten Persönlichkeit in körperlicher (5,3) und f) geistiger Hinsicht (5,4–5); g) Verhalten der Umwelt gegenüber (5, 6–7; 15,1–5), das auch die späteren (Un-)Taten erklären soll. Die Charakteristik ist somit zweigeteilt: 1. Kennzeichnung der Persönlichkeit (a–f) und 2. kurzer Bericht über das Vorleben (g). Es fehlen Hinweise über den *cursus honorum* und die *res gestae.*

In c. 5 lässt Sallust an Catilinas Charakter nichts Gutes. Durch die Vermeidung von Konnektoren in den §§ 1–5 und durch die Verwendung von *praeterea* in § 6 macht er eindeutig klar, dass man Catilina nicht mit äußeren Einflüssen entschuldigen darf, sondern dass es sein Wesen ist, das ihn schuldig macht, und die äußeren Umstände nur dafür »günstig« sind und verstärkend wirken. Einzig der Körper wird wegen seiner Ausdauer gerühmt, dem Geist wird wie dem Körper *vis* zugesprochen, aber er wird sofort mit der schlechten und verkehrten Veranlagung verbunden und bei schlechten Betätigungen gezeigt. Catilina mangeln die »Kardinaltugenden« (vgl. B 2 zu T 2). Catilinas militärische Leistung lässt Sallust hier unberücksichtigt (vgl. B 3 zu T 2).

Ein Kurzreferat kann zeigen, dass Sallust in den Kapiteln 1–3 zeigt, dass der Mensch aus Körper und Geist besteht, ihn der Körper mit den Tieren, der Geist aber mit den Göttern verbindet und dass er durch geistige Tätigkeit etwas von deren Unsterblichkeit erreicht. Berücksichtigt man dies, so wird klar, dass es nicht viel oder gar nichts bedeutet, wenn Sallust die *vis corporis* Catilinas zwar positiv schildert, die *vis animi* aber nur bei negativen Tätigkeiten erwähnt und somit wohl auch die *vis corporis* im Dienste des falsch geprägten *animus* sieht. Catilina ist ein Beispiel dafür, dass der Mensch seinen Geist in guter Weise einsetzen muss und nur so auch der körperliche Einsatz seinen Sinn erhält. Damit ist er ein Beleg für Sallusts Behauptung, dass für Könige der Geist zu zählen hat und sie danach beurteilt werden sollen und dass Menschsein geistige Taten vollbringen heißt.

Textabschnitt 2B:
Die Vergangenheit als prägende Vorgeschichte der Gegenwart – Entwicklung und Veränderung der Macht und der Moral in Rom – so genannter Rom-Exkurs (5,9-c. 13)

Die Kapitel 6–13 stehen unter dem Thema, das 5,9 angekündigt wird: *supra repetere ac paucis instituta maiorum domi militiaeque, quo modo rem publicam habuerint quantamque reliquerint, ut paulatim inmutata ex pulcherruma atque optuma pessuma atque flagitiosissuma facta sit, disserere.* Entsprechend kann man Ausdrücke und Informationen zu folgenden Themenbereichen erwarten:

- logische Gliederung (aus *disserere* zu entnehmen, es geht um eine erörternde Darstellung);
- zeitliche Gliederung (aus *paulatim inmutata* zu erwarten, es soll ja eine Entwicklung dargestellt werden);
- Ausdrücke für die Römer (oder ihre Gegner, wie *militiaeque* nahe legt);
- Darstellung von Veränderungen und Ereignissen auf dem Weg der Entwicklung vom guten zum schlechten Staat;
- Nennung von Institutionen, sei es gesetzlicher oder moralischer Art.

Man kann unter diesen Gesichtspunkten Kapitel 6 und auch die folgenden Kapitel Satz für Satz untersuchen lassen. Dies erfolgt nach Vereinbarung der Beobachtungskriterien am besten zu jedem Kapitel so, dass einer kurzen Stillarbeitsphase, in der die Schüler sich den Text unter den genannten Gesichtspunkten durchlesen und dabei die Sätze bereits gliedern, eine Sammel- und Auswertungsphase folgt, in der die Beobachtungen in das bereits durch die Überschriften angelegte Tafelbild eingetragen werden (oder auf einer vorbereiteten Folie aufgedeckt werden). Dabei zeigt sich auch, dass Kapitel für Kapitel die Beobachtungsgesichtspunkte, die zunächst für das erste Kapitel des Exkurses galten und für die gesamte Darstellung zu erwarten waren, geändert werden müssen oder sich langsam durchdringen.

6–7: Entstehung und anfänglich herausragende Entwicklung Roms

6: Die anfängliche Entwicklung Roms

§	logisch-zeitliche Gliederung		Romani u.a.	Ereignis	Institution
1		initio	urbem Romam Troiani Aenea cum his Aborigines	condidere atque habuere	duce sine legibus, sine imperio, liberum atque solutum
2		postquam … convenere	dispari genere, dissimili lingua, alius alio more viventes	facile caluerint	in una moenia
	ita	brevi	multitudo divorsa	CONCORDIĀ facta erat	CIVITAS
3		postquam res … prospera/ videbatur		INVIDIA orta est	(civibus, moribus, agris) ex opulentia
4	igitur		reges po- pulique finitumi pauci ex amicis	bello temptare auxilio esse	
5	nam		ceteri	a periculis ab- erant	
	at		Romani	domi militiae- que intenti festinare, para- re, hortari	
			hostibus	obviam ire	
				armis tegere	libertatem, patriam parentisque

§	logisch-zeitliche Gliederung		Romani u.a.	Ereignis	Institution
					magisque dandis quam accipiundis beneficiis
				parabant	amicitias
6				habebant	imperium legitumum nomen imperi regium
				rei publicae consultabant	delecti, patres
7		post ubi regium imperium in superbiam dominatio-nemque se convortit	sibi	fecere	regium imperium conservandae libertatisque atque augendae rei publicae inmutato more annua imperia binosque imperatores
8	eo modo		putabant		minume posse per LICENTIAM insolescere animum humanum

Die §§ 1–2 schildern einen Zeitraum von ca. 100 Jahren – von der Ankunft des Aeneas in Latium bis zur Gründung Laviniums oder bis zur Gründung Roms. Genaue historische Informationen werden nicht gegeben, und die Behauptung, die Römer hätten unter Führung des Aeneas Rom gegründet, widerspricht der gängigen Legende, wonach erst seine späteren Nachfolger Romulus und Remus Rom gegründet haben. Nach dieser Legende oder nach diesem Geschichte gewordenen Mythos hat der Kriegsgott Mars Rhea Silvia vergewaltigt und wird so Vater von Romulus und Remus, die von Alba Longa ausziehen und Rom gründen. Mit einer Berufung auf Romulus und Remus stünden jedoch Vergewaltigung und tödlicher Wettkampf am Beginn der Stadt. Mit der Verbindung des Trojaners Aeneas und der Latinerin Lavinia kann Sallust hingegen eine Haltung an den Beginn der Geschichte Roms setzen, der er dann andere Haltungen gegenüberstellen kann. Am Ende von § 2 wird eine positive Kraft für das Zusammenwachsen zweier höchst unterschiedlicher Völker verantwortlich gemacht: *concordia*, die Übereinstimmung zweier Herzen in Gefühlen und Zielen. Die Stelle ist nicht bei Sallust selbst überliefert, sondern aus einem Zitat bei Augustinus sinnvoll hierher gesetzt (obwohl das Ganze befremdet, denn es ist an dieser Stelle keine Lücke festzustellen, vgl. B 9 zu T 2).
Sallusts Theorie von der wundersamen Einigung zu einem mächtigen und erfolgreichen Volk durch *concordia* wird umso plausibler, wenn man daran denkt, dass er zuvor die gewaltigen Unterschiede der beiden Ursprungsvölker geschildert hat:

Hi postquam in una moenia convenere, dispari genere, dissimili lingua, alius alio more viventes, incredibile memoratu est, quam facile coaluerint: Ita brevi multitudo divorsa atque vaga concordia civitas facta erat.

Die Unterschiede in Herkunft, Sprache und Lebensweise erinnern an Caesars ähnliche Aufzählung in seinem *Bellum Gallicum* 1,1: *hi omnes lingua, legibus, institutis inter se differunt,* »alle Gallier unterscheiden sich durch Sprache, Gesetze, Brauchtum und Verhaltensformen«. Von diesen Unterscheidungskriterien nennt Sallust mit *lingua* dasselbe wie Caesar, mit *more* Caesars *institutis.* Er verstärkt den Unterschied noch durch *dispari genere.* Caesar sieht die Gallier als gemeinsamen Ursprungs und als durch die Druiden zentral gelenkt an. Während Caesar aber die durch die genannten Kriterien bewirkte Verschiedenheit hervorhebt, das gesamte Einleitungskapitel als Darstellung der Trennelemente bei den Galliern gestaltet, die ihn deren Kampfkraft abschätzen und seine Siegeschancen berechnen lässt, strebt Sallust zum Gegenteil: Er hebt die Überwindung des Trennenden durch *concordia* und die so bewirkte Stärke hervor. Deswegen hat er Caesars *legibus* auch auf den nächsten Satz verschoben: Nachdem sie in eine Stadt zusammengekommen sind, stellen sie schnell *concordia* her; und dies geschieht natürlich nach dem ciceronischen Prinzip: *iuris consensio* und *utilitatis communio (rep.* 1,39); darin sind die Gesetze zur Verfassungsform enthalten.

Die §§ 3–5 schildern den Zeitraum nach 590/580, vielleicht bis 504 oder 490, also von der Stadtgründung bis zur Vertreibung der Könige und zur Etablierung des Konsulats, vielleicht auch weiter. In diesen Paragraphen steht ein äußerer Gegner der positiven Kraft *concordia* im Mittelpunkt: *invidia.* Zuerst wird das Entstehen der *invidia* geschildert, dann die natürliche Folge: Kampf der ausländischen Könige und Völker gegen die Römer. Dann wird erst das Verhalten der römischen Verbündeten dargestellt. Sie heißen *amici.* Wenige Verbündete helfen. Die meisten haben Angst. Dann wird dem wiederum das Verhalten der Römer, eingeleitet mit dem einen scharfen Gegensatz signalisierenden *at,* entgegengestellt: ... *intenti festinare, parare, alius alium hortari, hostibus obviam ire, libertatem, patriam parentisque armis tegere.* Die Kriegsgründe der Römer erscheinen als ehrenhaft. Sie verteidigen Freiheit, Vaterland, Eltern. Von vielen möglichen Verteidigungsgründen sind drei genannt:

1. die Freiheit als die Unabhängigkeit von anderen Völkern, als Selbstbestimmung, als Teil der bereits fortentwickelten Verfassung, die zumindest allen Aristokraten Beteiligung an den politischen Entscheidungen (vgl. Ciceros Kritik an der reinen Monarchie, *rep.* 1,42) und später auch der Plebs politische Mitbestimmung durch die Volksversammlungen und das Vetorecht der Volkstribunen im Senat einräumt; Catilina greift auf dieses Ideal in seiner Rede c. 20 (§§ 7 und 14) zurück[8]; in Sallusts *bellum Iugurthinum* agitiert der Volkstribun Memmius mit diesem Ziel (31,16, 20 und 22);

8 Die Bezüge auf Ciceros *De re publica* werden leider bei der Sallustlektüre wenig berücksichtigt. Das hat seinen Grund schon darin, dass in der Regel die *Catilinae coniuratio* vor *De re publica* gelesen wird. Auch in der wissenschaftlichen Forschung werden die Bezüge zu wenig berücksichtigt, wie V. Pöschl (1970, S. XI) bemerkt hat.

2. das Vaterland als gemeinsame Heimat und als Urheberin des eigenen Lebens und Gedeihens (vgl. Auctor *ad Herennium 2,54–58;* Cic. *rep.* 6,16);
3. die Eltern als Ziel des besonderen Danks und der besonderen Liebe der *iuventus,* die in den Krieg zieht.

Auch das Verhalten der Römer gegenüber Verbündeten ist anders*: post, ubi pericula virtute propulerant, sociis atque amicis auxilia portabant magisque dandis quam accipiundis beneficiis amicitias parabant* (5). In diesem Satz werden bereits bestehende Bündnisse und neue Bündnisse nicht unterschieden oder es handelt sich sogar nur um neue, also wohl um Bündnisse mit ehemaligen Gegnern.

Sallust ist bei der Darstellung der römischen Frühzeit vorsichtig. Weder erwähnt er sonstige Gründe für die Kriegsführung wie den Schutz der Kinder, der Götter, des Eigentums und die Unverletzlichkeit der Grenzen, bestehende Verträge, Hilfeersuchen von Verbündeten. Noch macht er deutlich, dass die Römer dann ihren Verbündeten aufgrund von Verträgen helfen. Würde er all dies ausdrücklich sagen, läge der Gedanke nahe, dass – wie in der römischen Literatur üblich – der Krieg der Römer als *bellum iustum* geschildert wird. Aber in der einfachen Art, wie Sallust hier darstellt, steht großartige, selbstverständliche Bewährung und Gesinnung der Römer im Vordergrund*: tegere, auxilia portare, amicitias parare.* Das ist kein Ergebnis der politisch überlegten *bellum iustum*-Theorie, sondern natürliche Reaktion eines Volkes, das gerade als *civibus, moribus, agris aucta* geschildert worden ist (3). Deswegen fasst er die Haltung auch in dem Begriff *virtus* zusammen *(ubi pericula virtute propulerant,* 5).

Sallust hat natürlich die *bellum iustum*-Theorie gekannt und es ist nicht auszuschließen, dass er sie im Hintergrund assoziieren lässt. Aber von den bei Cicero, *de re publica* 3,35 erwähnten Gründen *(ulciscendi aut propulsandorum causa bellum geri iustum nullum potest,* »kein Krieg kann als gerechter geführt werden außer um an den Feinden Strafe zu vollziehen oder sie zu vertreiben«) wird nur das Vertreiben des Feindes wortwörtlich berücksichtigt *(propulerant),* der *ultio*-Gedanke bleibt fern. Zu sehr hatte Caesar diesen Gedanken in seinem *Bellum Gallicum* ausgebeutet (z.B. 1,15). Ebenso erscheint der Hilfegedanke nur am Rande (der bei Caesar eine große Rolle spielt, z.B. *Gall.* 1,11; 1,43,8).

Die Imperialismuskritik, die Caesar zwar kennt, aber ganz in seinem Standpunkt befangen als empörend ungerechte Auffassung darstellt (*Gall.* 7,77,15f.), hat Sallust in seinen *Historien* (frg. 69,5 Maurenbrecher) sehr viel ernster genommen, wenn er Mithridates schreiben lässt: »Die Römer haben nur einen einzigen und zwar von jeher bestehenden Grund, mit wirklich allen Stämmen, Völkern, Königen Krieg zu führen: unermessliche Gier nach Herrschaft und Reichtum. Von ihr geleitet haben sie zuerst Krieg mit dem Makedonenkönig Philipp aufgenommen, unter Vorwand eines Freundschaftsvertrags (mit den Athenern).« Diesen Verdacht will Sallust bei der Darstellung der Frühzeit vermeiden. Deswegen wird auch die für ein *bellum iustum* notwendige hochformalisierte Kriegserklärung und Kriegseröffnung nicht berücksichtigt Auch bei Cicero steht übrigens schon – wertneutral –, dass diese Theorie die Schaffung eines Weltreichs begünstigte: *Noster autem populus sociis defendendis terrarum iam omnium potitus est,* »unser Volk hat sich aber durch die Verteidigung der Verbündeten schon die ganze Welt untertan gemacht.«

Im letzten Abschnitt wird noch einmal die ganze Zeit von der Stadtgründung (angeblich 753) bis zur ersten Phase der Republik ins Auge gefasst (ca. 490). Sallust lässt wieder eine negative Kraft wirken, jetzt eine innenpolitische: *licentia*. Auch sie ist Gegner der *concordia*. Sallust stellt dar, wie die *licentia* zur Veränderung der Monarchie führt, dann eingeschränkt wird durch Einführung der republikanischen Verfassung bzw. des Konsulats. Die Ursachen der Veränderung des Königtums zum Schlechten scheint er später nicht mit den Ursachen für die generelle Verschlechterung des römischen Staates in Verbindung zu bringen. In diesem Stadium der Entwicklung hat der Staat noch Glück gehabt und Gegenmaßnahmen gefunden.
Sallust sieht also urmenschliche Kräfte bei der Entstehung und bei der Veränderung des Staates und seiner Verfassung wirken. Für dieses Darstellungsziel nimmt er eine doppelte Schilderung der Zeit von 753–503 in Kauf, ferner historische Ungenauigkeiten in den §§ 1–2 (Aeneas gründet nicht Rom) und pauschale Darstellungen in den §§ 3–7. So legt er einen Bezug nahe zu der Darstellung der Zeit Catilinas und zu seiner eigenen Zeit: Bedrohung der *concordia* durch *invidia* von außen – z.B. durch die Parther – und durch *licentia* im Innern – z.B. durch Catilina und die adlige Jugend (5 und 15) und durch andere wie Antonius, Sulla, Pompeius, aber auch generell durch den Hang der Aristokratie zu *libido* und zu *desidia*, den er im Proömium geschildert hat (c. 2).
Zusätzlich zu der Übersicht nach textsemantischen und textsyntaktischen Gesichtspunkten, die sich auf S. 35f. findet, lassen sich die folgenden kürzeren Tafelbilder zu Teilen des Textes als Zusammenfassung oder als Anknüpfung an die jeweils vorherige Stunde denken:

Das Wirken der Concordia (6,1-5)

TROIANI profugi sedibus incertis vagabantur: *ohne Wohnsitze* Aenea duce: *politisch-militärische Führung*	**ABORIGENES** genus hominum agreste: *im Besitz von Land* sine legibus, sine imperio, liberum atque solutum: *ohne Führungsstruktur*
CONCORDIA *Zusammenpassen der Ziele* **CIVITAS** *Staatswesen*	

Wandel der Verfassung zur Bewahrung der Ziele (6,6-7)

Verfassungsform			**Ziel**
regium imperium	*Monarchie*	conservandae libertatis augendae rei publicae	*Bewahrung der Freiheit* *Vergrößerung des Staates, Mehrung des Staatswohls*
dominatio	*Gewaltherrschaft, Tyrannis*	*Störung*	*Abweichen von Zielen*
delecti, patres	*Aristokratie oder aristokratische Elemente*	rei publicae consultare	*Sorge für den Staat und Planungsarbeit für ihn*
superbia	*Hochmut = Oligarchie*	*Störung*	*Abweichen von Zielen*
annua imperia, bini imperatores	*Konsuln: Annuität und Kollegialität*	minuma licentia	*Reduzierung des Einflusses persönlicher Triebe, dadurch Entfernung der Störung und Rückkehr zu den Zielen*

7: Das Kapitel 7 wechselt den Betrachtungsaspekt in mehrfacher Weise:
1. Eine logisch-zeitliche Gliederung geht durch das Kapitel: 1 *sed ea tempestate,* 2 *nam,* 3 *sed,* 4 *iam primum,* 5 *igitur,* 6 *sed.* Aber immer wieder wird die Erzählabfolge (die durch die Perfektformen *coepere ... creverit ... fuderit* und durch die Imperfektformen *discebat, habebant, erat* [5] und *erant, putabant, erant, volebant* gekennzeichnet wird) durch Rückgriffe im Plusquamperfekt *(incesserat, domuerat)* und persönliche Bemerkungen aus der Gegenwart unterbrochen *(regibus est, incredibile est, memorare possum).*
2. Der geschilderte Personenkreis sind die Römer nach der Einführung des Konsulats. Die Bezeichnungen für sie wechseln aber – und zwar nur in den Erzähletappen: *coepere quisque* zeigt den Übergang von der Menge zum Individuum; *civitas* zeigt, dass es um alle Bürger geht; dann wird die *iuventus* herausgegriffen, kurz darauf mit *talibus viris* umschrieben; dann wird die Gruppe wieder in Individuen aufgespalten – *inter ipsos quisque* – und schließlich geht sie in das gesamte Staatsvolk über: *populus Romanus.* Die Ausdrücke für die Römer variieren: *quisque, boni quam mali, aliena virtus, civitas, iuventus, talibus viris, virtus, inter ipsos, quisque, populus Romanus.*
3. Ebenso wird es zunehmend schwieriger, die Kategorien »zeitliche Gliederung« und »Institutionen« zu unterscheiden: *regibus* und *adepta libertate* gewinnen die Kraft einer Zeitangabe; andererseits werden Vorgänge, die in die Rubrik »Veränderungen« gehören, im Imperfekt beschrieben und erscheinen als Zustände, die fast Institutionen sind.
4. Während am Anfang des Kapitels die individuelle Profilierung unter den Aspekt

der *virtus* gestellt wird, wird in der Mitte der Aspekt der *cupido gloriae* in einem Rückgriff als Auslöser genannt und später in einem weiteren Rückgriff erneut die *virtus*. Schließlich wird die *virtus* an vielen einzelnen Verhaltensweisen verdeutlicht und dann das Begriffsfeld *gloria – laus – fama* in vielfacher Weise durch den Gegensatz zu *divitiae – pecunia* beleuchtet, wobei die *virtus* völlig unter den Aspekt des Ruhms und des Gesehenwerdens gestellt wird.
Sallust macht durch all diese Darstellungstechniken den Wechsel und den Unterschied zwischen Königszeit und republikanischer Zeit deutlich und zwingt den Leser immer wieder dazu, hin- und herzuspringen, Vergangenheit und Gegenwart (aus der Sicht der republikanischen Zeit gesprochen) zu vergleichen, das Verhältnis des Individuums zum Staat ebenso zu bedenken wie das Verhältnis von persönlicher Leistung zu allgemeiner Anerkennung. Der Kernsatz *virtus omnia domuerat* steht in der Mitte des Kapitels. Durch eine Zusammenstellung aller Ausdrücke für das positive Verhalten der Römer kann man den Umfang der *virtus* erfassen (vgl. A 1c zu T 1, c. 1–2,6 und 4a zu T 2, c. 6–13).
Durch die Feststellung, dass in die am Beginn von c. 6 bzw. zu 5,9 vereinbarte Rubrik »Institutionen« nichts Neues eingetragen werden konnte, erkennt man, dass in Kapitel 7 keine neuen Institutionen geschildert werden, sondern die Bewährung der aufgebauten Institutionen durch die *cupido gloriae* der »Jugend« und durch deren edle Haltung gegenüber dem Geld.
Dies entspricht einerseits dem aufkommenden Individualismus nach der Erringung der Freiheit *(adepta libertate)*, andererseits dem Leitthema *virtus omnia domuerat*, das in der Mitte des Kapitels steht und die Ausrichtung aller individuellen Energien und Haltungen auf den Staat zeigt, der mit *civitas* und *res publica* erwähnt wird: *civitas* steht am Anfang der Darstellung der individuellen Profilierung (3), *populus Romanus* am Schluss als Zusammenfassung innerhalb einer Praeteritio.

8: Zufall, Glück und die Rolle der Geschichtsschreibung in der historischen Bewertung von Staaten

Mit *sed* fügt Sallust der rühmenden Darstellung der alten Zeit und des römischen Aufstiegs einen Exkurs an, der seiner Darstellung Glaubwürdigkeit verleihen und seine schriftstellerische Leistung herausheben soll, aber auch seine Liebe zum römischen Staatswesen zeigt. Fortuna verteile Berühmtheit und Ruhmlosigkeit nach Willkür, nicht nach der Wahrheit. Mit Fortuna wird sodann das Vorhandensein schriftstellerischer Begabungen gleichgesetzt. Wo diese vorhanden waren, strahlen gute oder durchschnittliche Leistungen in höchstem Glanz. Dafür sind die Athener ein Beispiel. Wo diese nicht vorhanden waren, sieht es anders aus. Dafür sei Rom ein Beispiel, weil dort niemand gewesen sei, der lieber, statt selbst herausragende Taten zu leisten, die herausragenden Taten anderer habe beschreiben wollen. Die Ausbreitung des eingangs geäußerten Gedankens und die Bewertung der athenischen und der römischen Frühgeschichte sowie der schriftstellerischen Leistung zeigt die Übersicht zu c. 8:

Die Zufälligkeit der Wertung historischer Leistungen in Abhängigkeit von den Medien

	FORTUNA	
in omni re	dominatur	
res cunctas	ea	
	ex lubidine magis	quam ex vero
	celebrat	obscuratque
	EX LUBIDINE CELEBRARE	VERUM
(1) **Atheniensium** res gestas	quam fama feruntur sed quia provenere ... scriptorum magna ingenia, per terrarum orbem	satis amplae magnificaeque fuere, verum aliquanto minores tamen
Atheniensium facta	pro maxumis celebrantur	
	Ita	eorum, qui fecere, virtus tanta habetur,
	quantum eam verbis potuere extollere praeclara ingenia	
	EX LUBIDINE OBSCURARE	VERUM
(2) At **populo Romano**	numquam ea copia fuit ingenium nemo quam dicere	sine corpore exercebat, optumus quisque facere malebat

Nach den rühmenden Kapiteln 6 und 7 kann Sallust also den Wert seiner schriftstellerischen Arbeit mit dieser Reflexion über die Bedeutung der Medien zeigen. Ob ein Ereignis als bedeutend zur Kenntnis genommen wird, hängt nicht von dessen Bedeutung ab, sondern davon, dass es durch die Medien die Aufmerksamkeit der breiten Öffentlichkeit gewinnt und ihm dadurch – zu Recht oder zu Unrecht – Bedeutung zugemessen wird. Diese Erkenntnis ist eine Leistung Sallusts. Sie gilt heute erst recht. Heute kann man so weit gehen zu sagen: Ob ein Geschehen überhaupt Ereignis wird, hängt von den Medien ab, hängt davon ob, ob Fernseh- und Zeitungsjournalisten in dem Geschehen etwas sehen, was ihrem Publikum vermittelt werden soll und wo möglich interessant und fernsehgerecht und spannend in vielen Folgen vermittelt werden kann. Da Sallust bereits in 4,2 deutlich gemacht hat, dass er auswählend *(carptim)* und zur Beeinflussung der Erinnerung *(ut quaeque memoriâ digna videbantur)* berichtet, kommt hier eine weitere Facette seines Kommunikationsbewusstseins hinzu: Er wird Helfer Fortunas, um die richtigen Ereignisse ins Blickfeld zu rücken. Und mit seinem archaisierenden Stil sorgt er für die nötige Nachhaltigkeit der Wahrnehmung, die Fakten rauschen nicht einfach am Auge des Betrachters bzw. am Ohr des Hörers vorbei, sondern werden wiederholt und von vielerlei Seiten beleuchtet. Dass dieser Fortuna-Abschnitt gerade in die Darstellung der Entwick-

lung Roms eingefügt wird, zeigt, dass Sallust mit diesem Abschnitt etwas bis dahin seiner Meinung nach Übersehenes oder nicht genügend Beachtetes schildert: Aufstieg und Niedergang bzw. Gefährdung Roms durch Haltungen und Charakterveränderungen.
Die Taten der Römer in der Aufbauphase des Staates, sagt Sallust, sind weitgehend unbekannt geblieben, weil die Römer in der Ausübung des *ingenium* den Körper stärker berücksichtigten (5). Der Geist aber verleiht Unsterblichkeit (1,3-4). Damit wird deutlich, dass noch nicht der Zustand erreicht ist, in dem laut 2,2 der Vorrang des *ingenium* auch im Krieg und laut 2,3 die Bedeutung der *animi virtus* auch im Frieden erkannt ist. Sallust schildert eine Zeit, in der das *ingenium* noch physisch definiert wird oder physische Bezüge und Anteile hat *(ingenium nemo sine corpore exercebat,* 8,5). Sallusts Anspruch besteht darin, rein geistig das *ingenium* wirken zu lassen; sein Ziel ist es, von der physisch-geistigen *virtus* zur rein geistigen zu führen.
Da die Medien- und Fortunaauffassung für Sallusts Darstellung wichtig ist, finden sich in der Textausgabe immer wieder Aufgaben zur produktiven Rezeption der Darstellung Sallusts: Verfassen von Zeitungartikeln (A 7 zu T 3, c. 26-36,3), Reden (A 6f zu T 2, c. 6-13), kleinen dramatischen Szenen (A 6e zu T 2, c. 6-13), eher symbolischen oder allegorischen Darstellungen des Planens und des Wirkens Fortunas (A 9 zu T 6, c. 52-53,1, A 2 zu T 7, c. 61), Gegendarstellungen oder Neufassungen (A 15 zu T 4).

9: Fortsetzung: Der herausragende Zustand des alten Rom

Entsprechend schließt Sallust c. 9 mit *igitur* an. C. 9 stellt eine Folgerung aus dem am Ende von c. 8 Gesagten dar: Jeder wollte lieber selbst gute Taten tun als die anderer beschreiben (8,5), das *ingenium* wurde physisch dokumentiert. Danach kann Sallust zwanglos sein Thema aus c. 7 wieder aufgreifen. *Concordia maxuma* (9,1) nennt den Kern des c. 6; *minuma avaritia* nennt den Kern des c. 7.
Die beiden Kapitel 6 und 7 hatten sich nicht auf diese Schlagworte beschränkt. Der *concordia* waren in c. 6 der außenpolitische Feind *invidia* und der innenpolitische Feind *licentia* gegenübergestellt worden. Die fehlende *avaritia* war in c. 7 positiv mit folgenden Ausdrücken umschrieben worden: *cupido gloriae; per laborem; in decoris armis et militaribus equis ... lubidinem habebant; virtus; gloriae certamen; conspici, dum tale facinus faceret; eas divitias, eam bonam famam magnamque nobilitatem putabant; laudis avidi, pecuniae liberales erant; gloriam ingentem, divitias honestas volebant.* Entsprechend kann Sallust als Gesamtthema des c. 9 *boni mores colebantur* haben und einen Zustand des Staates darstellen, der durch *ius bonumque* gekennzeichnet ist; *ius* nennt den moralischen Aspekt der *concordia:* das ungeschriebene Recht und das natürliche Rechtsempfinden; *bonum* nennt den moralischen Aspekt der *minuma avaritia:* den natürlichen Sinn für das moralisch Richtige. Sallust sagt: *apud eos non legibus magis quam natura valebat.* Der Singular *valebat* zeigt, dass der Ausdruck *ius bonumque* eine Art Hendiadyoin ist. Die Aussage selbst idealisiert bewusst die Frühzeit Roms. Während bei Cicero, *de re publica* 1,3 alle Tugenden bzw. alle staatstragenden und sozialen Eigenschaften auf das Wirken der Politiker zurück-

geführt werden, die mit ihrer Beispielfunktion und mit Gesetzen arbeiten, nimmt Sallust einen natürlich-guten Urzustand der Menschen an und folgt damit erstens der Darstellung der menschlichen Urtriebe bei Cicero, *de officiis* (B 1 zu T 1), zweitens aber seiner These, dass erst im Verlauf der Geschichte die Erkenntnis erreicht wurde, dass die Triebe, das *ingenium,* geistig bestimmt sein müssen (2,2).
Das Thema *boni mores colebantur* wird nun in stets neuen Varianten, Aspekten, Gegensätzen und Zusammenfassungen wieder aufgenommen und an den Gegensatzpaaren Frieden – Krieg und Innenpolitik – Außenpolitik ausgeführt. Das Zentrum bildet § 3, die §§ 1–2 führen auf diesen hin, die §§ 4–5 dienen seiner breiten Absicherung.
In § 2 nennt Sallust den aus seiner Sicht entscheidenden Grund, warum in der Frühphase Roms eine solch positive Entfaltung der Triebe möglich war: *iurgia, discordias, simultates cum hostibus exercebant, cives cum civibus de virtute certabant.*

boni mores colebantur

domi		*militiaeque*	
concordia maxuma	gemeinsames Wollen	minuma avaritia	kaum Habgier
ius bonumque quam natura valebat	*Rechtlichkeit und Moral bedürfen kaum der vorhandenen Gesetze, sondern sind von Natur aus stark.*	non legibus magis	
cives cum civibus de virtute certabant	*Wettkampf mit den Mitbürgern um den höchsten Einsatz im Staat*	iurgia, discordias, simultates cum hostibus exercebant *<– Gegensatz zu?* *<– Voraussetzung für?*	*Streit, Zwietracht, Rivalität mit den (Staats-)Feinden*
in suppliciis deorum magnifici	*Aufwand im Götterkult*	domi parci	*Sparsamkeit im Privatbereich, dafür aber:*
in amicos fideles	*Treue gegenüber Freunden*		
	duabus his artibus		
ubi pax evenerat, aequitate	*Sinn für angemessenes Verhalten nach dem Friedensschluss*	audacia in bello	*selbstloser Einsatz im Krieg*
greift auf § 2 b zurück		*greift auf § 2 a zurück*	
	seque remque publicam curabant		

Die durchaus vorhandenen aggressiven Seiten des Triebes nach Vorherrschaft vereinen sich hervorragend mit dem Sozialtrieb und dem Einsatz für die eigene Gruppe und den eigenen Staat. Verbale und physische Gewalt werden am Feind ausgelebt, *virtus* besteht im Dienst am Staat und dabei will jeder Bürger den anderen übertreffen.

Virtus wird dann zunächst in drei zivilen Bereichen spezifiziert: großzügige Verehrung der Götter *(in suppliciis deorum magnifici)*, persönliche Bedürfnislosigkeit oder bescheidene Lebensführung *(domi parci)*, Verlässlichkeit gegenüber Freunden *(in amicos fideles)*.

Der § 3 greift in mannigfacher Weise die Aussagen der vorigen Paragraphen auf und ist, wie auch das einleitende *duabus his artibus* zeigt, als deren Zusammenfassung auffassbar. Gleichzeitig wird aber *duabus his artibus* dann erneut konkretisiert in *aequitate* und *audacia,* und so ist § 3 auch Ausgangspunkt für den zweiten Teil des Kapitels. Zentrum des Kapitels ist also die Hervorhebung von *audacia* im Krieg und von *aequitas* im Frieden. Sallust formuliert dieses Zentrum als Chiasmus (die Haltungen *audacia* und *aequitas* als Außenglieder, Krieg und Frieden in der Mitte) und gleichzeitig inkonzinn (adverbiale Bestimmung *in bello* – Adverbialssatz *ubi pax evenerat*). Der Gegensatz Krieg – Frieden soll hervorgehoben, die größere Schwierigkeit eines guten Verhaltens im Frieden, besonderes Anliegen Sallusts seit 2,3, soll erneut betont werden.

Auch im zweiten Teil (4–5) setzt sich das Thema des ganzen Kapitels in Gegensätzen fort. Dieser zweite Teil hat jedoch lange, argumentierende Sätze – entsprechend der Ankündigung *documenta habeo* –, während der erste Teil aneinander gereihte Informationen bot, die ohne ausdrückliche Konnektoren, nur durch semantische Wiederaufnahmen oder Gegensätze verbunden waren. Den Bau des zweiten Teils zeigt die folgende Übersicht:

quarum rerum
ego maxuma **documenta** haec habeo

in pace vero	**in bello**	
quod	saepius vindicatum est	
beneficiis quam metu *imperium* agitabant	in eos, qui contra *imperium* in hostem pugnaverant	quam qui signa reliquere
et accepta iniuria ignoscere quam persequi malebant	qui-que tardius – revocati proelio excesserant	aut pulsi loco cedere ausi erant

Die Übersicht verdeutlicht Sallusts Darstellungsweise:

- – Zweiteilung der *documenta* in 1. einen Kriegsabschnitt (der hier parallel zur vorigen Abbildung rechts eingeordnet ist, obwohl er zuerst genannt wird) und 2. einen Friedensabschnitt;
- in beiden Abschnitten jeweils zwei Gruppen: 1. (a) *in eos, qui ...;* (b) *quam qui ...;* 2. (a) ... *agitabant;* (b) *et ... malebant;*
- jede Gruppe ist wiederum zweigeteilt:

1(a) 1	qui ... pugnaverant	2(a) 1	beneficiis
1(a) 2	quique ... excesserant	2(a) 2	quam metu
1(b) 1	qui signa relinquere	2(b) 1	ignoscere
1(b) 2	aut pulsi loco cedere ausi erant	2(b) 2	quam persequi

Dabei wird die Art der Teilung variiert:

1(a) 1–2	qui ... qui-que: *zwei durch* -que *verbundene Relativsätze*
1(b) 1–2	qui ... relinquere aut ... cedere ausi erant: *ein Relativsatz mit zwei durch* aut *getrennten Alternativen*
2(a) 1–2	quod beneficiis magis quam metu imperium agitabant: *zwei adverbiale Bestimmungen im Ablativ werden durch* magis quam *verbunden.*
2(b) 1–2	et accepta iniuria ignoscere quam persequi malebant: *zwei Objekte im Infinitiv werden durch* quam ... malebant *verbunden und in einen Vergleich eingebunden.*

Ebenfalls wird die Verbindung der jeweils zwei Gruppen variiert:

1a–b	in eos, qui ... **quam** qui
2a–b	quod ... agitabant **et** ... malebant

Innerhalb der beiden jeweils zusammengehörigen Gruppen finden sich viele Bedeutungsentsprechungen. Sallust macht so in vielfältiger Weise die Verbindung von *concordia* und *certamen virtutis* im Innern und Einsatz im Krieg deutlich.
An manchen Stellen erscheint c. 9 wie eine Wiederholung von c. 7, aber man muss den Fortschritt gegenüber c. 7 sehen. Dies zeigt die folgende Übersicht:

c. 7 im Vergleich mit	**c. 9**
(1)–(4b) *zeigen den Beginn des Erscheinens des Vorrangstrebens (1), dass es von den Königen blockiert worden war (2), dass der Staat nach Erlangung der Freiheit wuchs (3) und dass der Grund des Wachstums die Ruhmesbegierde war, also das Vorrangstreben (4b).*	*Dies hat keine Entsprechungen in c. 9.*
(4a) ... iuventus ... in castris per laborem usum militiae discebat, magisque in decoris armis et militaribus equis quam in scortis atque conviviis lubidinem habebant: *Jugend hatte Lust auf Anstrengung* (labor) *und Erlernung des Kriegshandwerks, weniger auf Huren und Gelage.*	(1) ius bonumque apud eos non legibus magis quam natura valebat: *Natürliches Gefühl für Recht und Moral*
(5) Igitur talibus viris non labor insolitus, non locus ullus asper aut arduos erat, non armatus hostis formidulosus: *Deswegen scheute sie keine Mühe, keine Anstrengung und hatte selbst vor bewaffneten Feinden keine Angst.*	(1) Igitur domi militiaeque boni mores colebantur: *Gute Verhaltensweisen in Krieg und Frieden*
(5) virtus omnia domuerat. *Denn* virtus *hatte alle Bereiche mit diesen Haltungen durchdrungen.*	(3) Duabus his artibus, audacia in bello, ubi pax evenerat, aequitate, seque remque publicam curabant. *Kühnheit im Krieg, Sinn für das Angemessene im Frieden*
(6) Sed gloriae maxumum certamen inter ipsos erat: *Der größte Kampf um Vorrang fand unter ihnen selbst statt.*	(2) cives cum civibus de virtute certabant: *Kampf der Bürger um* virtus, virtus *an den Wettbewerb der Bürger im Dienste des Staates gebunden*
Se quisque hostem ferire, murum ascendere, conspici, dum tale facinus faceret, properabat: *Jeder wollte beim Vollbringen der Taten gesehen werden, öffentliche Anerkennung erringen.* *Ruhmorientierte Formulierung*	(2) Iurgia, discordias, simultates cum hostibus exercebant: *negative Aggression auf den Feind gerichtet* *An Aggressionsfreiheit und* virtus *orientierte Formulierung*

c. 7 im Vergleich mit	**c. 9**
eas divitias, eam bonam famam magnamque nobilitatem putabant: *Darin bestand für sie Reichtum, guter Ruf, hohes Ansehen.* Laudis avidi, pecuniae liberales erant; *Gier richtete sich auf Anerkennung, nicht auf Geld. — Auszeichnungstrieb handlungs- und ruhmorientiert*	(1) concordia maxuma, minuma avaritia erat: *größte Eintracht, kleinste Habgier. — Auszeichnungstrieb diszipliniert durch den Willen zur Bewahrung der* concordia
gloriam ingentem, divitias honestas volebant: *Sie wollten Ruhm ohne Grenzen, Reichtum in den Grenzen dessen, was öffentliche Anerkennung zuließ oder was öffentliche Anerkennung brachte.* *Ihre Haltung zum Geld entspricht der Haltung zur Auszeichnung: Großzügigkeit.*	in suppliciis deorum magnifici, domi parci, in amicos fideles erant: Sie waren *großzügig gegenüber den Göttern; persönliche Bescheidenheit und Anspruchslosigkeit, Treue gegenüber Freunden* *Ihre Haltung zum Geld entspricht ihrem Willen zur Eintracht mit den Göttern (denen reich geopfert wird) und mit den Freunden (die man nicht verrät, sondern unterstützt).*
(7) Memorare possum: *Sallust als Wahrer der Erinnerung*	(4) Quarum rerum ego maxuma documenta haec habeo: *Sallust als historischer Forscher*
(7) maxumas hostium copias populus Romanus parva manu fuderit, quas urbis natura munitas pugnando ceperit: *Mut selbst in (scheinbar) ausweglosen Lagen*	(4) in bello saepius vindicatum est in eos, qui contra imperium in hostem pugnaverant quique tardius revocati proelio excesserant: *Mut muss durch Disziplin gezügelt werden.* (5) in pace ... beneficiis magis quam metu imperium agitabant et accepta iniuria ignoscere quam persequi malebant: *Verhalten gegenüber Beherrschten von Hilfe und Verzeihen geprägt, also selbstdiszipliniert und auf lange Dauer ausgerichtet*

Ergebnis des Vergleichs: In c. 9 folgt Sallust seinem vorher formulierten Ziel: *virtus tanta habetur, quantum ea verbis potuere extollere praeclara ingenia.* Deswegen die Wiederholung der Kapitel 6 und 7 im ersten Abschnitt des Kapitels 9 (1–2). Deswegen auch die zentrale Stellung des Satzes von den beiden *artes, audacia* und *aequitas.* Und deswegen der hochartifizielle Satz der §§ 4–5, der für die Kriegszeit das Thema *audacia*, für die Friedenszeit die Haltung *aequitas* breit darstellt und für beides *documenta* erwähnt, Beweise und Belege des historischen Schriftstellers.

Gleichzeitig stellt dieser zweite Teil dar, wie sich die Erkenntnis von der Bedeutung geistiger *virtus* weiterentwickelt. *Audacia* und *aequitas* sind *artes* (3), sie dienen der *cura* für die eigene Person und den Staat. C. 7 begann mit dem Gesichtspunkt des *ingenium (coepere se quisque magis extollere magisque ingenium in promptu habere,* 1) und lenkte dann zum Aufkommen einer willensbestimmten Gestaltung des Lebens *(gloriam ingentem, divitias honestas volebant,* 7). C. 9 beginnt mit der Kultivierung der *boni mores (colebantur,* 1), zeigt, dass *audacia* und *aequitas* eingeübt und beherrscht werden *(artibus,* 3; Imperfekt *colebantur,* 1) und führt schließlich zu bewusst durchgesetzten Maßnahmen und bewusst eingenommenen Haltungen: *vindicatum est* – die Beispiele deuten an, dass dabei Familienbande keine Rolle mehr spielen: Decius Mus musste gegen seinen Sohn vorgehen, als dieser keine militärische Disziplin zeigte; *beneficiis imperium agitabant* zeigt, dass es sich nicht um eine brutale, sondern um eine bewusst auf langfristigen Frieden setzende Machtausübung handelt; *accepta iniuria ignoscere quam persequi* zeigt, dass diese Haltung sogar unter eigenen Verzichten kultiviert wurde, mit bewusster geistiger Überwindung von Unrecht, das ihnen angetan wurde; *malebant* zeigt erneut eine geistige Entscheidung, eine Willenshaltung, die bewusst eine geistige Haltung (Verzeihen ist Ergebnis einer Überlegung und einer Entscheidung) über eine andere setzt (Verfolgen kann zwar auch Ergebnis einer Entscheidung sein, im Rahmen des Themas *aequitas* meint es aber einen Gegensatz zum Verzeihen und damit eine impulsive, aggressive, die Verhältnismäßigkeit nicht beachtende Reaktion).

10: Der Verfall Roms

C. 10 nimmt am Beginn in *labor* und *iustitia* die Begriffe aus 9,3 *(audacia, aequitas)* wieder auf. Waren dort die beiden Begriffe nach Krieg und Frieden unterschieden, so werden sie hier – wie ebenfalls in 9,3 dargelegt – sowohl auf das Verhalten innerhalb des Staates als auch auf das gegenüber anderen Völkern bezogen. In beiden Fällen dienen *labor* und *iustitia* dem Staat. Daher kann Sallust auch mit der generellen Formel beginnen ... *res publica creverit* und daran konkrete Einzelheiten anreihen:

reges magni bello domiti: große Könige waren im Krieg bezwungen;

nationes ferae et populi ingentes vi subacti: wilde Nationen und riesige Völker waren mit Gewalt unterworfen;

Carthago, aemula imperi Romani, ab stirpe interiit: Karthago, die Konkurrentin der römischen Macht, war am Boden zerstört;

cuncta maria terraeque patebant: kein Meer, kein Land war verschlossen.

Die Beispiele sind so angeordnet, dass sie den Weg Roms zur Weltherrschaft, die durch das Imperfekt *patebant* als Zustand gekennzeichnet wird, nachzeichnen. So wird der Ausdruck *res publica crevit* bildhaft erläutert.

Im Hauptsatz folgt dann nach dieser Aufzählung die Darstellung eines überraschenden Eingriffs der *fortuna* – die man auch als die willkürlich wirkende Schicksalsgöttin Fortuna ansehen könnte. Man weiß schon aus 2,5, dass der Wechsel der *fortuna* mit dem Wechsel der Sitten bzw. mit der Neuponderierung der Charaktereigen-

schaften verbunden ist *(fortuna cum moribus inmutatur)*. Die Aktionen Fortunas sind *saevire ac miscere omnia.* Das verbindende *ac* zeigt, dass die beiden Aktionen nicht zu trennen, sondern teilweise oder ganz identisch sind.
Sallust liefert erst später eine für unsere Begriffe genauere Ursachendarstellung, indem er für den in § 6 (Ende) dargestellten Niedergang *(... crudele intolerandumque factum)* die *pecuniae cupido* und die *imperi cupido* verantwortlich macht. Denn im Glauben an die Vernunft könnte und sollte man ja meinen, dass Menschen, die es so weit wie die Römer gebracht haben, an dem Erreichten festhalten und es nicht durch Triebe zerstören lassen. Dass diese Menschen trotzdem anders handeln, ist für Sallust das Überraschende und er sieht dafür zwei Ursachen: Äußerlich scheint es ein plötzlicher Schicksalsschlag, innerlich aber ist es eine Verlagerung der Charaktereigenschaften der Menschen. Die Überraschung wird im § 2 durch die Gegenüberstellung von Einst und Jetzt gezeigt. Sie drückt sich in den Tempora (Plusquamperfekt *toleraverant* – Perfekt *fuere*) und in den folgenden Gegensätzen aus:

labores	otium	} optanda alias
pericula		
dubias atque asperas res	divitiaeque	
facile toleraverant	oneri miseriaeque fuere	

Mit *igitur* (3) wird dann an § 1 angeschlossen und der Beginn des grausamen Wütens und Durcheinanderbringens gezeigt, das Fortuna und die Wandlungen des Charakters inszenieren. Die Darstellung ist – entsprechend dem einleitenden *coepit* – durch *primo* und *deinde* gegliedert, doch sind die beiden Etappen durch die nur einmalige Verwendung des Substantivs *cupido* wieder zusammengefasst: *primo pecuniae, deinde imperi cupido.* Mit dem Prädikat *crevit* wird anspielungsreich auf das einleitende *res publica crevit* zurückgegriffen. Jetzt wachsen verhängnisvolle Haltungen, die folglich den einleitend als Ursache staatlichen Wachstums genannten Tugenden oder förderlichen Haltungen *labor* und *iustitia* entgegenstehen.
Pecuniae cupido war in 7,6 als Gegensatz zur Begierde nach Ruhm dargestellt worden *(laudis avidi, pecuniae liberales erant);* dort war auch die *cupido gloriae* als Ursache des schnellen Wachstums genannt worden (7,3). Diese Haltung ließ jeden *labor* bewältigen *(non labor insolitus,* 7,5). *Imperi cupido* war in früherer Zeit – so schildert es c. 9 – noch auf das Verhältnis zu anderen Völkern beschränkt gewesen *(iurgia, discordias, simultates cum hostibus exercebant,* hingegen: *cives cum civibus de virtute certabant).* Jetzt wendet sie sich gegen die Mitbürger und zerstört folglich die 9,3 erwähnte *aequitas* oder die 10,1 genannte *iustitia.* Aus den beiden wachsenden Fehlhaltungen wird nun die weitere Entwicklung des *saevire* und *miscēre omnia* hergeleitet: *ea quasi materies omnium malorum fuere.* Diese generelle Aussage wird im Folgenden erläutert *(namque ...).*
§ 4 schildert die Folge der *avaritia:* Zerstörung eines Konglomerats von miteinander verbundenen positiven Haltungen: *fides, probitas, artes bonae* überhaupt; stattdessen Ausbildung (e-*docuit*) von *superbia, crudelitas, deos neglegere* und *omnia venalia habere.* Diese vier Phänomene stehen dem positiven Verhaltensspektrum entgegen.

§ 5 schildert die Folgen der *ambitio* zunächst zusammenfassend *(multos mortalis falsos fieri subegit)*, dann an Einzelbeispielen in drei Gegensätzen oder Vergleichen:
a) *aliud clausum in pectore – aliud in lingua promptum habere;*
b) *amicitias inimicitiasque non ex re – sed ex commodo aestumare;*
c) *magisque voltum – quam ingenium bonum habere.*
Die drei Gegensätze sind wieder sprachlich variiert dargestellt. § 4 verweist zurück auf 7,6b (Streben nur nach ehrenvollem Reichtum); § 5 verweist zurück auf 7,6a (offener Kampf um Anerkennung).
§ 6 fasst dann beide Fehlhaltungen und ihre konkreten Erscheinungsformen in *haec* zusammen und schildert ihr – nur manchmal durch prohibitive Maßnahmen gehindertes *(interdum vindicari)* – Wachsen, das einer Krankheit gleicht, die von der Infektion bis zur völligen Durchseuchung geht. Am Ende steht das Ergebnis, das Sallust in 5,9 bereits genannt hatte: *imperium ex iustissimo atque optumo crudele intolerandumque factum.* Die Formulierung in 10,6b ist noch stärker auf die Personen, die den Staat tragen, bezogen. Daher stehen in der Wiederholung *civitas* und *imperium* statt *res publica* und *iustissumo* statt *pulcherruma.*

5,9	**10,6b**
paulatim	paulatim crescere
inmutata	civitas inmutata
(res publica)	imperium
ex pulcherruma	ex iustissumo
atque optuma	atque optumo
pessuma ac flagitiosissuma	crudele intolerandumque
facta sit	factum

11: Fortschreiten des Verfalls

Die Texterschließung zu Kapitel 11 kann den einmal vereinbarten Prinzipien folgen und erneut Satz für Satz untersuchen lassen auf: logische Gliederungszeichen, zeitliche Gliederung, Informationen zu Römern, Aktionen und Ereignissen, Institutionen (vgl. die Übersichten zu den Kapiteln 6–7). Man kann aber auf eine aufwändige Tabelle verzichten, zumal mittlerweile das Prinzip klar sein dürfte, dass man Erwartetes finden und Abweichungen vom Erwarteten als Interpretationsansatz verwenden kann. Man kann sich dann mit dem ins Auge springenden Gliederungsprinzip begnügen: Entwicklung weg vom guten Staat und von der *virtus.*
Die Entwicklung verläuft über die Stufen *ambitio* und *avaritia* bis hin zu den völlig verderbten *mores* und wird, insbesondere im zweiten Teil des Kapitels, an dem Verhalten im Krieg und gegenüber anderen Völkern, die besiegt worden sind, gezeigt. Auf die vielfältigen Wiederaufnahmen und Gegensätze sowohl innerhalb des Kapi-

tels als auch zwischen diesem Kapitel und anderen wird hier nicht näher eingegangen. Das Kapitel zeigt eine ganze Palette von Erscheinungsformen der *ambitio* und der *avaritia*, die sich durch Zusammenstellung der jeweils zugehörigen Wort- und Sachfelder erfassen lässt.

Zum Wortfeld *ambitio* gehören (im weiteren Sinne): *(tamen propius virtutem,* trotzdem der *virtus* näher), *gloriam,* Ruhm; *honorem,* Ehrenamt, *imperium,* Oberbefehl; *dolis atque fallaciis,* mit viel List und Betrug; *armis recepta re publica,* er hat den Staat durch Waffen(gewalt) an sich gerissen; *victores,* Sieger; *exercitum,* Heer; *militum animos,* Gesinnung/Denken der Soldaten; *exercitus populi Romani,* Heer des römischen Volkes; *milites,* Soldaten; *postquam victoriam adepti sunt,* nachdem sie einen Sieg errungen hatten.

Zum Wortfeld *avaritia* gehören*: pecuniae studium,* Streben nach Geld; *quasi venenis malis inbuta;* sie ist gleichsam mit üblem Gift getränkt; *corpus animumque virilem effeminat,* sie verweichlicht Körper und Denken des Mannes; *semper infinita et insatiabilis est,* sie ist immer grenzenlos und unersättlich; *neque copia neque inopia minuitur,* sie wird weder durch Fülle noch durch Mangel verringert; *rapere,* alle waren am Raffen; *trahere,* und am Fortschleppen; *domum alius, alius agros cupere,* auf ein Haus war der eine, auf Äcker der andere wild; *neque modum neque modestiam victores habere,* die Sieger hatten kein Maß und keine Selbstdisziplin; *foeda crudeliaque in civis facinora facere,* sie begingen scheußliche und grausame Verbrechen gegen Bürger; *luxuriose nimisque liberaliter habuerat,* Sulla hatte das Heer in luxuriöser und allzu großzügiger Weise behandelt; *loca amoena voluptaria facile in otio ... animos molliverant,* idyllische und lustvolle Gegenden hatten ihr Denken leicht in einer Zeit des Nichtstuns weich gemacht; *insuevit amare,* das Heer gewöhnte sich daran, »Freundinnen« zu haben; *potare,* (übermäßig) zu saufen; *signa, tabulas pictas, vasa caelata mirari,* eine Bewunderung für Standbilder, Gemälde, ziselierte Gefäße zu haben; *et privatim et publice rapere,* sowohl für sich selbst als auch in staatlichem Namen zu rauben; *delubra spoliare,* Tempel auszuplündern; *sacra profanaque omnia polluere,* alles Heilige und Profane gleichermaßen zu besudeln; *nihil relicui victis fecere,* den Besiegten ließen sie nichts übrig.

Die beiden Wortfelder sind an manchen Stellen direkt verbunden, z.B. in den §§ 4 und 7. Die *avaritia* ist der Weg des schlechten Menschen, seine *ambitio* zu verwirklichen, und fällt unter die in § 2 genannte Kategorie *doli atque fallaciae.* Die *vera via* des *sapiens* und *bonus* meidet dieses Fehlverhalten. Aber wie kommen *avaritia* und *ambitio* in den Staat hinein? Ihr Vorhandensein wird ja in 10,3 schon vorausgesetzt, dort ist zu lesen, dass diese Triebe anwachsen. In 10,6 heißt es zwar: *haec primo paulatim crescere,* »diese Dinge wuchsen zunächst nach und nach an«. Aber dort meint *haec* alle mit der *ambitio* verbundenen Erscheinungen, die gerade geschildert worden sind, und wohl auch die mit der *avaritia* zusammenhängenden. Die Ausdrücke *contagio* (Fäulnis) und *pestilentia* (Seuche) werden zwar mit dem Prädikat *invasit* verbunden. Man muss aber fragen: »In wen dringt die Fäulnis wie eine Seuche ein?« Die Antwort ist: Sie dringt in die Bürger ein. So zeigt es der Hauptsatz *civitas inmutata* (10,6). Das aber muss noch nicht meinen: von außen. Denn es ist ja die Gesamtheit der Bürger in einem Staat gemeint *(civitas)* und so mag das alles zwar in manche eindringen, aber in anderen kann es schon vorhanden gewesen sein.

Die Erklärung liefert Sallust in Kapitel 11 nach. Die *ambitio* ist der *virtus* näher und quälte zunächst die Seelen der Menschen mehr, bedeutete mehr Stress und Herausforderung für sie *(exercebat)*. Denn – in 1,1 sagte es Sallust noch vorsichtiger – alle Menschen haben den Trieb, sich auszuzeichnen, sowohl die Tüchtigen als auch die Faulen. Nur wählen die Faulen oder Unfähigen den falschen Weg zur Durchsetzung dieses Zieles. Weil sie keine *artes* haben, streben sie mit Listen und Täuschungen *(dolis atque fallaciis)* nach diesem Ziel (11,2). Diese Listen und Täuschungen werden später als Macht- und Geldgier mit all ihren negativen Auswirkungen konkretisiert.

Der Trieb, sich auszuzeichnen, ist also allen Menschen gemeinsam, nicht jedoch die entsprechenden Fähigkeiten und Möglichkeiten. Bei diesen unterscheidet Sallust *boni* und *ignavi* sowie *vera via* und *falsa via* (d.i. *doli, fallaciae)*.

Die *avaritia* ist nicht von vornherein in allen Menschen, sondern nur in den Uneinsichtigen. Sie unterscheidet sich von der *ambitio* dadurch, dass sie niemals gestillt werden kann (11,3). Die Ausbreitung der *avaritia* wird von mehreren äußeren Umständen gefördert: 1. Lucius Sulla wirkte auf alle Bürger als Auslöser der *avaritia,* weil er durch das Instrument der Proskriptionen für begehrliche Bürger die Möglichkeit schuf, sich in den Besitz ihrer Mitbürger zu bringen(11,4). – 2. Lucius Sulla gewöhnte sein Heer an Luxus und ließ es auf Raubzüge gehen. Der Erfolg bestärkte die Soldaten auf diesem Weg, der das genaue Gegenteil früheren Kriegsverhaltens ist (vgl. 11,5–8 mit 9,5).

Begleittext 16 zu T 2 zeigt, dass *avaritia* ein durchaus moderner Zug bzw. ein kontinuierlicher Zug der Menschen ist. Jens Jessen hat nach der Vereinigung beider deutscher Staaten die Besitzstandswahrung und Knauserigkeit Westdeutschlands getadelt und als Grundzug der alten Bundesländer die *avaritia* ausgemacht. Bei Sallust entsteht die *avaritia* nach den Jahren des Aufbaus, bei Jessen ebenso. Mit Sallust (10,2–3) hat Jessen gemeinsam, dass er die *avaritia* als Folge der Saturiertheit ansieht, an die man sich gewöhnt hat: »Zwanzig Jahre des Wiederaufbaus wurden im Westen glücklich gemeistert. Die zwanzig folgenden Jahre der Saturiertheit aber haben eine Deformation erzeugt, die sich mit einem Begriff aus dem Katalog der Todsünden am besten fassen läßt: Von *Avaritia,* von Geiz und Habgier werden die Westdeutschen beherrscht. Sie sprechen zwar von Fleiß und Sparsamkeit. Doch gehört auch das zu einer Todsünde, dass sie sich unter einer Tugend verbirgt.«

Gemeinsam ist den Haltungen der *avaritia*, wie sie bei Sallust und bei Jessen geschildert werden: Besitz wird als Ausweis von Erfolg und Charakter angesehen. Sallust spricht vom Verfall der Werte und der Umdeutung der Begriffe. In 10,4 wird geschildert, wie *avaritia* alle guten Haltungen unterminiert: *fidem, probitatem ceterasque artis bonas subvortit.* Jessen schreibt: »Der Geiz ist ein Laster, dem die Heuchelei stets auf dem Fuße folgt. In seiner entwickelten Form zeigt es sich als System von Blockaden, die den Handlungsspielraum des Geizigen auf eine ihm selbst schon unerträgliche Weise einschränken: Er beginnt, von Sachzwängen zu sprechen.«

12–13: Endgültiger moralischer Verfall

In 12,1 wird die in c. 11 dargestellte Entwicklung der sich ausbreitenden *avaritia* zusammengefasst: *divitiae honori esse coepere et eas gloria, imperium, potentia sequebatur.* Dann wird die »parallele Folge« gegenübergestellt: *hebescere virtus ... coepit.* In dieser Umkehrung des früheren Zustands liegt das Zentrum der beiden Kapitel. Nicht mehr *virtus,* sondern Reichtum bringt Ansehen und entsprechende Stellung (*honor* 1). An die Stelle der *virtus* ist der Reichtum getreten. Dies wird an einer Vielzahl von Beispielen erläutert. Diese sind jetzt ganz aus dem Bereich des privaten und des sozialen, d.h. innenpolitischen Verhaltens genommen. Jetzt verfällt der Staat auch im Innern, während es vorher ein Verfall der menschlichen Sitten war, der sich zumeist im Verhalten gegenüber Besiegten zeigte. In Sallusts Augen und in seiner Darstellung verläuft die Entwicklung folgendermaßen (12,1–2):

- *Divitiae* gelten als Auszeichnung
- Ruhm, Befehlsgewalt, Macht sind mit den *divitiae* verbunden
- Die *virtus* wird stumpf (glänzt nicht mehr)
- Armut gilt als Schande
- Unschuld gilt als böser Wille

Der Maßstab des Reichtums bewirkt (bei der Jugend)

luxuria	***avaritia***	***superbia***
Verschwendungssucht	Habgier	Überheblichkeit
Diese Haltungen äußern sich so:		
consumere, konsumieren		
sua parvi pendere	*aliena cupere*	*divina atque humana promiscua habere*
eigenes Gut gering schätzen	fremdes Gut begehren	Göttliches und Menschliches als unterschiedslos ansehen
nihil pensi	*neque moderati habere*	
keine Abwägung	und kein Maß kennen	

Langsam breitet sich der Trieb aus, vergrößert und verändert sich. Ein äußeres Moment lässt den Trieb wachsen (das meint *invadere*).

In 12,3–5 wird der Trieb der *avaritia* an dem besonders markanten Beispiel des Bauluxus verdeutlicht, der Habgier und sozusagen Beschaffungskriminalität nach sich zieht, die sich im unrechtmäßigen Verhalten gegenüber Verbündeten und Provinzen äußert. Dabei nutzt Sallust den Gegensatz zu dem Verhalten der Vorfahren. Ausdrücklich wird das positive Rombild des ersten Teils als Hintergrund und Gegensatz verwendet, insbesondere 9,2 und 7,6. Sallust lässt diesen Abschnitt in einen sarkastischen Kommentar ausmünden: Herrschaft wird als Ausübung von Unrecht angesehen.

Zeitgenossen	Vorfahren	Vergleiche
12,3a quom domos atque villas cognoveris in urbium modum exaedificatas: *übermäßiger Bauluxus*	12,3b visere templa deorum, quae nostri maiores, religiosissumi mortales, fecere: *Vorfahren bauten Tempel.* 12,4 Verum illi delubra deorum pietate, domos suas gloriā decorabant: *Die Ausstattung erfolgte nicht durch Luxus, sondern durch Pflichterfüllung gegenüber Göttern und persönlichen Ruhm.*	9,2 in suppliciis deorum magnifici, domi parci ... erant: *Vorfahren bauten prächtige Tempel, aber bescheidene Privathäuser.* 7, 6 Sed gloriae maxumum certamen inter ipsos erat: Se quisque hostem ferire, murum ascendere, conspici, dum tale facinus faceret, properabat. eas divitias, eam bonam famam magnamque nobilitatem putabant: *Vorfahren betrachteten persönliche Leistung, also* virtus, *als Reichtum und Ruhm.*
12,5 At hi contra, ignavissumi homines, per summum scelus omnia ea sociis adimere, quae fortissumi viri victores reliquerant: *Zeitgenossen nehmen Verbündeten alles weg.*	12,4 neque victis quicquam praeter iniuriae licentiam eripiebant 12,5 quae fortissumi viri victores reliquerant: *Vorfahren nahmen Besiegten (also noch nicht Verbündeten) nur die Möglichkeit, Unrecht zu tun, nicht aber jede materielle Basis.*	9,2 Iurgia, discordias, simultates cum hostibus exercebant, cives cum civibus de virtute certabant. in suppliciis deorum magnifici, domi parci, in amicos fideles erant: *Vorfahren kämpften nur mit Staatsfeinden, mit anderen standen sie im Wettkampf um den Preis der virtus, sie waren gegenüber (persönlichen und politischen) Freunden treu und verlässlich.*
12,5 Proinde quasi iniuriam facere, id demum esset imperio uti: *Kommentar: Herrschaftsausübung wird mit Unrechttun gleichgesetzt.*	*(Aus dem Irrealis in der Formulierung 12,5 ergibt sich, dass das Gegenteil der Fall ist und auf die Vorfahren zutraf.)*	9,1 Igitur domi militiaeque boni mores colebantur; concordia maxuma, minuma avaritia erat; ius bonumque apud eos non legibus magis quam naturā valebat. 9,3 Duabus his artibus, audacia in bello, ubi pax evenerat aequitate, seque remque publicam curabant: *Herrschaft beruhte auf Einsatz im Krieg und Gerechtigkeit nach Vertragsabschluss*

Die Paragraphen 13,1–5 setzen zwar erneut mit dem Bauluxus ein. Nach einem Kommentar (2) wird aber daran das Vollbild des Luxus, der Verschwendung und des moralischen Niedergangs angefügt (3). Zwischen § 1 und § 3 setzt Sallust sein Urteil, das aus dem Inhalt des § 1 folgt und im Inhalt des § 3 breit belegt wird: Dieses Verhalten ist widernatürlich und statt des möglichen ehrenvollen Gebrauchs des Reichtums griff schändlicher Gebrauch um sich.

<table>
<tr><th>Verhalten der Zeitgenossen</th><th>Moralisches Urteil Sallusts</th><th>Verhalten der Vorfahren</th></tr>
<tr><td>13,1 Nam quid ea memorem, quae nisi iis, qui videre, nemini credibilia sunt: a privatis compluribus subvorsos montis, maria constrata esse?</td><td>13,2 Quibus mihi videntur ludibrio fuisse divitiae: quippe quas honeste habere licebat, abuti per turpitudinem properabant.</td><td>7,6 Laudis avidi, pecuniae liberales erant; gloriam ingentem, divitias honestas volebant.</td></tr>
<tr><td colspan="3">Vollbild des schimpflichen und (nach Sallusts Meinung) widernatürlichen Erwerbs und Gebrauchs des Reichtums:
(3) Sed lubido stupri, ganeae ceterique cultus non minor incesserat:
• Viri muliebria pati,
• mulieres pudicitiam in propatulo habere;
• vescendi causa terra marique omnia exquirere;
• dormire prius, quam somni cupido esset;
• non famem aut sitim neque frigus neque lassitudinem opperiri, sed ea omnia luxu antecapere.</td></tr>
</table>

In den §§ 4–5 wird dies wieder zusammengefasst und auf die *iuventus* bezogen, also die Altersgruppe, die am Beginn oder in der Mitte des *cursus honorum* steht und von der bald ab c. 14 die Rede sein wird. Wie im krönenden Schlusskapitel der engeren Einleitung (c. 3) kommen auch in diesem Schlusskapitel des geschichtlichen Abrisses, wie aus dem guten ein schlechtes Rom geworden ist, am Ende alle Motive in einer Vielzahl von Brechungen und Verweisen noch einmal vor.

Komponenten des Konglomerats	**Bezüge**
(5) Animus inbutus malis artibus: *Das Denken ist von der* avaritia *durchsetzt:*	*Laut 11,3 sind* doli atque fallaciae *die Gegenspieler zu* bonae artes *und die* avaritia *ist* venenis malis imbuta.
haud facile lubidinibus carebat: *Da* avaritia *das Denken beherrscht, ist die*	*Die* lubido *ist 2,2; 2,5;5,6 eher die nach politischer Macht; in 7,4 ist*

iuventus *an* lubidines *gewöhnt und diese sind teils Ursache, teils Folge der* avaritia:	*sie die* lubido *der tüchtigen Jugend nach militärischer Bewährung im Gegensatz zur* lubido in scortis atque conviviis.
eo profusius omnibus modis quaestui atque sumptui deditus erat: *Daraus erwachsen unehrenhafter Gelderwerb und unehrenhafte Art des Geldausgebens. Dem ist die* iuventus *hingegeben, wobei man nicht mehr unterscheiden kann und muss, ob der unehrenhafte Erwerb das unehrenhafte Ausgeben auslöst oder umgekehrt.*	*Alle Arten unehrenhaften Gelderwerbs sind bereits in 13,3, davor in 12,5 genannt worden, alle Arten unehrenhaften Geldausgebens in 11,6; 12,2–4; 13,1 und 3.*

Zusamenfassung und Auswertung der c. 6–13

Die Kapitel 6–13 sind mit den Kapiteln 1–4 verbunden. Der so genannte Rom-Exkurs deutet das Geschehen, das ab c. 14 dargestellt wird, und das Verhalten Catilinas, das in c. 5 dargestellt wurde, vor dem Hintergrund der Entwicklung Roms und seiner Gesellschaft. Dabei werden die in c. 1–4 dargestellten Überlegungen zur Menschennatur am Beispiel der römischen Geschichte aufgenommen. Die Entwicklung Roms zeigt den menschlichen Trieb, sich auszuzeichnen, Ruhm zu erwerben, Vorrangstellung zu erringen. Das *praestare studere* wird zur *cupido;* sie bezieht sich zunächst auf *gloria;* wer es nicht mit guten Mitteln schafft, geht der *cupido gloriae* mit schlechten Mitteln nach. Die Verwechslung von Rang mit Reichtum führt zur *cupido pecuniae*, zu *avaritia* und anderen Untugenden. Catilina ist dafür ein Beispiel.

Der Aufstieg Roms und die Verschlechterung des Staats und der Menschen werden durch ein und denselben Trieb, nämlich sich hervorzutun, ausgelöst. Äußere Ruhe ließ das Glück, die Fortuna, sich in seiner Zweischneidigkeit zeigen und auch die Zweischneidigkeit des Triebs, sich auszuzeichnen, zutage treten. Einstiegslaster für die Entwicklung zum Schlechten war die *ambitio* und zwar die, die sich des schlechten, falschen Wegs bedient und den Weg zur Anerkennung als Weg zu Reichtum und zu der damit verbundenen Macht ansieht, statt ihn mit *virtus* zu verbinden. Weitere äußere Einflüsse verstärken die *avaritia*, sodass alle moralischen Maßstäbe verschoben werden. Die beiden Grundtriebe haben also verschiedenen Charakter und verschiedene Ursachen. *Avaritia* ist die pervertierte *cupido pecuniae*, die in positiver Form zum *labor* geführt hatte; *ambitio* ist die pervertierte *cupido gloriae*, die etwa in 7,6 sehr positiv, als Ehrgeiz, Mut und Tatkraft anstachelnd dargestellt worden war. *Avaritia* wird durch äußere Umstände, den erlangten Reichtum und mangelnde geistige Verarbeitung dieser neuen Umstände bewirkt, *ambitio* durch einen Mangel an geistiger Leistungskraft.

Übersicht: Gleiche Motive in den Kapiteln 1–4 und 6–13

1,1–2 animus	7,1 ingenium
1,3–4 gloria *und* virtus	7,4 gloria; 7,4–5 virtus; 7,6–7 gloria
1,5 *Vorrang des* ingeniums *vor der* vis corporis	8,5 *das* ingenium *äußert sich unter Beteiligung des* corpus *(Perspektivenveränderung)*
2,3–4 *Bedeutung der* virtus animi labor; continentia; aequitas	9 virtus (domi militiaeque)
2, 5 fortuna	10 fortuna
mores	artis bonas (subvortit)
2,6 *Verschlechterung des* imperium *(Abschluss)*	10,6 *schlechtes* imperium *(Abschluss)*
2,7–9 negotium – fama	7,3 cupido gloriae 11 ambitio
3,1–2 *Wert der Geschichtsschreibung*	8 *Wert der Geschichtsschreibung*
3,2–4,2 *Zustand des Staates (Sulla und die spätere Entwicklung) hat Wirkung auf Sallusts Lebensziele*	11,4ff. *Zustand des Staates (Sulla und die spätere Entwicklung) hat Wirkung auf Catilinas Lebensziele*

Im »Mittelexkurs« (36,4–39,5) stellt Sallust diese Grundtriebe als verfestigt in den verschiedenen Schichten der Nobilität und der Plebs dar und zeigt dies an einer Vielzahl von konkreten Beispielen. Sallust hat in psychologischen Theorien und anthropologischen Vorstellungen ein Instrumentarium gefunden, mit dem er die Entwicklung der Vergangenheit deutet und das es ihm ermöglicht, die Deutung der Vergangenheit auf die Gegenwart zu beziehen bzw. bis in die Gegenwart fortzusetzen.

Das Erstaunliche bei Sallusts Darstellung des Verhältnisses von willentlich eingenommenen Haltungen und Trieben ist die zu erschließende Reihenfolge. Triebe werden hier nicht zu Haltungen veredelt, sondern Haltungen werden notgedrungen oder willentlich eingenommen, zum Beispiel aufgrund äußerer Feinde oder genauer geistiger Überlegung; dann aber ist ein neuer äußerer Zustand erreicht, die einmal eingenommenen Haltungen können nicht so einfach fortgesetzt werden, werden nicht den neuen Gegebenheiten angepasst und nicht verraten, denn sie hatten bis dahin Erfolg. Aber dann scheint sich ihre Unvereinbarkeit mit den neuen Gegebenheiten zu zeigen, die Gegebenheiten prägen den Menschen neue Haltungen ein, die nunmehr von den Trieben bestimmt sind. Diese Triebe scheinen von außen einzudringen oder die Menschen zu überwältigen. Oder: Sie gefährden Erreichtes und müssen immer wieder mit neuer Anstrengung beherrscht oder integriert werden.

Offenbar liegen für Sallust – und nicht nur für ihn – die Probleme der staatlichen Entwicklung nicht im Beginn, sondern im Verlauf, nicht in den Schwierigkeiten, die von äußeren Feinden drohen, sondern in denen, die von innen drohen, und zwar sowohl aus dem Innern des Staates als auch aus dem Innern einzelner Menschen. Darin ähnelt Sallust Cicero. Cicero führt die Staatenbildung auf den menschlichen Geselligkeitstrieb zurück. Ein Staat entsteht, wenn sich aufgrund dieses Geselligkeitstriebes eine Vielzahl von Menschen trifft, einen gemeinsamen Nutzen im Zusammenbleiben erkennt und eine übereinstimmende Auffassung vom Recht feststellt oder herstellt (*rep.* 1,39). Darauf, sagt Cicero, muss jede Regierung immer wieder Rücksicht nehmen und daraus muss jede Regierung ihre Handlungsprinzipien gewinnen. Deswegen kann bei Cicero Scipio auch sagen, dass jede der drei möglichen ungemischten guten Verfassungsformen so lange Bestand haben kann, solange sie an die Grundprinzipien der Entstehung des Staates denkt und sich keine Ungerechtigkeiten und Begierden einmischen (*rep.* 1,42).

In den c. 6–13 kommen, wie H. A. Gärtner (vgl. Literaturhinweise) gezeigt hat, kaum Eigennamen vor. An Eigennamen werden lediglich *Aeneas* (6,1), die *Aborigines* (6,1), *Sulla* (11,4) und der Städtename *Carthago* (10,1) erwähnt. Selbst bei der Darstellung des Umschwungs stellt Sallust 10,1 keinen unmittelbaren Kausalzusammenhang zwischen dem Untergang Karthagos und dem Sittenverfall in Rom her, sondern nennt nur den Zeitpunkt, an dem Fortuna zu wüten und alles zu »vermischen« begann[10]. Die Akteure sind Tugenden und Laster und Fortuna.

In c. 5 stellt Sallust die Verantwortung Catilinas heraus, in c. 54 betont er die Bedeutung Einzelner in der Politik. Cicero hatte kurz vorher (52 v. Chr.) gezeigt, dass gute Politiker auf Grundbedürfnisse der Menschen Rücksicht nehmen (*rep.* 2) und dass gute Politiker Gegenspieler Fortunas sind (*rep.* 1,45; *rep.*5). Von all dem und von den philosophischen Theorien, mit deren Hilfe bei anderen Autoren wie Polybios, Platon, Cicero staatliche Entwicklungen erklärt werden, findet sich bei Sallust nichts. Vielmehr bestimmen Fortuna und psychische Faktoren das menschliche Leben und die Entwicklung des römischen Staates. Die Veränderungen des Staates kommen aus den Menschen selbst. Fortuna oder Tyche stehen für die nicht völlig beherrschbare Kraft der Triebe. Man könnte in einer Kurzformel sagen: Tyche ist Psyche oder umgekehrt: Psyche ist Tyche. Und so ist der Rom-Exkurs weniger eine moralisierende als eine anthropologisch-psychologische Darstellung von den Ursachen menschlicher Leistung und menschlichen Fehlverhaltens.

Sallusts Geschichts- und Menschenbild hat nichts von seiner Aktualität verloren. Auch heute versucht man, hinter der scheinbaren Rationalität politischer Entscheidungen den Einfluss psychischer Kräfte aufzuspüren, um auf diese Weise politische Konflikte durchschaubarer und beherrschbarer zu machen. Vgl. B 9 zu T 3[11]. Auch dies spricht für eine Sallustlektüre.

10 Die konkrete Übersetzung »vermischen« trifft die Sache, denn Fortuna mischt die alte Werteordnung, in deren Zentrum die *virtus* stand, neu und schafft das neue Zentrum Reichtum.

11 Vgl. auch B 17 zu T 2, im Grunde eine Wiederaufnahme von Ciceros Lehre (B 1 zu T 1), sowie Lorenz, K.: Der Abbau des Menschlichen, München 1983; Richter, H. E.: Zur Psychologie des Friedens, Hamburg 1984.

Textabschnitt 2 C: Wiederaufnahme: Catilinas Persönlichkeit und ihr Einfluss auf die Verschwörer (14–16)

Auch in der Darstellung des Verlaufs der catilinarischen Verschwörung finden sich die Triebe und die geistigen Entscheidungen als Ursache der Ereignisse. Catilina hat aufgrund seiner schlechten Veranlagung (trotz körperlicher und geistiger Kräfte) den leiblichen Begierden mehr nachgegeben und ihnen die Kraft seines Geistes untergeordnet. Er verstrickt sich immer mehr in Schuld und wird von seinem schlechten Gewissen zu weiteren Verbrechen und zum *furor* getrieben. Er unternimmt die Verschwörung nicht aufgrund vieler Wahlniederlagen und Enttäuschungen, sondern in bewusster Entscheidung, den eigenen Trieben zu folgen und gegen den Staat zu agieren.

14: Catilinas Anhänger

Das Kapitel 14 beginnt mit einem Rückverweis auf die Schilderung der Kapitel 6–13, die den Aufstieg Roms zur Größe zeigte (10,1) und den daran anschließenden moralischen Verfall (10,2–13): *in tanta tamque corrupta civitate.* Nun erst tritt Catilina, von dem sich die Darstellung ab 5,9 entfernt hatte, wieder in deren Zentrum: *Catilina ....* – gleich aber wird der Satz durch einen (erneuten) Kommentar Sallusts unterbrochen, der die kommende Darstellung vorweg charakterisiert*: id, quod factu facillumum erat.* Die *f*-Alliteration dieses Kommentars setzt sich in den Genitivattributen *flagitiorum atque facinorum* fort. Wie in der gesteigerten Anfangsformulierung die Größe des Staates und seine Verderbtheit herausgehoben wurden, wird nach dem vorbereitenden Urteil *factu facillumum* die Menge der um Catilina direkt gescharten Verbrecher inhaltlich und stilistisch hervorgehoben. Statt der einzelnen Verbrecher treten zunächst die Verbrechen selbst auf, Mächte wie die, die in der zweiten Hälfte des vorausgegangenen Exkurses ihre Wirkung gezeigt hatten. So wird der Übergang von der allgemeinen Situation des Staates auf Catilina brennpunktartig gestaltet. Die um Catilina gescharten Verbrechen sind aufgeteilt in *flagitia* und *facinora,* sexuelle Vergehen und Verbrechen gegen Geld und Leben[12]. Die Verbrechen haben das Attribut *omnium* bei sich, sodass auch kein einziges ausgelassen ist. Sie treten geballt in Scharen *(catervae)* überall um Catilina *(circum se)* auf. Sie werden mit Leibwächtern verglichen *(tamquam stipatorum),* Kennzeichen des Tyrannen – Catilina strebt ja das *regnum* an (5,6: *dum sibi regnum pararet).*

Die folgenden §§ 2–3 bringen nun, wie das einleitende *nam* zeigt, eine Erläuterung der Anfangsaussage und nehmen die Gesichtspunkte des ersten Satzes auf: Vergehen und Verbrechen, Menge, enge Verbindung zu Catilina. Dabei werden verschiedene Gruppen genannt. Die erste Gruppe ist durch Verfehlungen und verwerfliche Hal-

12 Es besteht kein Anlass, diese Ausdrücke mit Georges, K.-E., Ausführliches Lateinisch-deutsches Handwörterbuch, 10. Aufl., 1. Bd., Hannover 1959, s.v., mit »Schandbuben und Missetäter« zu übersetzen.

tungen gekennzeichnet (*nam ...redimeret,* 2), die zweite nennt Schwerstkriminelle (*praeterea ... timentes,* 3), die dritte nennt Gewohnheitsverbrecher (*ad hoc ... alebat),* die vierte Menschen, die von ihrer sozialen Ächtung, der Armut oder dem schlechten Gewissen getrieben sind *(postremo ... exagitabat).* Die zweite Gruppe ist an die erste durch *praeterea,* die dritte an die zweite durch *ad hoc,* die vierte an die dritte durch *postremo* angeschlossen. Sallust hat keine Steigerung insgesamt vorgenommen, sondern nennt zuerst Erwartetes, dann Überraschendes. Das erste Gruppenpaar nennt in einer Steigerung Menschen mit privaten Verschuldungen bis hin zu schweren Verbrechen, das zweite Gruppenpaar nennt Menschen mit Vergehen oder Makeln, die mit der besonderen sozialen und moralischen Situation des Staates verbunden sind. Die vierte Gruppe fasst zudem alle anderen durch die Nennung der Auswirkungen ihrer Situation oder ihrer Vergehen zusammen.
In den §§ 4–6 wird dann die Schule des Verbrechens geschildert. Bei Unschuldigen tritt ein Assimilationseffekt ein: *facile par similisque ceteris efficiebatur.* Das bewirkt der tägliche Umgang und das bewirken Verlockungen. Wieder wird also auch eine persönliche Ansprechbarkeit, eine latente Bereitschaft der bis dahin nicht Schuldigen vorausgesetzt. Trotzdem wäre unter anderen Umständen eine andere Entwicklung möglich gewesen. Deswegen sagt Sallust, dass die Unschuldigen in die Freundschaft mit Catilina wie in eine Falle geraten sind *(inciderat).* Die Verlockungen werden in § 6 geschildert. Sie sind auf Jugendliche gemünzt, die in Huren für ihren Sexualtrieb, Hunden und Pferden für ihre Repräsentationslust oder Angeberei ein erwünschtes Ziel sehen. Catilina besorgt ihnen alles. Dafür gibt er sein Geld aus, dafür verzichtet er auf persönliches Maßhalten. Catilina ist ein Verbrecher, der bewusst Jugendliche von sich abhängig macht, ihre Triebe nutzt und dabei selbst immer tiefer sinkt. In § 7 fügt Sallust noch einen sexuellen Vorwurf an, den er zwar verwirft, aber durch die Erwähnung dennoch ins Spiel gebracht hat – jeder Leser soll seinem Geschmack entsprechend daran glauben oder nicht.
Catilina mit diesem Charakter (c. 5) und in seiner Zeit, mit diesen Anhängern aus dem Adel und aus der *plebs* (c. 14), mit wenigen erklärten Gegnern, ist Protagonist einer Entwicklung, von der die meisten Mitglieder des politischen Adels und anderer Schichten ergriffen sind. Deswegen ist sein *exemplum memorabile* (4,4).

15: Catilinas Verbrecherlaufbahn

Am Ende des c. 14 hatte Sallust im eigenen Namen *(scio ego)* mitgeteilt, dass manche der Meinung gewesen seien *(fuisse nonnullos, qui ita existumarent),* die Menschen im Hause Catilinas hätten eine laxe Haltung gegenüber Zucht und Unzucht gehabt *(iuventutem, quae domum Catilinae frequentabat, parum honeste pudicitiam habuisse).* Er hatte dazu zunächst geäußert, dass sich dieses Gerücht aus anderen Gründen als aus beweisbaren Tatsachen nährte *(sed ex aliis rebus magis, quam quod quoiquam id conpertum foret, haec fama valebat).* Entsprechend kann man im Unterricht von diesem Passus 14,7 ausgehen und nunmehr als Thema des c.15 die Antwort auf die Frage erwarten: Wie kam es zum Ruf mangelnder *pudicitia*? Man kann also Vermu-

tungen oder Tatsachenmitteilungen erwarten oder auch: Behauptungen und Feststellungen.
Textsyntaktisch muss man sich also auf die Prädikate und die Beobachtung der Tempora konzentrieren (Erzähltempora oder feststellendes Perfekt oder Vermutungen im Konjunktiv), textsemantisch auf die Beobachtung des Wortfeldes *pudicitia* und der Ausdrücke, die Feststellungen oder Vermutungen signalisieren. Die Entwicklung zeigt die folgende Übersicht (die Pfeile geben an, was sich woraus entwickelt, *causa facinus maturandi* steht in der Mitte).

Der Charakter wird immer schlimmer (*Catilinae coniuratio* 15)

iam primum	multa nefanda stupra fecerat	*Schändliche Taten*
postremo	captus amore	*Mesalliance*
	necato filio scelestis nuptiis	*Mord*
distanziertes oder scheinheiliges mihi videtur	⇓ causa facinus maturandi ⇑ animus impurus ↓ conscientia ↓	*schändlicher Geist*
	mentem excitam vastabat ↓	
igitur *laut Sallust Folge der* mens excita	colos exsanguis foedi oculi citus modo, modo tardus incessus	
	vecordia inerat	*WAHNSINN*

Aus *stupra* und *nefanda* werden *conscientia* und *vecordia*. In spiralförmig-archaisierendem Stil stellt Sallust den »Fluch der bösen Tat« dar. Schändliche Taten und schändlicher Geist tragen beide zur *causa* bei bzw. sind deren Komponenten. Insgesamt wird so ein politisches Unternehmen auf den Charakterfehler eines Einzelnen zurückgeführt.

16: Catilinas Verbrecherschule und akute Anstöße, die Verschwörung zu beginnen

In c. 16 wechselt Sallust von Catilina selbst wieder zu der von ihm verführten und zu Komplizen gemachten Jugend, wie der einleitende Satz und der ausdrückliche Rückverweis *(quam, ut supra diximus, inlexerat)* zeigen. Der Rückverweis gilt c.14. Neues Thema ist: *multis modis mala facinora edocebat.* Man kann also die Fortsetzung des Themas und des Wortfeldes *stupra/facinora* erwarten, ferner das Imperfekt als Kennzeichnung der Wiederholung von Belehrungen und Appellen. Entsprechend ergeben sich die Texterschließung und die Übersicht zu den §§ 1–3.
Als Ergebnis dieses Abschnitts ist festzuhalten: Catilina ist ganz und gar Verbrecher. Er steigert eigene und fremde Verstrickung in Verbrechen. Er stachelt die Jugend erst zu Meineiden an; daraus ergibt sich eine Zerstörung ihres Rufs und ihrer Ehre; und daraus ergibt sich eine Disposition, sich zu noch größeren Verbrechen anstacheln zu lassen. Auch wo wenig Erfolgsaussichten vorhanden sind, versucht Catilina, andere in seine Machenschaften zu verwickeln oder sie zu schädigen. Er will nur ja nicht – so sagt Sallust ironisch – seine Übung, sein Training im Begehen von Verbrechen verlieren. Verbrechen scheinen ihm nun einfach Spaß zu machen.

Steigerung im Verbrechen und in der Anleitung dazu (16,1–3)

sed	iuventutem, quam intellexerat	multis modis mala facinora	edocebat	
	ex illis	testis signatoresque falsos	commodare	**Handlungen**
		fidem, fortunas, pericula	vilia habere	
(post ubi)	eorum	famam atque pudorem *(Zusammenfassung)*	adtriverat	
		⇓		
		maiora alia	imperabat	
si	causa peccandi in praesens minus suppetebat	nihilominus insontis sicuti sontis	circumvenire iugulare	
scilicet ne		per otium torpescerent manus aut animus		**Haltung**
		gratuito potius malus atque crudelis	erat	

In den §§ 4–5 geht Sallust mit dem Prädikat *cepit* wieder zur Erzählung von ehemaligen Handlungen über. Aber es bleibt bei dieser einen Perfektform. Sie wird mit weiteren Zustandsschilderungen umgeben; diese sind entweder als prädikative Partizipien *(confisus, usi, petenti)* oder im Imperfekt *(erat, exoptabant, gerebat)* oder ohne

Prädikat *(erat/erant)* lapidar als vorhandene Größen, mit denen man rechnen muss, formuliert *(in Italia nullus exercitus; magna spes; senatus nihil sane intentus; tutae tranquillaeque res omnes, sed ea prorsus opportuna Catilinae).*
Die Schüler können diesen Abschnitt entweder zusammen mit dem vorigen erschließen und müssen dann erkennen, dass auf ihn die Erschließungskriterien der §§ 1–3 nicht mehr anzuwenden sind (wie etwa das neue Wortfeld »Politik/politische Zustände« zeigt). Oder man kann gleich von dem vorgenommenen Absatz (der optisch sofort wahrgenommen wird) ausgehen. Dann kann man in § 4 einen Rückverweis auf die §§ 1–3 erkennen *(his amicis sociisque confisus)* und beobachten, dass damit etwas anderes auf dieselbe Stufe gestellt wird: *simul quod ... et quod ...* Dann kann man den ganzen Abschnitt (4–5) lesen lassen und sodann die Beobachtungen zu den Wortfeldern und zu den Tempora zusammentragen. Es ergibt sich, dass Sallust in zwei Abfolgen von Informationen begründet, warum Catilina losschlagen will. Die beiden Abfolgen nennen zumeist begünstigende Umstände, daneben seine Schulden.

Die Gründe Catilinas, den Umsturz zu planen (16,4–5)

A		B
1. *Catilinas Freunde und Verbündete*		1. (a) *kein Heer in Italien,* (b) *weil Pompeius in der Ferne Krieg führt*
2. *Catilinas Schulden überall*	<—>	2. *Catilinas Aussicht auf das Konsulat des Jahres 63*
3. *Sullanische Soldaten wünschen einen neuen Bürgerkrieg.*		3. (a) *Senat untätig,* (b) *weil alles ruhig ist oder scheint*

In der Abfolge B sind der erste und der dritte Grund zweigeteilt, während dies in der Abfolge A nicht der Fall ist. Der dritte Grund der Abfolge A entspricht dem ersten Grund der Abfolge B insofern, als es jedes Mal um Soldaten geht. Der erste Grund der Abfolge A entspricht dem dritten Grund der Abfolge B insofern, als es jedes Mal um Gruppen geht, die zum Teil identisch sind – eine Reihe von Catilinas Anhängern gehören, wie c. 17 genau darlegt, dem Senat an. Der zweite Grund in jeder Abfolge ist insofern identisch mit dem anderen, als es jeweils um Catilinas persönliche Fehlhaltung und Hoffnung geht. An dieser Identität, aber auch insgesamt an dem zweiten Abschnitt zeigt sich, dass Verschwörung und Bewerbung um das Konsulat sich zu einem Konglomerat vermischen – wie später in der Sprache des c. 17.

Textabschnitt 3: Beginn der Verschwörung und ihre politische Bekämpfung (17–36,3)

17–19: Beginn der Verschwörung. Ihre Teilnehmer. Eine frühere Verschwörung

Die verschiedenen Bewerbungen Catilinas um das Konsulat seit 66 v. Chr. und die Verschwörungsbewegungen seit 67 v. Chr. sind in der Textausgabe als B 2 zu T 3 dargestellt. Sallust setzt den Beginn der von ihm behandelten Verschwörung auf Anfang Juni 64 an (17,1). Erst in 26,5 schildert er, dass Catilina tatsächlich seine geplanten Aktionen beginnt und zwar nach der Niederlage in den Konsulatswahlen für das Jahr 62, die im Juli 63 v. Chr. stattfanden.

Seit C. John (1876)[13] nimmt man an, dass erst diese Niederlage Catilinas Veranlassung für die Verschwörung gewesen ist. Die früheren Verschwörungen waren keine »Catilinarischen« (vgl. B 2 zu T 3). Sallust hat also den Beginn der Verschwörung um 13 Monate vorverlegt, noch vor die erste vergebliche Bewerbung Catilinas um das Konsulat. Zwar hat Catilina schon vorher seine politischen Anhänger suchen und an sich binden müssen. Aber indem die Niederlage bei den Konsulatswahlen nicht der Auslöser für seine Verschwörung ist, sondern diese schon vorher etabliert wird, kann man für Catilina nicht Enttäuschung als Entschuldigung für seine Verschwörung geltend machen. Der Grund soll einzig in Catilinas Persönlichkeit und Charakter liegen (5,6: *hunc lubido maxima invaserat rei publicae capiundae).* Wieder gilt, was bereits für die Kapitel 15–16 galt: Die Verschwörung entsteht durch eine bewusste Entscheidung, den eigenen Trieben zu folgen und gegen den Staat zu agieren. Deswegen wird Catilina vor dem Hintergrund der moralischen Entwicklung des römischen Staates geschildert, die in c. 6–13 dargestellt wurde. Deswegen werden die Angehörigen der Nobilität, die gefasst und verurteilt wurden, in c. 17,3 deutlich genannt, aber die einflussreichen Politiker der Zeit kaum erwähnt.

Die politische Situation der Zeit Catilinas wurde von Pompeius und Crassus und von dem jungen aufstrebenden Caesar beherrscht. Pompeius hatte sich schon als Feldherr in Sizilien (Triumph 79 v. Chr.), in Spanien (Triumph 71 v. Chr.) und im Seeräuberkrieg (67 v. Chr.) ausgezeichnet, führte zur Zeit der Verschwörung im Osten den Krieg gegen Mithridates (66–61 v. Chr.) und schuf sich dabei durch Klientelverhältnisse eine große Machtbasis zusätzlich zu der in Spanien. Das Bündnis des Pompeius, des reichen Crassus und des jungen aufstrebenden Caesar im so genannten Ersten Triumvirat des Jahres 60 v. Chr. war eine Schwächung der politischen Stellung des Senats. Die historische Forschung nimmt an, dass Crassus und auch Caesar eine Zeit lang hinter Catilina gestanden haben, da sie einen politischen Umschwung planten, solange Pompeius noch im Osten war. Über diese politische Situation unterrichtet Sallust den Leser nicht in einer zusammenhängenden Darstellung, er gibt nur gelegentliche Hinweise (17,9; 19; 48,3–9; 49,1–4). In 17,7 deutet

13 John, C.: Sallustius über Catilina's Candidatur im Jahre 688 (66 v. Chr.), in: Rheinisches Museum 31,1876, S. 401–431.

er die Situation nur an, indem er die politische Rivalität *(invidia)* des Crassus und des Pompeius erwähnt.

20: Fortsetzung: Der Beginn der neuen Verschwörung. Eine Rede Catilinas

Das Kapitel 20 wird mit einem langen Einleitungssatz eröffnet, der ein Musterbeispiel für komplexe Formulierungen ist und an dem entsprechend verschiedene Formen der Satzerschließung und des Übersetzens wiederholt und geübt werden können. Das Gerüst des langen Satzes kann durch Unterstreichen der Verbformen und Markierung der unterordnenden Konnektoren und der eingebetteten Zwischenformen zwischen Satzglied und Gliedsatz (hier: A.c.i., prädikatives Partizip, Abl. + Prädikativum) herausgearbeitet werden.

Übersetzung: »Catilina sah, dass die, die ich kurz vorher erwähnt habe, zusammengekommen waren. Da (ubi *in die Gleichordnung übertragen)* glaubte er, auch wenn er vieles vorher mit ihnen einzeln verhandelt hatte, sei es nützlich, sie alle zusammen anzureden und anzufeuern. Daher *(gibt wieder, dass* credens *einen kausalen Bezug zu* secedit *hat)* entfernte er sich in einen abgelegenen Teil seines Hauses; dort entfernte er erst alle Zeugen; dann *(gibt wieder, dass* amotis *vorzeitig zu* habuit *ist)* hielt er eine Rede folgender Art ...«.

Der Einleitungssatz beginnt mit dem Namen der beherrschenden Figur: *Catilina.* Ein *ubi*-Satz mit Rückverweis auf c. 17 *(quos paulo ante memoravi)* nimmt zunächst die in c. 17 erreichte Situation wieder auf (17,2: *in unum omnis convocat*; 17,3: *eo convenere)* und bringt als neue Information nur, dass Catilina nun alle versammelt sieht *(convenisse videt).* Danach schildert Sallust noch nicht eine neue Aktion, sondern greift im Plusquamperfekt auf etwas Früheres zurück: Catilina hat mit den Verschwörern einzeln oft vieles »unternommen« *(egerat,* also »verhandelt« oder »besprochen« oder »getan«). Der quantitative Aspekt ist in *multa* und *saepe* stark hervorgehoben und zeigt die Intensität, mit der Catilina bereits auf seine Anhänger eingewirkt hat.

Man kann darin einen Rückverweis auf frühere Stellen sehen: 14,4: *cottidiano usu*; 14,5: *adulescentium familiaritates adpetebat*; 14,6: die historischen Infinitive *praebere, mercari, parcere* und die Zielangabe *dum illos obnoxios fidosque sibi faceret*; 16,1–2: Imperfektformen und historische Infinitive: *iuventutem ... edocebat ... commodare ... habere ... imperabat*; vor allem 17,1: *primo singulos appellare, hortari alios, alios temptare.* Dieser Rückverweis auf frühere intensive Einzelbehandlung der Verschwörer wird konzessiv auf eine weitere eingebettete Information bezogen, die nun zunächst das Ziel Catilinas vor der dann folgenden Darstellung seiner Aktion nennt: *tamen in rem fore credens universos appellare et cohortari. Tamen* verweist auf *tametsi* zurück, *universos* steht im Gegensatz zu *cum singulis*; *appellare et cohortari* nimmt einen Aspekt des *multa saepe egerat* auf und greift wörtlich auf 17,1 *(appellare, hortari)* zurück: die emotionale Beeinflussung durch eine Rede. Sallust verstärkt mit dieser Formulierung den Eindruck, dass die Verschwörungsbewegung bereits lange besteht (vgl. zu c. 17–19).

Es ist wichtig, die Situation genau zu erfassen: Das Oberhaupt einer Verschwörung spricht zu seinem Volk. Er sieht darin einen Vorteil für seine Sache. Daraus ergibt sich auch für die Schüler die inhaltliche Frage, unter der die Erschließung und die Interpretation der folgenden Rede steht: Wie verhält sich Catilina, um sein Ziel zu erreichen, alle zusammen zu motivieren?
Zunächst teilt Sallust aber endlich in diesem Kapitel die erste tatsächliche Aktion mit: *in abditam partem aedium secedit atque ibi, omnibus arbitris procul amotis, orationem huiusce modi habuit.* Schon diese Mitteilung zeigt den bizarren Charakter der folgenden Rede. Die »Volksrede« erfolgt ganz geheim, was mehrfach gekennzeichnet wird: *abditam, se-cedit, omnibus arbitris remotis.* Es ist von Anfang an ersichtlich, dass diese geheime Rede Catilina charakterisieren soll und kein echtes Dokument ist. Aber Ciceros Rede *pro Murena* zeigt, dass es Informationen über diese Rede gegeben haben muss. Sallust hat, wie die Übereinstimmung mit Ciceros Rede zeigt, diese Informationen gekannt oder Ciceros Rede entnommen. Mit seiner Gestaltung sorgt er dafür, dass das Ethos des Redners herauskommt – so wie es Sallust sieht, der Catilina in den c. 5 und 14–16 deutlich als verworfen und kriminell geschildert hat.

Gliederung
Die Rede hat drei Hauptabschnitte. Sie entsprechen dem Modell einer agitatorischen Rede, die vom Mitfühlen zum Mitdenken und dann zum Mithandeln führt (vgl. Textausgabe, SPR 16b). Man kann allerdings den langen Mittelteil, der an das Mitdenken appelliert, noch weiter unterteilen, sodass sich mehr als drei Teile ergeben. Entsprechend verschiedene Einteilungen finden sich in der wissenschaftlichen und didaktischen Literatur.

1. Mitfühlen	
2–4	Herstellen einer gemeinsamen Fühlens- und Denkbasis, *captatio benevolentiae,* im Einzelnen: a) Lob: *virtus, fides* b) Hoffnung, Ziel: *spes magna, dominatio in manibus* c) Hoffnung: *maximum pulcherrimum facinus incipere* d) Betonung der Freundschaft: *eadem velle atque idem nolle* Erkennbar am Wortfeld *fidus, fortis* und am Neueinsatz § 5
2. Mitdenken	
a) 5	Erwähnung des Ziels bzw. seines Putschplans, *Praeteritio*
b) 6–9	Dringlichmachung des Unternehmens durch Hinweis auf unangenehme Gegenwart und bedrohliche Zukunft • Catilina zeigt seine eigene Empörung • Die Gegenwart • Verdrehung gegen wahres Verdienst • Tod bei Verwirklichung des Unternehmens ist dem Leben ohne Ehre vorzuziehen.
c) 10	Siegeschance bei Vergleich beider Gruppen
d) 11–13	Erneute Dringlichmachung durch Schürung der Empörung Gegensatz Reichtum – Armut

Gliederungszeichen in 5–8: *sed – nam – itaque; 9: quae:* Rückverweis, aber jetzt Frage; 10: Beteuerungen *verum enim vero – tantummodo;* 11–13: Erläuterungen mit Frage und Aussage im Gegensatz *illi – nos*

3. Mithandeln

14–17 Aufforderung zur Tat durch Vorstellung der Zukunft im Glück

a) Glückliche Zukunft, Herrschaft

b) Catilina macht mit

c) Oder seid ihr doch auf Versklavung aus?

14–15: Frage und Aufrufe mit Zusammenfassung *res ...;* 16–17: Catilinas eigene Rolle, 1. Person

Die Einteilung zeigt: Alles in der Rede ist auf Erlangung der Macht und auf Umsturz ausgerichtet. Übereinstimmungen mit Sallusts eigener Meinung zeigen: Die derzeitigen Zustände begünstigen Umsturz und Verbrecher. Mit anderen Mitteln drückt Sallust damit erneut seine in den c. 14–15 deutlich gewordene Ansicht aus und bekräftigt sie.

Volksrede und Feldherrnrede: Ferner ist es wichtig zu sehen, dass sich zwei Redetypen mischen. Die Rede enthält Elemente der Volksrede – aber Catilina will Macht und Geld und ist kein popularer Politiker; sie enthält Elemente der Feldherrnrede – aber Catilina dient nicht dem Staat und das Heer hat keinen Staatsauftrag.

Kommunikationsmodell: Schließlich ist bei der Behandlung und Interpretation der Rede das folgende Kommunikationsmodell hilfreich. Es müssen verschiedene »Sender« und »Empfänger« berücksichtigt werden: Catilina spricht zu den Verschwörern, aber er erreicht auch durch Sallust die Leser seiner Zeit und die der heutigen Zeit; Sallust spricht zu den Lesern seiner Zeit, Sallust spricht zu den heutigen Lesern:

SALLUST Catilina ————> coniurati römische Leser heutige Leser

——————————————————————————>

————————————————————————————————————>

Entsprechend wirken manche Äußerungen Catilinas direkt und durchschaubar auf das Lesepublikum. Aber er kann in seiner Rede auch Zustände schildern, die Sallust selbst geißelt, und zu Ansichten kommen oder sie missbrauchen, die durchaus Gemeinsamkeiten mit Sallusts Ansichten haben – nur dass Catilina die Situation für ähnlich verderbliche Ziele nutzt wie die sonst Herrschenden; gerade deshalb kann er von richtigen Beobachtungen ausgehen, aber zu falschen Schlussfolgerungen kommen. (Vgl. den zu c. 3,3–4,2 dargestellten Gegensatz Sallust – Catilina, oben S. 26–28).

Catilina schildert die Zustände so, wie sie Sallust auch im eigenen Namen geschildert hat. Catilina charakterisiert sein Vorhaben als *maxumum atque pulcherrumum facinus* und als Tat der *virtus* – im Gegensatz zu Sallusts Auffassung.

Der Vergleich mit einem Aufruf Adolf Hitlers »an die Soldaten des Heeres und der Waffen-SS« (B 5 zu T 3) zeigt, wie Elemente der Feldherrnrede gang und gäbe und leicht verwendbare Versatzstücke zur Emotionalisierung und Solidarisierung sind. Verbrecher werden von Catilina zu Soldaten stilisiert, Soldaten werden von Hitler für verbrecherische Zwecke missbraucht. Insgesamt wird die Topik der antiken Feldherrn- und Volksreden verwendet, überraschenderweise so, dass sich ein Diktator der Argumente eines Mannes bedient, der sich selbst als revolutionär stilisiert, von Sallust und Cicero aber als Verbrecher dargestellt wird.

Erschließung von c. 20,2–17

Vorüberlegung: Sallust gibt als Ziel an (1): *in rem fore credens universos appellare et cohortari.* Davon ausgehend kann man folgende Fragen an den Text herantragen:
1. Wonach muss demnach die Gliederung der Rede – statt etwa rein inhaltlich – erfolgen? Es geht um *appellare* und *cohortari,* die Hörer sollen zur Beteiligung an der Verschwörung und zum Handeln gebracht werden. Dazu dient der Dreischritt Mitfühlen, Mitdenken, Mithandeln und dazu dient der Appell an bestimmte Erfahrungen und Haltungen.
2. Welche Argumente oder Fakten werden öfter verwendet? Man kann den Text durchlesen und findet sicher: *fortitudo* 2–3, 9, 10, 11; Reichtum, Armut 7–9, 11–13; Ziele 2 *(spes)* ...; Gegensatz *nos – illi.* Man findet auch den Wechsel von Fragen, Aussagen und Aufforderungen.
Daraus ergibt sich die Übersicht S. 72–73, aus der ein kürzeres Tafelbild erstellt werden kann.

1. Mitfühlen (§§ 2–4)
Catilina beginnt seine Rede mit einer Formulierung im Irrealis (2): *Ni virtus fidesque vostra spectata mihi foret, nequiquam opportuna res cecidisset; spes magna, dominatio in manibus frustra fuissent, neque ego per ignaviam aut vana ingenia incerta pro certis captarem.* Durch die Formulierung im Irrealis wird ein Nachdenken darüber, ob die darin steckende Behauptung stimmt, ausgeschlossen. Im Indikativ wäre die Behauptung als solche erkennbar gewesen und diskutierbar geworden; im Irrealis verlangt der Redende sofort den zweiten Schritt, die Formulierung des Gegenteils im Indikativ; diese wird parallel mitgedacht. Damit appelliert Sallust zugleich an die Intelligenz seiner Zuhörer und versucht sie zu überlisten.
Dazu, dass die Hörer vom Gegenteil überzeugt sind, trägt aber am meisten der Inhalt bei, der alle Reizwörter enthält, die das Selbstwertgefühl der Angesprochenen und das Gefühl des sicheren Sieges verstärken. Die Wortfelder *virtus/fides* und *opportuna res* durchziehen nicht nur den Anfang der Rede, sondern die ganze Rede. *Virtus* meint den Einsatz für die Sache (eigentlich für den Staat); *fides* kennzeichnet das Verhältnis der Verschwörer zu Catilina, der gleichsam ihr *patronus* ist; *opportuna res* meint ein äußeres Akzidens.
Catilina wiederholt den einleitenden Satz noch einmal im Indikativ, stellt also selbst der im Irrealis formulierten Nichtwirklichkeit die angebliche Realität entgegen. Weil

dies der Hörer während der irrealen Formulierung bereits selbst getan hat, kann Catilina bei seiner positiven indikativischen Formulierung gleich weitergehen und bezeichnende Ergänzungen vornehmen, die sich nicht unbedingt als Gegensatz zur irrealen Formulierung ergeben:

§ 2	**§§ 3–4**
spectata mihi	multis et magnis tempestatibus vos cognovi *Catilina erinnert an die gemeinsam erlebte Vergangenheit und verklärt, ja heroisiert sie* (magnis).
neque ... captarem	animus ausus est *Catilinas handelndes Denken wird Subjekt, aus dem »Schnappen«* (captare) *wird ein rücksichtslos risikofreudiges* audere.
nequiquam opportuna res cecidisset	maxumum atque *pulcherrumum* facinus incipere. *Aus der günstigen Gelegenheit wird ein bewusstes Unternehmen einer quantitativ und qualitativ singulären Tat, wobei die Wertung pulcherrumum eine soziale, eine ethische und eine ästhetische zugleich ist. – Die Doppelung setzt die vorherige* (multis et magnis) *fort und steigert sie.*
spes magna, dominatio in manibus frustra fuisset	*Die große Hoffnung wird zum taktischen Unternehmen* (animus, incipere). *Die Gewaltherrschaft wird zu einer ethisch schönen Tat.*
incerta pro certis	vobis eadem bona malaque idem velle – idem nolle *Aus dem Gegensatz Unsicheres – Sicheres wird der Gegensatz Schlechtes – Gutes, dem auf der Seite der Verschwörer der Gegensatz* nolle – malle *entspricht.*

Innerhalb des gesamten Abschnittes wird die Ausrichtung der Verschwörer auf Catilina immer deutlicher, bis dieser nach der Erinnerung an gemeinsam bestandene bewegte Zeiten *(tempestates)* und der Feststellung, dass er wie sie dieselben Vorstellungen von »Gut« und »Schlecht« hat, eine völlige Identität des Wollens behaupten kann. Entsprechend der Aufteilung in *eadem bona malaque* teilt er auch das Wollen in negatives *(nolle)* und positives *(velle)* auf.

Der Weg vom »Ihr« und »Ich« zur Identität wird durch die folgenden Personal- und Demonstrativ- oder Identitätspronomina sowie durch die folgenden semantischen Aspekte dokumentiert:

- *vostra spectata mihi:* Betrachter und Betrachtetes, also zwei Seiten, werden in Verbindung gebracht;
- *ego ... captare*-m: Catilina steht separat dem Ziel gegenüber, die Verschwörer sind nicht genannt, was sich bei der negativen Bezeichnung *per ignaviam aut varia ingenia* auch verbietet;

- *vos cognovi fortis fidosque mihi:* Catilina formuliert sein intellektuelles Erkennen der emotionalen Verbindung der Verschwörer zu ihm;
- *animus:* Catilina schreibt die Tat dem *animus* zu, ohne zu sagen, ob es sein *animus* ist oder der aller (grammatikalisch liegt nur der Bezug auf Catilina nahe);
- *vobis eadem, quae mihi, bona malaque esse intellexi:* Catilina erkennt die totale Übereinstimmung der Lage und der Befindlichkeit der Catilinarier und seiner selbst und formuliert dies in einem nachgetragenen *simul quia*-Satz, der den einleitenden *quia*-Satz entfaltet;
- *idem velle atque idem nolle, ea demum firma amicitia est:* Aus dem gemeinsamen Erleben *(tempestatibus)*, der gemeinsamen Lage und dem gemeinsamen *Befinden (bona malaque)* wird eine Identität des Willens und des Ziels, aus dem Erkennen der Gemeinsamkeit wird *amicitia.*

Catilina stellt somit sich und seine Verschwörer als *amici* hin. Politisch übernimmt er das Klassenbewusstsein der Patrizier und knüpft ein Band der *amicitia* zwischen sich und Mitgliedern anderer Familien. *Amicitia* ist hier aber nicht nur eine politische Freundschaft, sondern eine geistig-seelische Übereinstimmung. So hatte Cicero, stoischer Lehre folgend, die *amicitia* definiert (Cicero, *Laelius de amicitia* 20, B 4 zu T 3). Cicero schreibt: (1) »Die Hauptstütze aber der Stabilität und Beständigkeit, die wir in der Freundschaft suchen, ist die Treue (*fides*). Nichts ist nämlich stabil, was untreu ist.« – Vgl. in Catilinas Rede 20,2: *fides.* (2) »Außerdem ist es angemessen, dass ein Aufrichtiger, Umgänglicher und Übereinstimmender (d.i. wer durch dieselben Dinge bewegt wird wie man selbst) ausgesucht wird *(et communem et consentientem, id est, qui rebus îsdem moveatur)*, was alles zur Treue gehört. Weder kann nämlich ein komplizierter und verwickelter Charakter treu sein, noch kann gar, wer nicht von den selben Dingen bewegt wird und von Natur aus über sie derselben Meinung ist, entweder treu oder unveränderlich sein.« – Vgl. 20,3 *vobis eadem, quae mihi, bona malaque esse intellexi; idem velle atque idem nolle.* Catilina nimmt also eine bombastischen Aufwertung der *coniurati* zu stoischen *amici* vor und beendet damit die einleitende *captatio benevolentiae.* Die Herzen und Geister sind offen für die folgenden Ausführungen.

Cicero fährt in seinem Werk *De amicitia* allerdings so fort (20,3): »Dem muss man hinzufügen, dass er weder seine Freude daran haben soll, Beschuldigungen zu erheben, oder glauben soll, wenn sie erhoben worden sind.« – Aus den vorausgehenden Kapiteln der *Catilinae coniuratio* weiß man, dass Catilina und seine Anhänger dieses Prinzip gegen Andersdenkende nicht einhalten, nur im Verhältnis zueinander.

Ein zusammenfassendes Tafelbild kann nach der Erarbeitung und Besprechung der §§ 2–4 mit den entsprechenden Übersichten den Anschluss an den nächsten Abschnitt sichern. Dann wird auch der abgerundete Aufbau der Rede deutlich. Im ersten Abschnitt sind Catilina und die *coniurati* freundlich konfrontiert, im großen Mittelabschnitt stehen die *coniurati* mit Catilina feindlich den *pauci potentes* gegenüber. Im Schlussabschnitt definiert Catilina sein Verhältnis zu den *coniurati* unter dem Gesichtspunkt des gemeinsamen Kampfes für die Freiheit. Die folgende Übersicht kann also nach den Erfordernissen der Einzelstunde geteilt und gekürzt, bei der Besprechung des Aufbaus und der gesamten Argumentationslinie aber als Ganzes eingesetzt werden.

Übersicht zu *Catilinae coniuratio* 20, 2–6; 7–13; 14–17

20,2–6	
socii	**Catilina**
virtus fidesque vostra	spectata mihi foret
nequiquam opportuna res, spes magna ... frustra	
per ignaviam aut vana ingenia	ego incerta pro certis captarem
vos fortis fidosque	mihi cognovi
eo animus ausus est maxumum ... facinus facere	
vobis eadem	mihi bona malaque esse intellexi
idemvelle atque nolle ... amicitia est	
omnes ... divorsi audistis	ego mente agitavi
	mihi ... animus adcenditur, quom considero,
20,6–17	
Verschwörer	**Herrschende**
6 quae condicio vitae futura sit *Zukunft: Freiheit oder Sklaverei?* *Gegenwart: triste Versklavung, Verarmung, Entrechtung*	nisi nosmet ipsi vindicamus in libertatem *Wenn kein Freiheitskampf stattfindet ...:* *Nur Eigeninitiative führt aus der Versklavung* (vgl. Seneca, *ep.* 1,1)
7 res publica	in paucorum potentium ius atque dicionem concessit
nobis	**illis**
7 ceteri omnes, strenui, boni, nobiles atque ignobiles, volgus fuimus sine gratia, sine auctoritate *Verallgemeinerung* ceteri	semper illis reges, tetrarchae vectigales esse, populi, nationes stipendia pendere *Verallgemeinerung* semper
obnoxii	iis
formidini essemus	quibus, si res publica valeret *Gedankenspiel (Irrealis), das die Zukunft vorausnimmt*
8 (nobis reliquere) pericula, repulsas, iudicia egestatem.	omnis gratia, potentia, honos, divitiae apud illos sunt aut ubi illi volunt;
9 Quae quo usque tandem patiemini, o fortissumi viri?	

Nonne emori per virtutem praestat quam vitam miseram atque inhonestam, ... per dedecus amittere?	ubi alienae superbiae ludibrio fueris,
10 victoria in manu nobis est *die Fähigkeiten der Catilinarier*	*dem haben die Mächtigen nichts entgegenzusetzen*
viget aetas, animus valet	contra illis annis atque divitiis omnia consenuerunt
pauci potentes	**coniurati**
11 illis divitias superare, quas profundant in exstruendo mari et in montibus coaequandis	nobis rem familiarem etiam ad necessaria deesse
illos binas aut amplius domos continuare,	nobis larem familiarem nusquam ullum esse
12 Quom tabulas, signa, toreumata emunt,	13 At nobis est
nova diruunt, alia aedificant,	domi inopia, foris aes alienum,
postremo omnibus modis pecuniam trahunt,vexant,	mala res, spes multo asperior
tamen summa lubidine divitias suas vincere nequeunt	denique quid relicui habemus prater miseram animam?
20,14-17	
Die Zukunft: ***Freiheit***	
socii	**Catilina**
14 Quin igitur expergiscimini? libertas ... divitiae, decus, gloria – fortuna omnia ea victoribus praemia posuit.	
15 Res, tempus, pericula, egestas, belli spolia magnifica magis vos hortantur	quam oratio mea *Catilinas Rede weniger wichtig*
utimini!	16 Vel imperatore vel milite me
a vobis	Neque animus neque corpus aberit
vobiscum una	17 Haec ipsa, ut spero, consul agam,
et vos servire magis quam imperare parati estis.	nisi forte me animus fallit

2. Mitdenken (§§ 5–13)

Mit *sed* beginnt ein neuer Abschnitt (§§ 5–9). Catilina erwähnt seine früheren Gespräche mit den Verschwörern und nennt seine Pläne: *quae mente agitavi.* Er hebt jetzt den an geistiger Entscheidung beteiligten Affekt hervor (*mens* hat eine geistige und eine seelische Komponente). Er steigert, eingeleitet durch *ceterum*, seinen kurzen Rückblick durch den Blick auf Gegenwart und Zukunft. Aus *quae mente agitavi* wird *mihi in dies magis animus adcenditur, cum considero ...*, eine Mischung von Denken und Fühlen. Die Rede geht vom Appell ans Mitfühlen zum Appell ans Mitdenken über (der allerdings weiterhin mit affektiven Komponenten arbeitet). Gegenstand dieses Denkens und Fühlens: der Gegensatz von Zukunft und Gegenwart und die Folgerungen für die Handlungen der Catilinarier.

In mehreren Abfolgen stellt Catilina die gegenwärtigen Bedingungen der Catilinarier fest und zieht daraus Konsequenzen. Mehrfach wechseln Zustandsschilderung und Anfeuerung zur Tat und zum Siegen. Schilderung und Anfeuerung sind formal unterscheidbar, inhaltlich laufen sie oft auf dasselbe hinaus. Gleichzeitig beginnt mit § 7 *(nam ...)* die lange Erläuterung zum angeblichen Freiheitskampf der Catilinarier, der in § 6 als einziges Mittel einer Verbesserung ihres Lebens angekündigt wurde. Nachdem sich Catilina mit seinen Verschwörern solidarisiert hat, die Gegenüberstellung Catilina – *coniurati* in einer Einheit endete, kann jetzt eine neue Gegenüberstellung erfolgen, die der Verschwörer einschließlich Catilinas *(nos)* und der Bekämpften *(illi)*. Diese Gegenüberstellung gibt sich als Schilderung der Ursachen und der Ziele des Freiheitskampfes.

In § 5 wiederholt Catilina, was schon Sallust einleitend gesagt hat: Seine Hörer haben schon vorher einzeln seine Pläne kennen gelernt. Indem Catilina dies sagt, erinnert er jeden an die individuellen Gespräche mit ihm und steigert das Gefühl der individuellen Wertschätzung und der Vertraulichkeit, das eine Massenversammlung sonst stören könnte. Dieser Feststellung schließt Catilina dann in § 6 als Äußerung an alle eine Steigerung an: »Darüber hinaus wird mir von Tag zu Tag das Denken mehr entflammt, wenn ich mir überlege, welche Lebensbedingung wir haben werden, wenn wir uns nicht selbst für die Freiheit beanspruchen.« Catilina nimmt seine Äußerung von § 3 *(eo animus ausus est)* wieder auf, jetzt als Steigerung zu seinen bereits mitgeteilten Plänen *(quae mente agitavi)* und stilisiert sich zum unablässig unter den Gedanken an die Zukunft Leidenden und Aktivierten. Er erscheint als Sklavenführer, der sich und seine Leidensgenossen auffordert, selbst für ihre Befreiung zu sorgen statt auf einen Freilassungsakt des Herrn zu warten. Seneca wendet später (*ep.* 1,1) dieselbe Selbstbefreiungsformel an, um die Notwendigkeit darzustellen, durch Philosophie sein eigener Herr zu werden.[14]

In den §§ 7–8 schildert Catilina die Entwicklung des Staates aus seiner Sicht. Hatte er vorher die Versklavung seiner selbst und seiner Mitverschwörer angedeutet, so begründet *(nam)* er dies jetzt mit einer Versklavung der *res publica,* setzt also *res publica* und Catilinarier gleich. Die *res publica* sei in die Gewalt weniger Mächtiger geraten *(paucorum potentium);* die Gewalt wird völlig passend umschrieben mit *ius* und *dicio; ius* ist das Recht des *dominus* gegenüber allen Angehörigen seiner *familia*, also auch den Sklaven; *dicio* ist die Hoheit des Siegers über unterworfene Völker.[15]

14 Zur *vindicatio in libertatem* Kaser, M.: Das römische Privatrecht, 2. Aufl. München 1971 (Handbuch der klass. Altertumswissenschaft X 3,3), S. 115 und 288.

15 *Res publica* ist organisch gesehen wie sonst *patria* und *Roma;* vgl. Knoche, U.: Die augu-

Gleichzeitig kritisiert Catilina damit den Verstoß gegen den *iuris consensus* (Cicero, *rep.* 1,39), denn nun herrscht ja gerade kein Konsens mehr. Entsprechend kann man in Catilinas Kritik auch eine Kennzeichnung des derzeitigen Verfassungszustands sehen (deswegen der Ausdruck *res publica*): Man lebt statt in einer Republik in einer Oligarchie (die von Cicero, *rep.* 1,53 in der Rede der Optimaten so umschrieben wird: *Nam aequabilitas quidem iuris, quam amplexantur liberi populi, neque servari potest ... eaque quae appellatur aequabilitas iniquissima est: cum enim par habetur honos summis et infimis, qui sint in omni populo necesse est, ipsa aequitas iniquissima est*).
Die Folgen, die Catilina mit der Unterwerfung der *res publica* unter wenige Mächtige verbunden sieht, sind eine neue Klasseneinteilung und eine Verschiebung der *communio utilitatis*, jener anderen Voraussetzung einer *res publica*, die Cicero formuliert hatte (*rep.* 1,39). Catilina beklagt, dass alle Einnahmen an diese wenigen Mächtigen gehen; dabei nimmt er weitgehende Differenzierungen vor, unterscheidet *vectigalia*, Abgaben von *reges* und *tetrarchae*, und *stipendia*, Steuern von *populi* und *nationes*. *Reges* sind selbst ernannte oder vom römischen Senat mit diesem Titel bedachte Führer eines Volkes (z. B. Ariovist bei Caesar, *Gall.* 1,35,2), *tetrarchae* sind von Römern eingesetzte Könige eines Teilreiches (also etwa Deiotarus in Kleinasien, 62 v. Chr. von Pompeius zum Tetrarchen gemacht, 59 zum *rex*). *Populi* sind Staatsvölker, *nationes* sind durch Abstammung oder Sprache oder Sitten verbundene Volksgruppen. *Vectigalia* sind erstens indirekte Steuern und zweitens Abgaben an den Staat oder an Einzelpersonen; der Aspekt der Einkünfte wird betont; *stipendia* sind offizielle Abgaben an den Staat. Indem Catilina verschiedene Aspekte der Abgaben und der Empfänger betont, versucht er am finanziellen Aspekt die Unterwerfung der *res publica* unter wenige Mächtige zu zeigen: Nicht der Staat, sondern die Provinzverwalter nehmen das Geld ein und behalten es und die Statthalterposten, d.h. die prätorischen und konsularischen Provinzen, werden unter einer Minderheit vergeben. Die jeweils nur zweigliedrige, asyndetische Aufzählung *reges tetrarchae* und *populi nationes* lässt vielleicht mehr erwarten, ohne dass es mehr Ausdrücke gibt. Catilina erwähnt dann die große Menge der anderen, die *ceteri omnes*, und kennzeichnet sie als *strenui, boni, nobiles atque ignobiles*: Es handelt sich also nicht etwa um Aristokraten und Plebejer (zu ihnen B 1 zu T 3), sondern um Aristokraten *(nobiles)* und Nichtaristokraten *(ignobiles)*, also wohl um die beiden in c. 17 genannten Gruppen der Verschwörer, die aus dem Senatorenstand *(senatorii ordinis,* 17,3) und die aus dem Ritterstand *(ex equestri ordine,* 17,4). Sie werden als die Tatkräftigen und als die Guten bezeichnet (die Optimaten in Ciceros *de re publica* hatten diese Kennzeichnungen für sich reserviert; vgl. *rep.* 1,52: *virtute ... gubernante, optimates*). Bezeichnend das *atque: nobiles* und *ignobiles* sind Teile einer einzigen benachteiligten Gruppe, die den *pauci potentes* gegenübersteht. Diese Gruppe wurde durch die Konzentration der Macht auf wenige zum *volgus* gemacht, nicht zur *plebs*, die Rechte hat, sondern zu einer rechtlosen Masse. Catilina beschreibt sie so: *sine*

steische Ausprägung der *dea Roma*, in: Vom Selbstverständnis der Römer, Gesammelte Aufsätze, Gymnasium Beiheft 2, 1962, S. 145-173 (vorher FS Pohlenz, Gymnasium 59, 1952, S. 324–349); Hommel, H.: *Domina Roma*, in: Die Antike 18, 1942, S. 127–158.

gratia (also ohne Ansehen durch Patronustätigkeit in einem Klientelverhältnis), *sine auctoritate* (also ohne Einfluss im Senat oder privat); beides, *gratia* und *auctoritas,* ist sowohl an persönliche Arbeit und Verdienste als auch an Geld gebunden; da Catilina der benachteiligten Gruppe gerade attestiert hat, sie seien *strenui boni,* deutet er an, dass dieser Gruppe das durch Verdienste erworbene Recht auf Einfluss durch den Entzug der Einkommensmöglichkeiten geraubt worden ist. Catilina sagt *volgus fuimus,* man kann *fuimus* entweder ingressiv auffassen (»wir sind geworden«) oder als konstatierendes Perfekt, als erste Andeutung, dass Catilina diesen Zustand der Vergangenheit zuordnen und zu einem Neuaufbruch auffordern will (»wir sind bis jetzt gewesen«).[16] Catilina sagt, in Wahrheit müssten die Mächtigen die anderen fürchten; Voraussetzung dafür sei, dass die *res publica* gesund sei; damit konstatiert er einen kranken oder pathologischen Zustand der Verfassung und des Staates. Ausdruck dieser Krankheit ist für ihn, dass die Catilinarier als die angebliche Mehrheit abhängig von den *pauci potentes* sind statt umgekehrt. Ähnliches hatten die Demokraten in der Demokratenrede in Ciceros *de re publica* gesagt (*rep.* 1,47, 2. Hälfte): *mandant imperia ..., sed ea dant magis quae, etiamsi nolint, danda sint et quae ipsi non habent, unde alii petunt*).

Catilina ist auf der Höhe der verfassungspolitischen Diskussion und Kritik und macht erneut klar, dass man sich nur auf sich selbst besinnen muss, um endlich an die Macht zu kommen. Die Gewinnung der Macht wird als Gesundung der *res publica* und als Wiederherstellung alter gerechter Verteilung der Anteile am Staat deklariert. Die erneute Verwendung des Irrealis *(quibus, si res publica valeret, formidini essemus)* lässt wieder das Gegenteil mitdenken und kann somit bereits zur Aktivierung des Handelns dienen.

In § 8 schildert er noch einmal antithetisch und drastisch die Folgen der Verfassungsstörung:

§ 8	**§ 8**	**vgl. §7 b**	**vgl. § 9**
apud illos sunt aut ubi illi volunt	nobis reliquere		
omnis gratia	pericula	sine gratia	vitam miseram
potentia	repulsas	sine auctoritate	vitam inhonestam
honos	iudicia	obnoxii	vitam inhonestam
divitiae	egestatem	volgus fuimus	vitam miseram

Die Gegensatzpaare nehmen die vorige Reihung *sine gratia, sine auctoritate, obnoxii* auf. Die Gegensatzpaare in § 8 sind nicht parallel gereiht. *Egestas* steht *divitiae* gegenüber, die persönliche Macht *(potentia)* den Gefahren, das Ehrenamt *(honos)* der

16 Jacobs, R./Wirz, H./Kurfess, A.: C. Sallustii Crispi *De coniuratione Catilinae ...*, Berlin, 11. Aufl. 1922, Berlin/Zürich, 12. Aufl. 1965 z. St.: *fuimus:* «sind geworden"; Kühner, R./ Stegmann, C./Thierfelder, A.: Ausführliche Grammatik der lateinischen Sprache II 1, 4. Aufl. 1962, Nachdr. Darmstadt 1966, S. 125: «*fui* ... ich bin etwas geworden und bin nun etwas"; Drexler, H. (1976, S. 270, Anm. 34) übersetzt: »sind weiter nichts als Masse«.

Wahlniederlage *(repulsas)*, somit wohl die *gratia* als Schutz vor Machtverlust dem Ausgeliefertsein an parteiische Gerichtsurteile ohne Unterstützung durch Freunde. Der Zusatz *aut ubi illi volunt* hat diesen Einfluss der *pauci potentes* bereits festgestellt. Man kann sich auch an die Schilderung Catulls erinnert fühlen, der zeigt, wie der Einfluss und das Vermögen Caesars und des Pompeius an Mamurra übergehen (Catull, c. 29).

Die §§ 7–8 sind somit eine Epimone, § 8 paraphrasiert § 7 und ist in sich antithetisch gebaut bis hin zur chiastischen Wortstellung (nominaler Teil – Prädikatsteil / Prädikatsteil – nominaler Teil).

In § 9 schließen sich rhetorische Fragen an. Die erste folgt mit dem Beginn *quousque tandem* zwar einer üblichen Ausdrucksweise, erinnert aber trotzdem – wohl absichtlich – an die bekannte Frage Ciceros in seiner ersten Catilinarischen Rede *(In Cat.* 1,1): *Quousque abutere patientia nostra?* Catilinas Frage an die Verschwörer fragt empört, wie lange sie noch die vorher dargestellte Perversion der *res publica* und die geschilderten Benachteiligungen ertragen wollen. Die Erinnerung an die Frage Ciceros beleuchtet Catilinas Frage kritisch. Hinter seiner Frage steht ein Missbrauch der staatlichen Geduld.

Catilina stellt in dieser ersten Frage die überaus starke *fortitudo* dem jämmerlichen Ertragen der ungerechten Sklavenlage gegenüber: *quae ... patiemini – fortissumi viri.* In der zweiten rhetorischen Frage steigert er dies noch. Die unglückliche Lage wird beschrieben als *vitam miseram atque inhonestam* (was die Feststellungen aus §§ 7–8 wieder aufnimmt: *miseram: volgus/obnoxii, pericula/egestatem; inhonestam: sine auctoritate/repulsas*). Catilina steigert dies, indem er zwei Arten zu sterben gegenüberstellt, den Tod im gegenwärtigen unglücklichen Leben *(vitam ... per dedecus amittere)* und den Tod im heldischen Freiheitskampf *(emori per virtutem)*, und diese zweite Todesart als besser hinstellt *(praestat)*. Während vorher der Kampf zielgerichtet auf die Gewinnung der Macht ausgerichtet war *(opportuna res, dominatio,* 2; *nisi nosmet ipsi vindicamus in libertatem,* 6), wird er jetzt Selbstzweck, ein Mittel, kein verfehltes Leben zu führen; damit gewinnt der Entschluss zum Kampf eine zweite Begründung, die die erste der Machtgewinnung unterstützt: Die Catilinarier können mit einem Kampf in jedem Fall nur gewinnen. Das *virtus*-Streben der Catilinarier ist gleichsam das wahre Leben, wie Sallust selbst 1,1, 1,4 und 2,8–9 an richtig verstandener *virtus* gezeigt hat.

Aber sofort bringt Catilina in den §§ 10–13 Argumente dafür, dass es dieses zweiten eher emotionalen Arguments nicht bedarf, der Kampf risikolos ist. Bei der Entscheidung für oder gegen einen Kampf spielen ja außer der Moral und der Selbstachtung immer auch elementare Bedürfnisse und der Wunsch, am Leben zu bleiben, eine Rolle. Deswegen macht Catilina nun die vorher mit hohen Worten und hohen Zielen begründete Entscheidung auch mit einer Darlegung zur berechtigten Siegesgewissheit leicht. Er vergleicht dazu die Fähigkeiten der Catilinarier mit denen der Anzugreifenden und dann erneut die Lage beider Gruppen. Er leitet den Vergleich mit dem stark bekräftigenden *verum enim vero, pro deum atque hominum fidem* ein; *verum* und *vero* bilden gleichsam ein Polyptoton, die Klänge *-um* und *-em* dominieren, wozu die alte und damit knorrig-pathetisch wirkende Genitivform *deum* beiträgt.

Er stellt fest, der Sieg liege in der Hand der Catilinarier. Er stellt ihre eigene körperliche *(viget aetas)* und geistige Stärke und Gesundheit fest *(animus valet)*, chiastisch, damit zwei Ausdrücke des Kraftstrotzens außen stehen und Alter und Geist als zueinander passend erscheinen. Im Gegensatz dazu sei bei den *pauci potentes* alles schlapp *(omnia consenuerunt)* und zwar sowohl durch das Alter *(annis)* als auch durch die Lebensweise *(divitiis)*; bei den Gegnern verwendet Catilina konkrete Wörter im Plural, um dauernd wirkende Einflüsse darzustellen, die Länge der Zeit, die sie schon herrschen, den Umfang des Vermögens, das den Ausgebeuteten und Entrechteten fehlt.

Catilina steigert das altertümliche Pathos, indem er mit *etenim* und der Frage *quis mortalium* und dem Relativsatz *quoi virile ingenium est* fortfährt. Die Anrede *fortissumi viri* aus § 9 wird so gesteigert und die rhetorische Frage gilt nun jedermann von Mut und Entschlossenheit, schließt die ganze Welt ein. Zugleich kann man sich an die Darstellung des *ingenium* und seiner glanzvollen Taten nach Befreiung von der Königsherrschaft erinnert fühlen (c. 7) und die Empörung gegen das Verhalten der *pauci potentes* daher als Freiheitsaufstand verstehen. Dann wird gegenübergestellt, was nicht zu ertragen sei: Jetzt werden die Gegner zuerst geschildert, dann die triste Lage der Catilinarier dagegengestellt (vgl. die entsprechenden Abschnitte in der Gesamtübersicht oben S. 72–73).

Die Darstellung des unermesslichen Reichtums der Gegner zählt eine Vielzahl von Beispielen ihrer Verschwendung auf und verwendet dabei alle Formen der Aufzählung: Anschluss mit Relativsatz: *quas profundant;* zwei Glieder syndetisch verbunden: *in exstruendo mari et in montibus coaequandis;* zwei Glieder syndetisch durch ein steigerndes *aut* verbunden: *binas aut amplius domos continuare*; drei Prädikate asyndetisch gereiht, dann zwei weitere durch *postremo* angebunden, in sich aber asyndetisch gereiht: *emunt, diruunt, aedificant – postremo trahunt, vexant*; davon das erste Prädikat mit drei asyndetisch gereihten Objekten verbunden: *tabulas, signa, toreumata.* Die Darstellung der eigenen Armut wird zweimal direkt als beigeordneter Hauptsatz dem gegnerischen Reichtum antithetisch gegenübergestellt *(illis – nobis; illos – nobis)*, einmal bildet sie einen eigenen längeren Hauptsatz *(At nobis ...)* nach einem noch längeren Satz mit der Darstellung der Gegner, der in sich antithetisch ist *(quom ..., tamen ... nequeunt).* Die eigene Armut wird nur in parallelen Satzgliedern geschildert und führt folgerichtig – eins nach dem anderen parallel – bis zur Schlussfeststellung *denique ... miseram animam.* Der fremde Reichtum wird als verzweifelter Kampf der Reichen gegen ihr Vermögen dargestellt, sie tun alles, um ihr Geld auf die irrsinnigste Weise zu vernichten, aber das Vermögen bleibt Sieger *(divitias suas vincere nequeunt)*; dadurch gewinnt das einleitend verwendete *divitias superare* (zunächst als »im Überfluss vorhanden sein« zu verstehen) auch noch kriegerisch-kämpferische Qualität: Das Vermögen ist so gewaltig, dass es nicht vernichtet werden kann. Die irrsinnigen Geldvernichtungsmethoden sind zum Teil einander bedingend *(quas profundant in exstruendo mari et in montibus coaequandis)*, zum Teil wahllos *(tabulas, signa, toreumata emunt)* oder willkürlich *(nova diruunt, alia aedificant);* die *pauci potentes* stellen sich als von der Lust *(summa lubidine)* geleitete Tyrannen heraus, die zu Foltermethoden greifen *(trahunt, vexant)* und trotzdem das Vermögen nicht besiegen.[17]

Hingegen werden die armen Catilinarier erst als gottesfürchtige Obdachlose dargestellt *(nobis rem familiarem etiam ad necessaria deesse – nobis larem familiarem nusquam ullum esse)*, mit der zweimaligen Betonung *familiaris* an das bescheidene Haus des alten Republikaners erinnernd, mit der Wendung vom Geld *(res)* zum Hausgott *(lar)* eine gottgefällige Atmosphäre evozierend. Dann werden zweimal in Parallelismus sich auseinander konsequent ergebende gegensätzliche Dinge formuliert: *domi inopia – foris aes alienum* und also *mala res – spes multo asperior;* das führt folgerichtig zu *miseram animam.* Hybris steht Gottgläubigkeit gegenüber, Tyrannis der Versklavung, Sieg der Niederlage.
Der ganze Absatz §§ 11–13 stellt eine ausführliche Epimone mit Periphrasen des Gegensatzes der reichen *pauci potentes* und der armen machtlosen Catilinarier dar. Catilina tut aber hier möglicherweise des Guten zu viel. Er hat ja bereits in den §§ 7–8 begründet und anschaulich geschildert, was die Lage der Catilinarier jetzt ist und in Zukunft sein könnte, wenn sie nicht kämpfen. Daran schloss sich weiterhin folgerichtig die Beweisführung an, dass der Kampf ehrenvoll (9) und dass er gewinnbar ist (10). Die erneute Schilderung des Gegensatzes der Gegner und der Catilinarier (11–13) legt nun das Gewicht besonders stark auf den Gegensatz von unermesslichem Reichtum und bitterster Armut und kann dadurch möglicherweise weitere Empörung schüren, endet aber mit der Feststellung *quid relicui habemus praeter miseram animam.* Diese Feststellung klingt eher resigniert und entmutigend. Hingegen klang die Feststellung am Ende des ersten Abschnitts in § 10 zwar desperat, aber ermutigend: *Tantummodo incepto opus est, cetera res expediet.* Hier fordert Catilina zum Va-banque-Spiel auf – ähnlich wie Caesar am Rubikon (Sueton, *Div. Iul.* 8) mit dem Spruch *alea iacta esto,* »hoch fliege der Würfel« – ergänze: »Mal sehen, wie er fällt (mit einer hohen Siegzahl oder einer niedrigen Zahl, also mit Niederlage endend).« § 14 würde an diese Aufforderung gut anschließen und die notwendigen Dinge hinzufügen, die nicht nur das Beginnen begründen, sondern auch die zukünftige Entwicklung Erfolg versprechend aussehen lassen.
Warum dann also die §§ 11–13? Erstens schränken sie Catilinas rhetorische Gewalt ein, weil er sich von dem Thema des Gegensatzes arm – reich verführen lässt. Zweitens führen sie dazu, dass die Hörer nach der Rede nicht ganz überzeugt sind und weitere Fragen stellen (c. 21). Drittens aber enthalten gerade diese Paragraphen mit ihrer ausführlichen Schilderung des Überflusses und des falschen Gebrauchs des Reichtums Ausführungen, die auch Sallust mit denselben Beispielen geschildert hatte (vgl. die Übersicht auf der folgenden Seite).
Indem Sallust Catilina ähnliche Vorwürfe verwenden lässt, wie er sie selbst gegen alle Römer des 1. Jahrhunderts erhob, zeigt er, worauf Catilina bauen kann und wohin die Missachtung der staatlichen Grundlagen führt. Catilina wird so erneut fast zum Gegenspieler Sallusts. Catilina nutzt die Verfehlungen, um sich selbst an die Macht zu bringen und die gewachsenen Strukturen des Staates seinerseits zu zerstören. Sal-

---

17 Vergleichbarer Spruch aus den Achtzigerjahren angesichts des Flick-Bestechungsskandals und des in der Presse behaupteten luxuriösen Lebens des Unternehmers Gunter Sachs: »Der Sachs und der Flick können noch so viel Geld rausschmeißen, ihr Geld ist einfach nicht kleinzukriegen.«

lust erinnert an die Verfehlungen der Römer, um sie zu den Haltungen zu ermahnen, die sowohl die Auswüchse der *pauci potentes* wie die der Catilinarier vermeiden.

Catilina in c. 20	**Sallust im Rom-Exkurs**
11 quas profundant in exstruendo mari et in montibus coaequandis	13,1 nam quid ea memorem, quae nisi iis, qui videre, nemini credibilia sunt, a privatis compluribus subvorsos montis, maria constrata esse?
11 illos binas aut amplius domos continuare	12,3 domos atque villas ... in urbium modum aedificatas
12 omnibus modis pecuniam trahunt, vexant, tamen summa lubidine divitias suas vincere nequeunt	13,2 quibus mihi videntur ludibrio vidisse divitiae, quippe quas honeste habere licebat, abuti per turpitudinem properabant
12 tabulas, signa, toreumata emunt	11,6 ibi primum insuevit exercitus populi Romani amare, potare, signa, tabulas pictas, vasa caelata mirari

Trotzdem kann man aber auch diesen Redeabschnitt als gelungen bezeichnen, wenn man ihn in sich betrachtet. Catilina gelingt es, die Verschwörer gleichsam nach und nach alles Äußeren zu entkleiden und auf ihre bloße Existenz zu reduzieren; er erwähnt nacheinander all das, was sie nicht oder nicht mehr haben: in § 11 *divitiae, res familaris, lar familiaris*, in § 12 *tabulae, signa, toreumata, pecunia*, in § 13 noch einmal das Gegenteil dazu: *inopia, aes alienum, mala res, spes multo asperior*; aus diesem negativen Strang kann er zum Schluss die Beurteilung als *miser* herleiten, aus dem Strang dessen, was weggenommen ist, bleibt zum Schluss als Einziges, was noch erhalten ist, *anima*, die Vitalseele, das nackte Leben, das ausweglos *(misera)* ist. Nach dieser Reduktion kann er auf Empörung hoffen; man könnte allerdings meinen, er riskiere auch Selbstmitleid und Resignation – wenn man nicht wüsste, dass die Catilinarier ganz so arm auch wieder nicht sind, denn sie sind zwar wohl verschuldet, aber doch noch nicht obdachlos.

3. Mithandeln (§§ 14–17)

Mit § 14 beginnt der dritte Hauptteil, der zum Mithandeln bewegen soll. Catilina beginnt mit einer rhetorischen Frage, die eine Aufforderung ist *(quin igitur expergiscimini?)*. Jetzt konfrontiert er wieder wie im ersten Teil, der zum Mitfühlen bewegen sollte, sich selbst und seine Mitverschwörer. Und wie er im ersten Teil ihre Übereinstimmung feststellte, so gipfelt hier im dritten Teil seine Rede darin, dass diese Übereinstimmung sowohl in seiner Gefolgschaft ihnen gegenüber als auch in ihrer Gefolgschaft ihm gegenüber besteht oder bestehen kann.

In der erregten Schlussanfeuerung (14–17) zieht Catilina noch einmal alle Register der Rhetorik. Er gestikuliert und agiert: *en:* hinweisende, zeigende Interjektion; *illa, illa:* Epanalepse; *quam saepe optastis:* vorangestellt, dadurch spannungssteigernd ein

Hyperbaton von *illa, illa* zu *libertas* ermöglichend; *divitiae, decus, gloria:* asyndetische Reihung, zum Teil mit Alliteration; Alliteration *praemia posuit; res, tempus, pericula, egestas, belli spolia magnifica magis* ...: asyndetische mengenorientierte Aufzählung mit *a*-Vokalisierung und einer *m*-Alliteration; *mea vos:* Zusammenstellen von Redner und Hörern; Alliteration *milite me;* syndetische Aufgliederung *neque animus neque corpus.*

§ 14: Er verspricht allen alles und lässt keinen Bereich des Lebens aus: Er wiederholt alle motivierenden Ziele des Kampfes und stilisiert ihn zur Rückkehr zu römischen Idealen:

libertas, quam saepe optastis: vgl. § 6 *vindicamus in libertatem:* Catilina als Sklavenführer in die Freiheit und als Volkstribun;

divitiae: Reichtum, Gegensatz zu *egestatem* 20, 8; nicht urrömisch, aber römisch, vgl. 7,6 *divitias honestas volebant;*

decus: Lebenserfüllung, Gegensatz zu 20,7–8; parallel zu 7,4 *magisque in decoris armis et militaribus equis ... lubidinem habebant;*

gloria in oculis sita sunt: Ruhm, Gegensatz zu 20,7–8; parallel zum idealen Römertum 7,6 *gloriam ingentem volebant;*

fortuna omnia ea victoribus praemia posuit: von *fortuna* (die ja mit den *mores* verbunden ist) für Sieger als Siegespreis ausgesetzt.

§ 15: Er wiederholt auch noch einmal alle motivierenden Gründe des Kampfes: *res:* Lage; *tempus:* Zeitpunkt; *pericula:* Gefahren; *egestas:* Armut; *belli spolia magnifica hortantur:* prächtige Kriegsbeute als Mahnung zum Kampf.

§§ 16–17: Er bekräftigt schließlich seine totale Kampfbereitschaft und seine Einsatzbereitschaft für die Sache: Es kommt ihm nicht auf die Führung, sondern auf den Kampf an sich an; Körper und Geist sind bereit. Sofort aber zeigt er, dass er natürlich doch Konsul sein und führen will *(haec ipsa consul agam),* mildert dies aber durch *vobiscum una* und schließt mit dem Schlussappell, der die Zuhörer auf den Kampf verpflichten will, weil sie die von Catilina formulierte Alternative *(nisi ... vos servire magis quam imperare parati estis)* nicht gelten lassen wollen und können. Zugleich steht damit am Ende noch ein Gedanke, der die bisherige Thematik des Entrinnens aus Versklavung weiterführt: Es geht nicht oder nicht nur oder nicht vorrangig um Wohlstand und Anerkennung, sondern um Machtausübung. – Catilina sagt nirgends, dass er diese Ziele für alle anstrebt; er strebt sie nur für sich und seine Mitverschwörer an. Insofern will er sich nur an die Stelle der jetzigen Machthaber setzen und eine andere Gruppe von *pauci potentes* etablieren. Eine Oligarchie soll an die Stelle einer anderen treten.

Einwände gegen die Gestaltung der Rede gibt es seit der Antike. Wenn man Sallust nicht glaubt, dass Catilina seine Rede an den engeren Kreis der in c. 17 Genannten gerichtet hat, dann muss man natürlich auch vermissen, dass er zur Unterstützung für seine Wahlbewerbung aufruft. Aber wenn er nur zu den *nobiles* und *equites* spricht, dann kommt es auf eine Etablierung der Verschwörung und auf ein Zusammenschweißen der einzeln bereits Kontaktierten an. Dem dient die Rede. Deswegen fehlen die konkreten Zukunftspläne, nach denen dann in den folgenden Kapiteln gefragt wird – und dort bittet Catilina auch um Unterstützung seiner Bewerbung (21,5). Deswegen ist auch vieles allgemein gehalten – so wie in Hitlers »Aufruf an die Soldaten des Heeres und der Waffen-SS, 19. 12. 1941« auch. Sallust weiß, dass man ein gefährliches und gegen den Staat gerichtetes Unternehmen als staatsrettend und legitim hinstellen muss, wenn sich Intellektuelle, Adlige, Respektspersonen beteiligen sollen. Und er weiß, dass man Catilinas Unternehmen so, wie es Zeitgenossen getan haben, auch positiv sehen kann, wenn man an die Situation des Staates und insbesondere an die verfassungswidrige Konzentration der Macht auf wenige denkt. Deswegen lässt er Catilina so sprechen wie in diesem Text und deswegen baut er Passagen ein, die gleichzeitig zeigen, dass Catilina auf berechtigte Empörung der Beteiligten bauen kann und dass er die falschen Schlüsse aus den objektiv zuzugebenden Missständen zieht.

R. Rode[18] berichtet über einen Videofilm, den ihre Schüler bei der Lektüre der 1. Catilinarischen Rede Ciceros gedreht haben. Er enthält, gesprochen von W. Stroh, einige Passagen der Rede. Ferner ein Interview: Eine Schülerin des Latein-Leistungskurses 13 beantwortet Fragen nach der Bedeutung der Rhetorik für Politiker. Außerdem sind Szenen aus der Senatssitzung zu sehen. Ein Schüler spricht als Cicero *In Cat.* I, §§ 1 und 20–21. Die anderen spielen Senatoren (auch die Mädchen, ohne sich als Männer zu verkleiden). Reporter fragen nach den Eindrücken der Rede. Zwei Korrespondenten berichten über die Mittel, durch die die Rede wirkt. Abschließend spricht W. Stroh c. 20–21. – Auch Catilinas Rede oder andere Reden aus der *Catilinae coniuratio* kann man von den Schülern filmisch umsetzen lassen, vgl. A 4 zu T 3, c.21–22.

21: Reaktionen

Ist der Schluss der Rede Catilinas gelungen? Fordert er den Protest der Zuhörer? Gedacht ist er als Provokation des Protestes: »Nein, wir wollen kämpfen.« Aber nach Sallusts Darstellung sind die Verschwörer trotz ihrer schlechten Lage vorsichtig und wollen statt der emotionalisierenden Rede konkrete Auskünfte und Zusagen. Deswegen bringt c. 21 einen Bericht über Einzel- und Gruppengespräche. Sie werden distanziert als Redebericht (2, 4, 5) oder in indirekter Rede (3) wiedergegeben.

Die Themen der Rede Catilinas aus c. 20 wirken in c. 21 fort. Aus der folgenden Übersicht, die abschnittsweise oder gekürzt als Tafelbild genutzt werden kann, ergeben sich die Wiederaufnahmen aus der Rede, die Auslassungen und Schwerpunkte sowie die Rückgriffe auf Sallusts eigene Darstellung.

18 Rode, R.: Cicero, Catilina und die Rhetorik. Ein Videofilm, in: Anregung 35, 1989, S. 92–94.

Weitere Agitation Catilinas

Andeutungen Catilinas in c. 20	**Fragen der Verschwörer in c. 21**	**Konkretisierungen oder Konkretisierungsversuche Catilinas in c. 21**
9 und 13 *totale Armut und Hoffnungslosigkeit*	1 mala abunde omnia: *totale Armut und Hoffnungslosigkeit*	
20,13 mala res, spes multo asperior: *schlechte Lage, noch üblere Erwartung*	1 neque res neque spes: *kein Geld und keine Hoffnung*	
		21,2 polliceri: *Versprechungen!*
20,6 condicio vitae; 20,9 emori per virtutem: *Gedanken an Heldentod* 20,10 *victoria in manu*: Behauptung des nahen Sieges	1 condicio belli: *konkrete Voraussetzungen und Ziele der Kriegsführung*	*einige detaillierte Ausführungen in § 2 (Ziele) und § 3 (Voraussetzungen); diese Reihenfolge zeigt, dass die Ziele eine optimistische Beleuchtung der Voraussetzungen geben sollen.*
14f.: praemia: (1) libertas, (2) divitiae, (3) decus, (4) gloria: (5) spolia magnifica: *das ganze Spektrum der Freiheit: Geld, Mitbestimmung, Ruhm und Kriegsruhm*	1 praemia *Lohn*	*2* (1) tabulas novas, (2) proscriptiones locupletium (3) sacerdotia (4) rapinas (5) alia omnia *Die Freiheit wird nicht mehr erwähnt, der Kriegsruhm reduziert sich auf Raubzüge,* gloria *und* decus *werden nur durch* sacerdotia *abgedeckt, dafür wird Geld mehrfach erwähnt in Schuldentilgung, Proskription und evtl. auch Raubzügen. Die hehren Ziele* libertas *und* gloria *werden nur vage mit* alia omnia *umschrieben.*
10 viget aetas, animus valet 14 *s.o.*	opis: *Hilfe*	§ 3 *mit* praeterea *eingeleitet, also nur »hinzukommend«:* • in Hispania Cn. Calpurnium Pisonem; • in Mauretania Sittium Nucerinum: *Heere*

17 haec ipsa, ut spero, vobiscum una consul agam	aut spei: *Aussichten*	*(Rom:)* C. Antonius,omnibus necessitudinibus circumventum: *Antonius ist so desperat wie Catilina.* cum eo se consulem initium agundi facturum: *Zeitpunkt des Umsturzes; (vage) Möglichkeit, die Aktion zu beginnen*
Ersatz der Versprechungen durch erneute Emotionalisierungen		
(4) Ad hoc maledictis increpabat omnis bonos: *Beschimpfungen der Gegner*	suorum unum quemque nominans laudare: *Belobigungen der Verschwörer*	
Admonebat: *verstärkende Erinnerungen und Bewusstmachungen*		
20,9 egestatem 20,11 nobis rem familiarem etiam ad necessaria deesse; nobis larem familiarem nusquam ullum esse 20,13 inopia, aes alienum, mala res 20,9 vitam miseram	alium egestatis: *Armut*	
20,12 *der überquellende Reichtum der* pauci potentes	alium cupiditatis suae: *Begehrlichkeit*	
20,9 pericula, repulsas, iudicia 20,7 sine gratia, sine auctoritate 20,9 vitam inhonestam; alienae superbiae ludibrio fueris	compluris periculi aut ignominiae: *Geld- und Standesverlust durch Niederlage bei Wahlen und vor Gericht*	
In den Gesprächen mit Einzelnen oder Gruppen taucht stärker als in der generellen Rede der Gesichtspunkt Reichtum mit der entsprechenden Begierde der Mitverschwörer und der Gesichtspunkt »Weiter wie unter Sulla« auf, den Sallust in eigenem Namen 11,4–8 dargestellt und 5,6 angedeutet hat.	multos victoriae Sullanae, quibus ea praedae fuerat: *Krieg als Beutezug*	
(5) Postquam omnium animos alacris videt: *Jetzt sind die Mitverschwörer entflammt ...*		
cohortatus, ut petitionem suam curae haberent: *und er kann sie um Unterstützung seiner Konsulatsbewerbung bitten. Die Voraussetzung wird zum Ziel!*		
conventum dimisit *Ende der Versammlung*		

Sallust lässt spüren: Die Catilinarier und Catilina unterscheiden sich nicht von denen, gegen die sie kämpfen. Catilina hat wenig an konkreter Planung und Hoffnung zu bieten. Im Gegenteil: Was Voraussetzung ist, sein Konsulat, wird Ziel oder wenigstens Etappenziel: Die Verschwörer müssen erst einmal für Catilinas Konsulat kämpfen. Catilina will sich an die Stelle der Herrschenden setzen und deren Vorteile genießen. Weiter greifende, insbesondere der Verfassung und dem Zustand des Staates nützende Ziele hat er nicht. Die *libertas* verschwindet hinter den finanziellen und machtpolitischen Zielen. Catilina setzt die Verschwörer für seine Ziele ein und identifiziert sie mit sich (nicht umgekehrt, wie er in seiner Rede c. 20 behauptet hatte).[19]

22: Begleitumstände

C. 22 bringt Gräuelmärchen darüber, dass Catilina seine Verschwörer dazu bewogen habe, Menschenblut zu trinken. Sallust zeigt seine Reserve gegenüber diesen Berichten, indem er sich mehrfach distanziert: Er stellt sie als Bericht anderer dar *(fuere ..., qui dicerent,* 1), er verwendet die indirekte Rede (1–2), er bringt Kommentare anderer, das sei Fiktion *(ficta)* oder eine Entlastungsargumentation zugunsten Ciceros (3), die die *invidia*, die öffentliche Unzufriedenheit mit der Tätigkeit einer Amtsperson, auf die Verschwörer umlenken solle.
Sallust erwähnt aber auch die eventuellen Motive Catilinas: Durch den Bluttrank will Catilina die Verschwörer zu größerer Treue untereinander bringen, zumal sie Mitwisser eines großen Verbrechens werden sollen. Ferner vergleicht Sallust diese Handlung mit dem Ritus bei feierlichen Opfern. Damit legt er eine Art Religionsfrevel oder eine Parodie religiöser Riten nahe, wie außer dem Vergleich die Ausdrükke *iusiurandum, exsecrationem, dicationem* zeigen.
Sallust stellt also in c. 22 zum dritten Mal die Versammlung im Hause Catilinas dar. Nach den Erfahrungen mit Catilinas Rhetorik in c. 20 und mit seiner Umdrehung der Gründe und Ziele der Verschwörung in c. 21 und nach der Schilderung der verzweifelten Lage der Verschwörer wird jetzt die Größe der Ausweglosigkeit, der Entschlossenheit, des Verbrechens und der kriminellen Energie durch Berichte über Vergehen gegen Religion und Menschlichkeit gezeigt.
Gleichzeitig kommt Cicero, der Konsul des Jahres 63, ins Spiel. Er steht von nun an bis zu Kapitel 51 im Hintergrund. Namentlich wird er erwähnt an den folgenden Stellen: 22,3; 23,5; 24,1; 26,1; 27,4; 28,2; 29,1; 31,6 und 7; 36,3; 41,5; 43,1 und 2; 44,1; 45,1; 48,1, 6 und 8; 49,1; 51,35. Sallusts Stellung zu ihm ist umstritten, jedoch muss keine Stelle in der *Catilinae coniuratio* als gegen Cicero gerichtet angesehen werden. Dass er Ciceros Catilinarische Reden nicht zitiert, ist in seinem nicht auf protokollarische Authentizität ausgerichteten, bisweilen sogar bewusst vom hi-

19 Das zeigt eventuell auch die überraschende Verwendung des Possessivpronomens in § 4. Sallust sagt: *alium cupiditatis suae admonebat. Suae* bezieht sich entweder auf das Objekt *alium;* oder es bezieht sich doch auf das Subjekt *(-t)* und man darf dann darin einen Hinweis auf Catilinas Begehrlichkeit und Begierde sehen.

storischen Ablauf abweichenden Werk selbstverständlich. Vgl. die Einleitung zur Textausgabe.
Abbildung 2 zeigt, welche Vorstellungen von Catilina in der Überlieferung vorherrschen. Dem wird die Auffassung Ibsens entgegengestellt (B 7–8 zu T 3 mit A 2 zu T 3, c. 21–22). Einer Prüfung von Sallusts Position diente auch schon A 4 zu T 3, c. 21–22 (s.o. S. 83). Sallust sieht die von ihm dargestellten Personen durchaus kritisch; sie faszinieren ihn aber wohl in gewisser Weise als Objekte seiner Beschreibung wie auch als positiv oder negativ herausragende Persönlichkeiten. Daher ist öfter neben dem Bildvergleich und der Aufgabe, Gegendarstellungen zu schreiben, auch die Casting-Aufgabe sinnvoll: Die Schülerinnen und Schüler sollen diskutieren, wem sie die Rolle Catilinas, Sempronias, Ciceros und anderer in einem Film geben würden (A 5 zu T 3, c. 21–22; A 8 zu T 3, c. 23–24,2; A 5 zu T 3, c. 24,3–c. 25). Dabei werden sie sich über ihre Vorstellungen von den dargestellten Personen und über Sallusts Leserlenkung klar und können sich Sallusts Beurteilung anschließen oder ihr widersprechen. Vgl. auch zu c. 23,5–c. 24 am Ende.

23–25: Der Verrat der Verschwörung. Curius, Fulvia, Cicero, Sempronia

Die Kapitel 23–25 geben verschiedene Charakteristiken, die das Bild der Verschwörer abrunden und gleichzeitig Sallusts Haltung und historische Wertung deutlicher machen. Diese Kapitel setzen sich dann in dem Bericht vom Verrat der Verschwörung fort. Auch für den Verrat sind eine falsche Geisteshaltung und Triebe verantwortlich. Curius (c. 23) hat als charakteristische Eigenschaften *vanitas* und *audacia.* Er will seiner Dame, bei der er wegen Geldmangels nicht mehr sehr in Gunst steht, imponieren – ein Würstchen mit Schwert, mit den Motiven *inopia* und *gloriari.* – Sogar Cicero arbeitet mit Geldangeboten, um von Fulvia und Curius alles zu erfahren (26,3). Sallust nennt dies *dolus* und *astutiae* (26,2). (Ansonsten ragt Cicero heraus, wie Sallust durch die Darstellung seiner Sorge in c. 29 und durch die Kennzeichnung seiner Rede *als utile rei publicae* andeutet, 31,6.) – Die Allobroger verraten später Catilinas Pläne aus den folgenden Gründen: Sie müssen sich entscheiden zwischen »Verschuldung, Kriegslust und bedeutendem Gewinn bei dem erhofften Sieg« (Catilinas) und »größerer Macht, risikoloser Politik und festen Vorteilen statt unsicherer Hoffnung« (41,2). Aus zwei macht- und geldbestimmten Überlegungen wählen sie die sicherere aus, die zugleich die prorömische und anticatilinarische ist. Sallust sieht wieder eine *fortuna* am Werk, die des Staates, *haec illis volventibus tandem vicit fortuna rei publicae* (41,3).

23,1–4: Curius und Fulvia
In c. 23,1–4 schildert Sallust den Verrat der Catilinarischen Verschwörung durch Curius und Fulvia. Das einleitende *sed* zeigt den Wendepunkt von der Redebeeinflussung durch Catilina zu dem Verhalten typischer Anhänger (ähnlich der Beginn in c. 25). Die gleichen Charaktereigenheiten und Verhaltensweisen, die Catilina zu

23,1–4: Der Verrat der Verschwörung

Wer? Personen, Eigenschaften, Charakter	**Warum? Anlass, Gründe**	**Was? Wie? Tathergang, Aktionen**
Imperfekt		Perfekt
1 CURIUS natus haud obscuro loco: *gute Herkunft (aber kein* nobilis) flagitiis, facinoribus coopertus, quem senatu moverant: *Verbrechen, Ausstoßung aus dem Senat*	3b Quoi cum minus gratus esset, quia inopia minus largiri poterat	
2a vanitas: *Eitelkeit und Prahlerei, unbedeutend* audacia inerat: *Rücksichtslosigkeit*	*Curius handelt aus persönlichem Interesse, hat ein Schwert und gehört zur »Bewegung«.*	repente glorians: *(Zeichen der* vanitas) polliceri, minari interdum ferro *(Zeichen der* audacia) coepit
2b *Ausführung von 2a:* neque reticere neque occultare (= vanitas) neque dicere neque facere (= audacia) quicquam pensi habebat		postremo ferocius agitare quam solitus
	3a Erat ei cum FULVIA stupri consuetudo *Unzucht, Ehebruch,*	4 Fulvia insolentiae causa cognita
muliere nobili: *Adlige*	tale periculum rei publicae	haud occultum habuit sublato auctore de coniuratione narravit
Curius handelt aus persönlichem Interesse.	*Fulvia handelt aus Sorge für den Staat,*	*aber nimmt persönliche Rücksicht.*

seinen Gunsten in seinen Anhängern ansprechen konnte, schlagen jetzt zu seinen Ungunsten aus.
Nach den Kriterien »vorkommende Personen« und »Hauptsatztempora« kann man den Text in zwei Abschnitte gliedern:
§§ 1–2: Beschreibung: Curius, Schilderung vorwiegend im Imperfekt *(inerat, habebat,* § 2);
§ 3–4: Tathergangsbericht: Curius und Fulvia, vorwiegend narratives Perfekt *(coepit,* § 3, *habuit, narravit* 4). Ablauf und Charakterisierung zeigt die Übersicht, die – etwas verkürzt – als Tafel- oder Folienbild verwendet werden kann. Stilistische Mittel verstärken den Eindruck: Die vielen Infinitive in § 3 als Ausdruck des Bramarbasierens, die Ablative mit Prädikativum als Zeichen des behutsamen und ihren Liebha-

ber schonenden Vorgehens Fulvias, Klangwirkungen zur Unterstreichung der Prahlerei *(maria montisque)*, der von Fulvia gesehenen Gefahr *(periculum rei publicae haud occultum)*.

Auch Fulvia ist durch Triebe gelenkt. Habsucht lässt sie Curius zurückweisen (23,3), Liebe zur *res publica* lässt sie die Verschwörung verraten. Wie Catilina (c. 5) und Sempronia (c. 25) zeigt sie eine Kombination von guten und schlechten Trieben.

Durch einen Vergleich mit Diodor *(Geschichte* 40,5, nicht in die Textausgabe aufgenommen) kann die Besonderheit der Sallustischen Darstellung deutlich werden. Diodor schreibt: »Wider Erwarten wurden die Senatoren gerettet. Denn es waren zwar mehr als vierhundert zur Abschlachtung der Senatoren aufgestellt, aber einer von ihnen war total in ein Mädchen verliebt, wurde von ihr aber nicht beachtet und so sagte er öfter, dass er in wenigen Tagen Herr über ihr Leben sein werde. Sie aber wunderte sich über das Gesagte und konnte die Grundlage seiner Profilierungssucht nicht verstehen. Der junge Mann blieb bei seiner Drohung. Da verstellte sie sich bei seinem nächsten Besuch und beim Trinken mit ihm und ging ganz schmeichelnd mit ihm um und verlangte von ihm, den Sinn seiner Worte offenzulegen. Er aber wollte ihr aus lauter Liebe gefällig sein und enthüllte die ganze Wahrheit. Sie aber tat so, als nähme sie seine Rede mit Zustimmung und Freude auf, und schwieg. Am nächsten Tag aber ging sie zur Frau des Konsuls Cicero, unterhielt sich mit ihr unter vier Augen und und berichtete ihr alle Informationen, die ihr von dem jungen Mann gegeben worden waren. Und auf diese Weise ist die Verschwörung dieser Leute publik geworden. Cicero aber hat teils durch Drohung und Einschüchterung, teils durch menschenfreundliches Zureden von ihnen den ganzen Anschlagsplan in allen Einzelheiten herausbekommen.«

Diodor berichtet Handlungen, hat keinen beschreibenden Teil, d.h. seine Charakterisierung erfolgt ausschließlich indirekt. Diodor stellt die Beziehung zwischen Curius und Fulvia nicht als *stuprum* dar, sieht Curius als verliebt, Fulvia als gerissen an. Die Verschwörung wird nicht durch *vanitas* und *audacia* des Curius, nicht durch Staatstreue Fulvias mit dennoch vorhandener Rücksicht auf Curius verraten, sondern aus männlichem Liebestrieb und mit weiblicher List und Mitteilungssucht. Diodor erzählt eine erotische Geschichte, Sallust deutet den Vorgang mit seinem Inventarium vom Walten der Fortuna und der von ihr benutzten menschlichen Triebe.

Mit jeder Deutung muss man die Ergebnisse der historischen Forschung vergleichen. Die Sempronier und die Fulvier waren einst bedeutende Häuser der plebeischen *nobilitas* gewesen. Seit 129 v. Chr. war aber kein Fulvier mehr Konsul geworden. Die bedeutendste Fulvia ist die, die nacheinander mit Clodius, Curius und Antonius verheiratet war, eine ehrgeizige Frau, die alles unternahm, »was eine Frau nur unternehmen konnte, um das Ansehen ihrer Familie wieder herzustellen«[20]. Velleius Paterculus sagt 2,74,3 von ihr: *nihil muliebre praeter corpus gerens.* Diese Fulvia war möglicherweise eine Nichte Sempronias, von der in c. 25 berichtet wird. Auch das Haus der Sempronier hatte nicht mehr die Bedeutung wie zur Zeit des C. Sempronius Gracchus. Sempronia, die Frau des Konsulars D. Iunius Brutus, war

20 Syme, R.: Sallust, S. 130.

vielleicht eine Schwester der Sempronia (Tochter des Tuditanus), die Mutter der von Sallust erwähnten Fulvia ist.

Die Fulvia des Kapitels 23 verrät die Verschwörung, die Sempronia des Kapitels 25 ist in Sallusts Schilderung eine maßgebliche Drahtzieherin auf dem Weg zum Beginn der Verschwörung. So bringt Sallust in ihnen die in 24,3–4 erwähnten gefährlichen Frauen ins Spiel, mit Fulvia eine, die gefährlich für die Verschwörung ist, mit Sempronia eine, die gefährlich für den Staat ist. Und beide verdeutlichen die Zurücksetzung der *nobilitas* und den Riss, der durch die *nobilitas* wie durch andere Schichten geht und den Sallust auch am Ende seiner Darstellung in c. 61 noch einmal betont.

Ibsen hat in seinem Drama *Catilina* diesem neben seiner guten Frau Aurelia eine dämonische Geliebte und Feindin zugleich beigegeben, die er Furia nennt und die ihre Schwester rächen will, die nach der historischen Forschung Fabia hieß (vgl. Vokabelangaben zu 15,1). Er kopiert damit gleichsam das Verfahren Sallusts, verschiedene gegensätzliche Frauengestalten einzuführen (vgl. B 7–8 zu T 3).

23,5–c. 24: Cicero

Die List der Geschichte bringt durch die Verschwörung nicht Catilina nach vorn, sondern Cicero. Er wird zum Konsul gewählt, zwar mit Antonius, den Catilina als treuen Freund bezeichnet hat, aber eben statt Catilinas, der seine Wahl als Ziel oder als wichtige Etappe auf dem Weg zum Sieg der Verschwörung ausgegeben hatte.

Wie die in c. 17 geschilderte Versammlung, wie der in c. 20 geschilderte Putschplan, so ist auch der Verrat durch Curius in den meisten anderen Quellen (z.B. Appian, *b.c.* 2, 2 und 3) erst als Folge der Wahlniederlage Catilinas im Jahr 64 v. Chr. dargestellt. Sallust hingegen setzt die Versammlung vor die Konsulwahlen und ebenso den Verrat des Putschplans. Die Kapitel 20–25 stellen bei ihm Ereignisse des Jahres 64 dar, die in Wirklichkeit erst 63 v. Chr. passierten. Indem Sallust diesen Verrat vor die Wahl Ciceros setzt, erreicht er mehrere Wirkungen:

1. Es wird gezeigt, dass die Verschwörung die Nobilität einigt, die erst mit *homines,* dann deutlicher mit *nobilitas* bezeichnet wird (23,5–6: *studia hominum accendit ad consulatum mandandum ...; nam antea ... nobilitas invidia aestuabat ... invidia atque superbia post fuere).*
2. Sofort nach der Etablierung der Verschwörung kommt Cicero ins Spiel und wird als ihr Gegenspieler stilisiert (s.o. S. 85).
3. Dass Catilina weiter an seinem Plan arbeitet, zeigt dessen Verbissenheit und gleichzeitig dessen Verblendung. Dies wird in 24,2 in einer Dihaerese dargestellt, die den Oberbegriff *furor* nennt, ihn durch den historischen Infinitiv *agitare* umschreibt und diesen wiederum in weiteren historischen Infinitiven gleichsam substantivisch detailliert: *parare, portare.* Der *furor* ist bei Sallust nicht Ergebnis der Wahlniederlage, sondern die Wahlniederlage steigert ihn.
4. Gleich nach der scheinbar kraftvollen Etablierung der Verschwörung wird der Keim ihres Scheiterns dargestellt.
5. Die Steigerung des *furor* Catilinas geht Hand in Hand mit dem Wirken anderer Triebe oder Charakterfehler wie Angeberei, Gewinnsucht, Rücksichtslosigkeit, schändliche Liebe. (Zu 24,3–4 siehe bei c. 25.)

Abbildung 3 zeigt zwar den älteren, aber einen denkenden und gleichzeitig im Leben stehenden, entschlossenen Cicero. Er lässt sich gut mit dem Catilina der Rezeption vergleichen, bei dem sich glanzvolles Äußeres mit träumerisch-heroischen Verschwörervorstellungen (Abb. 2, S. 40) oder mit der Isolation von der Gesellschaft mischen (Abb. 5, S. 49). Man könnte daran sogar Überlegungen anknüpfen, welcher Menschentypus und welcher Politikertypus durchsetzungsfähiger ist. Daran kann man dann bei c. 54 anschließen.

25: Sempronia

Die Texterschließung des Kapitels 25 muss eingebettet werden in den durch c. 24 gegebenen Zusammenhang: In 24,3 wird von den *plurimi quoiusque generis homines*, den sehr vielen Menschen jeglicher Art, gesprochen, die Catilina als Verbündete gewonnen haben soll. Aus dieser Gruppe wird dann, angefügt durch *etiam*, die Gruppe der Frauen eigens betrachtet. Sie wird zahlenmäßig von der Gesamtgruppe abgehoben. Die Menge der Gesamtgruppe: *plurimi*, sehr viele; die Menge der Frauen: *aliquot*, einige. Qualitativ wird die kleine Menge der Frauen gegenüber der Gesamtmenge besonders detailliert dargestellt: Dem allgemeinen und andeutungsreichen *quoiusque generis* steht eine zeitlich gegliederte *(primo – post)* Darstellung der sexuellen und finanziellen Ausschweifungen der Frauen gegenüber, wie sie schon aus der Schilderung der Jugend in c. 14 und aus den Schilderungen Catilinas in c. 5 und c. 15 vertraut sind. Bei der Schilderung der Frauen ist die Darstellung besonders scharfzüngig: In der Jugend konnten sie ihre Ausgaben durch sexuelle Dienstleistungen bestreiten. Im Alter sinkt der Luxusanspruch nicht proportional zur sexuellen Attraktivität. Also werden nun die Ausgaben durch Schulden finanziert.

Catilina vertraut darauf – so 24,4 –, mit ihrer Hilfe die Stadtsklaven aufzuwiegeln *(servitia urbana sollicitare)*, die Stadt in Brand zu setzen *(urbem incendere)*, ihre Männer entweder zu seinen Verbündeten zu machen oder zu liquidieren *(viros earum vel adiungere sibi vel interficere)*.

Die Aufwiegelung der Sklaven und zwar hier nicht einzelner *servi*, sondern ganzer Sklavengruppen aus vielen Familien der Stadt *(servitia urbana)*, ist von vielen, etwa Cicero *(pro rege Deiotaro* 30–31) als Gefahr für den Staat und für die Nobilität bezeichnet worden und erinnert an den Aufstand des Spartacus (73–71 v. Chr.) – nur dass hier ein Adliger, kein Sklave, der Aufrührer ist. Die Stadt in Brand zu setzen bedeutet die Zerstörung des zivilisatorischen, politischen und geistigen Zentrums, wie es schon die Kelten unter Brennus (387 v. Chr.) gemacht haben. Beides – Aufruhr und Brandstiftung – charakterisiert Catilina als Staatsfeind *(hostis)* und Hochverräter *(par(r)icida)*.

Die Gewinnung der Ehemänner als Mitverschwörer oder ihre Ermordung charakterisieren Catilina als entschlossenen Planer seiner Verschwörung; immer weitere Kreise werden gewonnen; wer sich nicht als kooperativ zeigt, wird ausgeschaltet (wobei *interficere* nur den Tötungsvorgang bezeichnet, nicht die Art der Tötung nennt).

Dies alles ist deutlich. Aber ganz undeutlich ist, wie Catilina das alles mit Hilfe der in 24,3–4 geschilderten Frauen erreichen will *(per eas ... credebat ...)*. Wie sollen sie denn helfen? Darauf gibt c. 25 eine Antwort und das ist auch die Frage, mit der an dieses Kapitel heranzugehen ist.

Die Texterschließung des c. 25 kann zunächst mit der Satzerschließung und der Übersetzung des ersten Satzes beginnen. *In iis* nimmt die vorher genannten *mulieres, quae ... sumptus stupro corporis toleraverant, post ... aes alienum grande conflaverant,* wieder auf. *Sed* scheint einen Gegensatz zu signalisieren. Das wird bestätigt durch den Inhalt des Relativsatzes *quae multa saepe virilis audaciae facinora conmiserat.* Diese Aussage ist über eine der Frauen gemacht, die aus der kleinen Gruppe herausgegriffen wird: Sempronia. *Virilis audaciae facinora,* »Taten von männlicher Rücksichtslosigkeit oder Kühnheit«, deutet an, was die Lösung der Ausgangsfrage sein kann, wie Catilina mit den Frauen erreichen will, dass Sklaven aufgewiegelt, die Stadt angezündet, Ehemänner entweder überredet oder getötet werden sollen.
Aus dem ersten Satz kann man zusätzlich zur Frage, wie Catilina durch Frauen seine Ziele zu erreichen glaubt, folgende Erwartungshaltung entwickeln: Da über Sempronia berichtet wird, kann man eine Beschreibung erwarten, die

- gliedernde Wörter,
- Ausdrücke für Sempronia und
- Informationen zu ihren Taten männlicher *audacia* und damit zu Catilinas Chance, sein Vorhaben mit Hilfe der Frauen zu verwirklichen, enthält.

Unter diesen Gesichtspunkten können die Schüler c. 25 durchlesen und Gliederungszeichen und Inhalt erarbeiten. Es ergibt sich eine Aufstellung, wie sie in den ersten drei Spalten des (auf der nächsten Seite) folgenden Tafel- oder Folienbildes wiedergegeben ist (bei dem Kürzungen denkbar sind). Haltungen und Handlungen sind dabei – wie es schon das doppeldeutige Wort *audacia* nahe legte – als positiv (+) oder negativ (–) gekennzeichnet.
Betrachtet man nach der Erschließung dieses Kapitels, wie Sallust arbeitet, so kann man von der schon längst vermittelten Kenntnis des archaischen Stils und des Archaisierens ausgehen (vgl. SPR 1–11, bes. 1 und 11). Man kann immer sagen, dass die altertümliche Ausdrucksweise gerade für römische Autoren würdevoll klingt und Autorität beansprucht und dass gerade dies Sallusts Absicht ist. Aber das Kapitel 25 zeigt auch sehr deutlich, welche überraschenden Wirkungen dieser Stil in Sallusts Verwendung hat.
Die Parataxe ist maßvoll mit hypotaktischen Satzgefügen durchsetzt. Antithesen finden sich viele: Das zeigen schon die Satzeinleitungen mit *sed* und *verum.* Das zeigt die Gegenüberstellung von positiven und negativen Haltungen oder Fähigkeiten. Das zeigen die Vergleiche mit den Komparativformen und *quam (elegantius quam ...*2*, cariora quam ...* 3*, saepius peteret quam peteretur* 3*).* Das zeigt die Wahlfrage *pecuniae an famae minus parceret.* Und Wiederholungen finden sich erst recht viele, wie die Beobachtung der Wortfelder (vgl. das Tafelbild) zeigt.
An einzelnen Wörtern wird nur *luxuria* wiederholt (2 und 4), aber viele Wörter werden umschrieben und viele Wendungen drücken dasselbe oder Ähnliches aus:

- Beredsamkeit: *sermone uti vel modesto vel molli vel procaci; multae facetiae multusque lepos inerat* (5);
- Witz: *iocum movere, multae facetiae multusque lepos inerat* (5);
- Verschwendungssucht: *luxuria* (2 und 4), *pecuniae an famae minus parceret, haud facile discerneres* (3), *luxuria atque inopia praeceps abierat* (4);
- mangelnde Beachtung ihres Rufs: *psallere et saltare elegantius, quam necesse est*

probae (2); *ei cariora semper omnia quam decus atque pudicitia fuit; pecuniae an famae minus parceret, haud facile discerneres* (3); *saepe antehac fidem prodiderat* (4);

- Verschuldung: *pecuniae an famae minus parceret, haud facile discerneres* (3), *saepe antehac fidem prodiderat, creditum abiuraverat, luxuria atque inopia praeceps abierat* (4).

Gliederung	**Tempus**	**erwähnte Handlungen oder Haltungen**		**Vergleich mit Catilina**
		–	+	
1–2 Sed AEUSSERE *WERTE*	*konstatie-rendes Perfekt*	virilis audacia luxuria	genus forma vir liberi litteris docta psallere cantare	5,1 nobili genere natus 5,4 animus audax 5,1 magna vi et animi et corporis
3 sed MANGELNDE SOLIDITÄT *VERSCHWEN-DUNGSSUCHT*	*Perfekt* *Praesens* *Imperfekt*	*ohne* decus *und* pudicitia: *falscher Umgang mit* pecunia, fama *und* lubido		5,4 ardens in cupiditatibus 5,4 nimis alta semper cupiebat
4 sed *VERBRECHE-RISCHE RÜCK-SICHTS-LOSIGKEIT*	*Plus-quam-perfekt*	fidem perdere creditum abiurare caedis conscia esse luxuria inopia praeceps abire		5,4: simulator 15,2: necato filio (5,8: luxuria) 5,4: alieni appetens, sui profusus 5,7 inopia rei familiaris
5 verum SCHÖNE VER-PACKUNG, ABER OHNE MASSSTAB: *STEIGERT DIE GEFÄHRLICH-KEIT*	*Imperfekt*		ingenium non absurdum versus facere iocum movere sermone uti ... multae facetiae multus lepos	5,1 magna vi ... animi 5,4 satis eloquentiae

Jedoch erscheinen die Wiederholungen auf immer neuem Argumentationsniveau oder in immer neuer Beleuchtung. Das macht ihren Reiz aus. Es beginnt positiv in den §§ 1–2, dann stellt § 3 den mangelnden charakterlichen Hintergrund bei all den genannten Fähigkeiten fest – eine Parallele zu Catilina –, dann steigert eine Rückblende in § 4 die negative Beleuchtung und bestätigt, dass Sempronia zu allem fähig ist, dann kehrt § 5 mit *verum* statt dem bis dahin üblichen *sed* zum Positiven zurück: Eine Frau mit diesem Charme und diesen geistigen Fähigkeiten: Sie ist in der Tat gefährlich und geeignet, Catilinas Hoffnungen zu erfüllen, dass sie Männer morden und Sklaven aufwiegeln kann (24,3).
Man muss aber über die Interpretation nach sprachlichen und stilistischen Gesichtspunkten hinausgehen, so reizvoll und erkenntnisreich sie ist. Man muss Sallusts Darlegungen vor dem Hintergrund seiner Zeit und aus heutiger Sicht beurteilen. Kritisiert wird von Sallust alles, was über geistige Aktivität und körperliche Schönheit hinausgeht und über die Vorzüge der Herkunft, des Körpers, des tüchtigen Ehemannes und der tüchtigen Kinder:

fehlende *probitas:*	*infamia,*
fehlende *parsimonia:*	*luxuria,*
fehlendes *decus:*	*dedecus,*
fehlende *pudicitia:*	*lubido, procacitas,*
fehlende *fides:*	*perfidia,*
fehlender *pudor,* fehlende *continentia:*	*immoderatus animus.*

Sallust bezeichnet das als *virilis audacia.* Daraus lässt sich schließen: Für einen Mann sieht er solche *facinora* noch als passend bzw. als passende Fehler an, nicht für eine Frau. Ihr rechnet man diese Taten offenbar noch schwerer an. Als Gegenbild lässt sich die sparsame, zurückhaltende, ihre Wünsche hintanhaltende, treue und ergebene Frau vermuten. Wo hat diese Vorstellung ihren Ursprung? In mutterrechtlichen Gesellschaften gilt Mutterrecht, gekennzeichnet durch sexuell duldsame Haltung, Freiheit und hohe Stellung der Frau, Genussfreude, Mutterreligion, Verkleinerung sexueller Unterschiede, Spontaneität und Liberalität. In vaterrechtlichen Gesellschaften gilt das Vaterrecht, gekennzeichnet durch sexuelle Intoleranz, Freiheitseinschränkung für Frauen, Übertreibung geschlechtlicher Unterschiede, Vaterreligion, Furcht vor Vergnügen und Spontaneität.[21] Sallust argumentiert natürlich vor allem vaterrechtlich, wie es in der Aufbauzeit des römischen Staats und in der frühen und mittleren Republik eingeübt worden war – was sich in den Kapiteln 6–13 und in dem in c. 6 geschilderten Übergang vom Agrarrecht zum Nomadenrecht zeigt. Aber in der späten Republik, in der Sallust lebt und schreibt, war diese asketische, vaterrechtliche und moralisierende Argumentation mehr Attitüde als der Realität entsprechend. Und so verrät selbst Sallust mutterrechtliche Gedanken, wenn er die verbrecherische *audacia* dem Manne vorbehalten will.
Die Interpretationen der Abbildung 4 (S. 45) zeigen trotz aller intelligenten Beweisführung eine gewisse Ratlosigkeit der Interpreten. Ist die Dame eine vornehme Rö-

21 Vgl. dazu Taylor, G. R.: Im Garten der Lüste. Herrschaft und Wandlungen der Sexualität, Frankfurt a. M. 1970, S. 86f.

merin, eine Hetäre oder eine Königin? Ist das junge Mädchen eine Sklavin, eine Dienerin oder eine Prinzessin? Römer ließen sich gern mit mythischen Attributen (und das sind manchmal auch königliche) darstellen. Das gilt sogar für Hetären. Wir müssen nicht entscheiden, wer abgebildet ist. Es kann eine Dame der römischen Gesellschaft sein, kräftig, gepflegt, energisch, kunstbeflissen, unterhaltsam, als hätte sie einen Salon um die Wende des 19. zum 20. Jahrhundert. In der Mischung dieser Eigenschaften entfaltet sich ihr Potenzial. Sallust steht Sempronia ebenso zwiespältig gegenüber wie die Interpreten der Abbildung. In dem Potenzial Sempronias sieht er eine große Gefahr.

26–30: Catilinas Pläne und Maßnahmen. Ciceros Gegenmaßnahmen; das *senatus ultimum consultum* und andere Maßnahmen des Senats

Die Kapitel 26–28,3 sind in der Textausgabe in einer deutschen Zusammenfassung wiedergegeben. Erst 28,4 wird wieder im lateinischen Original angeboten, weil dieser Satz auf das *senatus ultimum consultum* in c. 29 hinführt.

Catilina wird in c. 26 als unermüdlich an seinen Plänen festhaltend geschildert und hat dabei trotz einer gewissen Macht- und Erfolglosigkeit Züge eines Tyrannen oder Verbrecherbosses: Catilina bewirbt sich erneut um das Konsulat, jetzt des Jahres 62. Er hofft, sollte er designierter Konsul werden, bereits von diesem Zeitpunkt an auf die Hilfe des amtierenden Kollegen Ciceros, seines Freundes Antonius.

Mit diesem Hinweis kaschiert Sallust eine Reihe chronologischer Änderungen, die in der Texausgabe als Begleittext 13 zu T 3 dargestellt sind. Sallust hat die zeitlich unmittelbar zusammengehörigen Ereignisse (Verschwörerversammlung, Attentat auf Cicero, Senatssitzung mit der Rede Ciceros) durch den Einschub anderer Berichte, darunter den vom *senatus consultum ultimum* (SCU), voneinander getrennt. Auf diese Weise zeigt die Abfolge der Ereignisse noch überzeugender die Berechtigung des *senatus ultimum consultum* und die Grausamkeit Catilinas. Die Abfolge bei Sallust ist:

- vergebliche Anschläge auf Cicero (26,1),
- Wahlniederlage (26,5),
- Entschluss zum offenen Kampf (26,5),
- Aussendung des Gaius Manlius nach Etrurien und anderer Vertrauter in andere strategisch wichtige Gebiete (27,1) und zur gleichen Zeit weitere Vorbereitungen in Rom (27,2),
- Versammlung im Haus des Marcus Porcius Laeca (27,3), dabei Mitteilung seiner Maßnahmen und Ankündigung, er werde erst Cicero umbringen und dann die Stadt verlassen (27,4),
- Anschlag auf Cicero, der fehl geht, weil Cicero von Fulvia gewarnt wird (28,1–3),
- zur selben Zeit Aufwiegelung der etruskischen Bevölkerung durch Manlius (28,4).
- Dann kann Cicero aus zwei Gründen eine Senatsverhandlung anberaumen: Er kann die Stadt nicht mehr alleine schützen und die Aufstandsbewegung in Etrurien muss recherchiert und unter Kontrolle gebracht werden (29,1).

- Der daraufhin erfolgende Senatsbeschluss ist mehr als gerechtfertigt. Es ist das *senatus consultum ultimum* (29,2–3). Jetzt sind alle Maßnahmen Ciceros gedeckt.
- Es erfolgen weitere Senatssitzungen (30).
- Die Unternehmungen des Gaius Manlius und der anderen Vertrauten Catilinas werden genauer bekannt (30,1–2).
- Der Senat schickt Beauftragte in die entsprechenden Gebiete und ermächtigt sie zur Aushebung von Soldaten (30,3–5).
- Der Senat beschließt und verkündet das Amnestie- und Aussagedekret (30,6) und eine umfangreiche Bewachung der Stadt Rom (30,7).
- Die Bevölkerung ist nun voller Unruhe (31,1–3) und trotzdem macht Catilina weiter (31,4) und wagt es sogar, an einer Senatssitzung teilzunehmen (31,5).
- Jetzt vertreibt ihn Ciceros erste Catilinarische Rede (31,6).
- Catilina antwortet frech (31,7) und frevlerisch (31,9).
- Dann überlegt er erneut, reist zu Manlius und kündet an, er werde ein Heer gegen Rom führen (32); das hatte er schon in c. 27 angekündigt, aber nach Sallusts Darstellung setzt er es erst jetzt in die Tat um, nachdem seine Grausamkeit und Unverschämtheit noch einmal ganz deutlich geworden sind.

31–32,2: Verhalten der Bevölkerung und Catilinas

In 31,1–3 wird die veränderte Stimmungslage in der Stadt gezeigt. Sie wird zunächst als die Erregung der Bürger *(permota civitas)* und die damit verbundene äußere Veränderung des städtischen Lebens gekennzeichnet *(inmutata urbis facies).* Die Veränderung wird sodann in ihrem Vorher und Nachher dargestellt: *ex summa laetitia atque lascivia, quae diuturna quies pepererat, repente omnis tristitia invasit.* Der Satz macht das Vorher in dem Hendiadyoin *laetitia atque lascivia,* »ausgelassene Fröhlichkeit«, und dem sie ermöglichenden Zustand *quies* anschaulich, das Nachher in *tristitia.* Alle Faktoren werden durch die Ausdrucksweise gesteigert: durch Attribute: *summa laetitia atque lascivia, diuturna quies;* durch das Objekt *omnis,* das die totale Beunruhigung zeigt. Der Wechsel wird gesteigert durch das Adverb *repente*: Vorher und Nachher folgen so plötzlich aufeinander, dass der Unterschied drastisch deutlich wird. Die neue Stimmung ist als erfolgreicher Überraschungsangriff und als sofort abgeschlossen geschildert: Aggressionsverb *invadere,* Perfekt *invasit.*
Sodann wird die *tristitia* breit ausgeführt: In § 2 zeigen historische Infinitive die fünf Bereiche der Angst und ihrer Äußerung: *festinare* (äußere Hektik), *trepidare* (inneres und äußeres Zittern), *neque loco neque homini quoiquam satis credere* (jedem und allem wird misstraut), *neque bellum gerere neque pacem habere* (Zwischenzustand zwischen Krieg und Frieden bzw. vor dem Krieg und nach Störung des Friedens), *suo metu pericula metiri* (Angst regiert die Einschätzung der Lage).
In § 3 werden die Frauen als besonders charakteristisch für alle Reaktionen herausgestellt, wobei erneut der Gegensatz von Vorher *(timor insolitus)* und Nachher drastisch herausgestellt wird und zwar sieben Einzelheiten in historischen Infinitiven. Die sieben Details entsprechen den vorher genannten fünf, erscheinen jedoch nun

in anderer Reihenfolge und gesteigert: äußere und innere Hektik: *adflictare sese, manus supplices ad caelum tendere;* alles nach der eigenen Angst beurteilen: *miserari parvos liberos, rogitare omnia, omni rumore pavere;* Zwischenzustand zwischen Frieden und Krieg: *adripere omnia superbia atque deliciis omissis;* Misstrauen: *sibi patriaeque diffidere.* Die Wiederholung von Formen von *omnis* (zweimal Objekt *omnia*, einmal Attribut *omni*) mit Scheinanadiplose (Wiederholung des letzten Wortes eines Satzabschnittes am Anfang des nächsten: *omnia – omni)* macht das Beispiel der Frauen ebenso nachdrücklich wie die Steigerung des Misstrauens: Sie vertrauen nicht mehr dem Staat, sie vertrauen nicht einmal mehr sich selbst *(sibi).*

Dem wird, durch das Imperfekt gesteigert, in § 4 Catilinas Verhalten gegenübergestellt: Bei ihm ist nichts verändert*: eadem illa movebat.* Grund ist sein grausames Denken, das sich nicht bewegen lässt: *crudelis animus.* Dies wird umso stärker betont, als Dinge genannt werden, die ihn hätten bewegen können: Schutzmaßnahmen *(tametsi praesidia parabantur),* gesetzliche behördliche Befragung *(et ipse lege Plautia interrogatus erat ab L. Paulo).* Die Senatsbeschlüsse und -aktionen aus c. 30 werden in *praesidia parabantur* erwähnt und mit einer nicht vorher genannten Aktion *(lege Plautia interrogatus erat)* verbunden und als Gegengrund *(tametsi)* zu Catilinas Verhalten dargestellt, jedoch in einen Gliedsatz gebracht, weil Catilinas Aktion im Vordergrund steht, die einerseits Gegensatz zur Angst des Volkes und andererseits zur Rede Ciceros ist.

Zeitlich ungenau schließt Sallust § 5 mit *postremo* an: Catilina steigert seine Aktionen und die Auswüchse seines *crudelis animus,* indem er zum Lügen in den Senat kommt, Sallust fügt als alternativen Grund an: »um sich zu rechtfertigen«, entwertet aber diesen Grund gleich wieder, indem er sagt, Catilina tue so oder verhalte sich so, als wäre er in einem Streit gereizt worden. Catilina lebt also völlig abgehoben von den Sorgen und Ängsten der Bevölkerung: *Postremo dissimulandi causa aut sui expurgandi, sicut iurgio lacessitus foret, in senatum venit.* Auch dies ist also ein Zeichen des *crudelis animus,* der sozusagen über Leichen geht.

Der folgende Text führt das *dissimulari* weiter aus: Zunächst wird die Rede Ciceros erwähnt (6). Cicero spricht für die große Mehrheit der Bevölkerung, ist wie sie *commotus* und *timens.* Er durchschaut die Situation und Catilina und will die Situation ändern. Seine Rede ist daher *luculenta* und *rei publicae utilis.* Sallust erwähnt Ciceros Rede ebenso kurz wie die Beschlüsse und Aktionen des Senats.

Dagegen Catilinas Antwort (7): Zunächst betont Sallust noch einmal, dass Catilina zum Lügen und Heucheln gekommen ist: *ut erat paratus ad dissimulanda omnia* (die Alternative *aut purgandi causa* ist weggefallen).

Das *dissimulari* zeigt sich in Gesichtsausdruck *(demisso voltu),* Stimme *(voce supplici),* Redeton *(postulare a patribus coepit),* Argumenten (Vorwurf der Leichtgläubigkeit*: ne quid de se temere crederent),* Betonung der adligen Herkunft *(ea familia ortum)* und seiner bisherigen Lebensführung *(ita se ab adulescentia vitam instituisse),* Betonung seiner großartigen Karrieremöglichkeiten *(ut omnia bona in spe haberet*), erneuter Betonung seines uralten Adels und der Verdienste seiner Familie um Rom *(patricio homini, quoius ipsius atque maiorum pluruma beneficia in plebem Romanam essent),* Hervorhebung, er habe keine Zerstörung der Verfassung oder des Staates nötig, um Erfolg zu haben *(ne existumarent sibi perdita re publica opus esse),* und Abhebung von Cicero und dessen Herabsetzung *(quom eam servaret M. Tullius, inquilinus civis urbis Romae).* Das alles ist unbewiesen und längst durch die vorangegangene Darstellung widerlegt. Catilina entspricht seiner Charakterisierung in 5,4 *(quoius rei lubet simulator ac dissimulator).*

Sallust verwendet alle drei Möglichkeiten der Redewiedergabe (vgl. SPR 16a). Er beginnt mit einem Redebericht *(postulare a patribus coepit, ne quid de se temere crederent).* Den größten Teil gibt er in indirekter Rede wieder (7b). Dieser Teil stellt dem *temere credere* Catilinas spezielle Art des Gegenbeweises gegenüber: Er betont die Leistungen seiner Familie und seiner selbst und setzt sich von dem Arpinaten und *homo novus* Cicero ab. Der Senat solle ihn selbst nicht für einen Zerstörer, Cicero nicht für einen Bewahrer der Verfassung halten. Catilina versucht, sich in die aristokratische Tradition einzureihen und die Patronentätigkeit seiner Familie und seiner selbst als Beweis für die Bewahrung der Verfassung – und das ist auch für die Bewahrung der sozialen Schranken wie der sozialen Aufgaben seines Standes – heranzuziehen. Das ist nicht ungeschickt, weil es aristokratischer Haltung entspricht. Er will plausibel machen, dass er die Zerstörung der Verfassung und des Staates nicht braucht. Aber er verbindet dies mit der Schmähung des Gegners Cicero, dessen Rede gerade als glanzvoll und nützlich für den Staat hervorgehoben worden ist.

In einem zweiten Redebericht (8) zeigt Sallust, dass Catilina weitere Schmähungen (er sagt nicht, ob sie gegen Cicero gerichtet sind) hinzufügt. Damit verlässt Catilina die Haltung der Demut und des Verhehlens und Lügens und zeigt Aggressivität, kommt zur persönlichen Auseinandersetzung *(iurgium),* der anderen Haltung, die ihm Sallust in § 5 unterstellt hat. Sie wirkt selbstzerstörerisch. Denn, so § 9a, die Senatoren unterbrechen seine Rede mit empörtem Lärm, nennen ihn Staatsfeind und Vaterlandsverräter, zeigen also ihre Überzeugung, dass er der Verfassungs- und Staatszerstörer ist *(obstrepere omnes, hostem atque parricidam vocare).* Catilina wird so benannt, wie er es verdient. *Hostis* steht im Gegensatz zu seiner eigenen Selbstdarstellung *ne ... perdita re publica opus; parricida* steht im Gegensatz zu *esse patricio homini, quoius ipsius atque maiorum pluruma beneficia in plebem Romanam essent.*

Darauf zeigt Catilina sein wahres Gesicht, beendet das Heucheln, zeigt, dass er der Einschätzung der anderen Senatoren entspricht: Das *dissimulari* ist zu Ende, er gibt seinem *furor* nach *(tum ille furibundus).* Für diesen Höhepunkt (9b) verwendet Sallust die direkte Rede: Catilina sieht sich, von persönlichen Gegnern *(inimici)* umzingelt, stürzen und will seinen Untergang mit dem anderer kompensieren. Die dabei verwendeten Bilder sind solche des Kampfes und der Zerstörung: *ab inimicis:* er nennt nun die meisten Senatoren seine Gegner; *circumventus:* er sieht sich entweder im Kampf oder in der juristischen Auseinandersetzung eingekreist; *praeceps agor:* er sieht sich auf abschüssiger Bahn und will alle ins Verderben mitreißen; dabei nennt er seinen Untergang *incendium* (ihn hatte er eigentlich für die Stadt geplant, c. 24) und sucht Brandlöschung durch *ruina,* Einsturz oder Einriss. Der wörtlich zitierte Satz hebt die Einzingelung durch die für Römer unangenehme *k*-Alliteration hervor: ***q**uoniam **q**uidem **c**ircumventus,* die sich in dem an diese Stelle gesetzten ***q**uit* und in *inimi**c**is prae**c**eps* fortsetzt. Sein Untergang wird außerdem durch ein Homoioptoton hervorgehoben: *incendi**um** me**um**.* Der Untergang aller ist generalisiert, indem *ruina* keinerlei Attribute hat. Die Ängste der Bürger sind nun nicht nur vom

Konsul Cicero, nicht nur von den Senatoren, sondern durch Catilina selbst als begründet bestätigt worden.

M. von Albrecht vergleicht dieses Kapitel sowie c. 17 mit Ibsens *Catilina* (*dazu Textausgabe,* Begleittexte B 7 und 8 zu T 3). Er schreibt: »Die Szene aus dem ersten Akt von Ibsens Catilina enthält einen Reflex des soeben besprochenen Ereignisses im Senat. Die Aufständischen hoffen, dass Catilina nunmehr an ihre Spitze treten wird. Dies steht in klarem Widerspruch zu Sallusts Darstellung, bei dem die erste Versammlung der Verschworenen (Kapitel 17) lange vor der Szene im Senat stattfindet (31). Der Grund hierfür ist, dass Ibsen die Hauptszene des zweiten Aktes aus dem Senat in den Kreis der Verschwörer verlegt ... In unserem Text aus dem ersten Akt wird eine Beziehung zwischen dem Auftritt im Senat und der ersten Charakteristik Catilinas hergestellt, aber in ganz anderem Sinne als bei Sallust. Kein Wort von Verstellung, kein Wort von Wahnsinn. An Sallusts Charakterisierung Catilinas (Kapitel 5) fesselt Ibsen nur der Zug zum Großen. Eher negativ klingt nur ein Satz: *I hin tid alt var drengen vild, ustyrlig. (»In jener Zeit schon war der Junge wild, unlenksam«).* Es ist ein geschickter dramatischer Kunstgriff, einen älteren Mann einzuführen, der Catilina schon als Knaben gekannt hat; damit wird Sallusts Ausdruck *ab adulescentia* (5,2) mit Leben erfüllt. Die Unbändigkeit lässt sich ohne Weiteres aus *magna vi et animi et corporis* herleiten. Auch die Fortsetzung von Ibsens Charakteristik klingt freundlicher als die sallustische. Dort: *vastus animus immoderata, incredibilia, nimis alta semper cupiebat.* Hier: *Dog, sjeldne gaver var hos ham at spore; – hans sin var højt, hans mod urokkeligt.« (»Doch seltne Gaben zeigten sich in ihm; sein Sinn war hoch, sein Mut unwandelbar«,* Übersetzung Stefan George). Bei der Schilderung von Catilinas Abgang aus der Senatsversammlung fehlt der Hinweis auf seinen Wahnsinn. Auch der entscheidende Ausspruch des Helden wird hier nicht referiert; Ibsen hat den Ausbruch von Catilinas Verzweiflung in einen neuen Kontext transponiert, der das Pathos verstärkt: Catilina ist nicht von seinen Feinden, sondern von seinen Freunden enttäuscht.«[22]

Zu 31, 6: Ciceros Erste Catilinarische Rede

Sallust erwähnt Ciceros berühmte Rede nur pauschal. Es gibt keinen Anlass, hier Animosität gegen Cicero zu vermuten, denn Sallust nennt die Rede *luculentam atque utile rei publicae.* Eine genauere Darstellung bzw. eine Zitierung ist nicht nur deswegen unmöglich, weil Cicero sozusagen Urheberrecht hat (Sallust sagt *quam postea scriptam edidit),* sondern auch weil Ciceros Rede die Dimension seines Werkes sprengen würde, eine sallustische Kurzfassung mit dem Original verglichen und einfach deswegen nicht erstellt werden kann, weil Sallust nicht die Tendenz von Ciceros

22 Albrecht, M. v.: Rom: Spiegel Europas. Texte und Themen, Heidelberg 1988, S. 46. Die zweite Szene aus Ibsens Catilina bildet eine Antithese zu der entsprechenden sallustischen Rede Catilinas vor den Verschwörern. Vgl. dort (S. 48–57; bibliografische Angaben in Anm. 71–72 auf S. 69) auch den Vergleich mit der positiven Würdigung Catilinas bei Blok, A.: *Katilina* (1918).

Rede ändern kann, geschweige denn, dass er Anlass hätte, es zu wollen, denn beide sind gegen Catilina eingestellt.
In früheren Zeiten des Lateinunterrichts hat mancher an dieser Stelle die *Catilina*-Lektüre unterbrochen und erst einmal für längere Zeit Ciceros Erste Rede gegen Catilina gelesen. Dies ist heute so gut wie unmöglich. Der Zusammenhang der sallustischen Darstellung und Leserlenkung würde unterbrochen oder sogar zerstört. Sallust will in diesem Teil seines Werkes den *furor* Catilinas zeigen. Die Abfolge darf nicht unterbrochen werden, die kunstvolle Komposition seines Werkes geriete aus den Augen.
Aber weil Römer diese Rede kannten, kann es sicher sinnvoll sein, für heutige Leser und Schüler diese Rede kurz zusammenzufassen und ein kurzes Beispiel für ihre Gestaltung und ihre Tendenz zu geben. Es bietet sich die berühmte Passage an, in der Cicero die *Roma patria* selbst auftreten und zu Catilina sprechen lässt *(In Cat.* I,17–19).
Der Text eignet sich als Kursarbeit (gesamter Text: 159 Wörter; nur § 18: 110 Wörter; 18 ohne den letzten Satz: 89 Wörter).

Das Vaterland spricht zu Catilina

Die Verschwörung Catilinas ist entdeckt. Catilina nimmt trotzdem an einer Senatssitzung teil. Der Konsul Cicero hält seine so genannte Erste Rede gegen Catilina. Er will Catilina dazu bringen, Rom zu verlassen, ohne dass dazu ein förmlicher Senatsbeschluss ergeht. Den hätte er nämlich möglicherweise nicht zustande bekommen. In einer berühmten Passage dieser Rede erfindet Cicero, das Vaterland Rom spreche selbst zu Catilina (17–19).

Er leitet das so ein:
(17) Te patria, quae communis est parens omnium nostrum, odit ac metuit et iam diu nihil te iudicat nisi de parricidio suo cogitare: Huius tu neque auctoritatem verebere nec iudicium sequere nec vim pertimesces?
Dann sagt er:
(18) Quae tecum, Catilina, sic agit et quodam modo tacita loquitur:
»Nullum iam aliquot annis facinus exstitit nisi per te, nullum flagitium sine te;
tibi unî multorum civium neces, tibi vexatio direptioque sociorum impunita fuit ac libera;
tu non solum ad neglegendas leges et quaestiones, verum etiam ad evertendas perfringendasque valuisti.

Cicero schildert dann, das Vaterland sage, es habe die früheren Freveltaten Catilinas ertragen, dass es aber jetzt seinetwegen in Furcht sei, sei unerträglich.
Superiora illa, quamquam ferenda non fuerunt, tamen, ut potui, tuli;
nunc vero me totam esse in metu propter unum te, quicquid increpuerit, Catilinam timeri, nullum videri contra me consilium iniri posse, quod a tuo scelere abhorreat, non est ferendum.
Daran schließt das Vaterland seine Schlussaufforderung:

Quam ob rem discede atque hunc mihi timorem eripe; si est verus, ne opprimar; sin falsus, ut tandem aliquando timere desinam.«
Er leitet die Rede so aus:
(19) Haec, si tecum, ut dixi, patria loquatur, nonne impetrare debeat, etiam si vim adhibere non possit?

Arbeitsaufträge

1. Welche Wortfelder, welche Satzarten und welche stilistischen Figuren prägen den Text?
2. Inwiefern verstößt Catilina mit seinem Handeln gegen die Staatsdefinition Ciceros *(De re publica* 1,39)? Vgl. B 8 zu T 2.
3. Welche Aussagen des Vaterlands bzw. über das Vaterland Rom widersprechen der Vorstellung von Wesen und Aufgabe einer Stadt?
4. Welche Herrschaftsform ruft üblicherweise eine Reaktion wie das Handeln Catilinas hervor?
5. Wie werden Catilina und sein Handeln gewertet oder charakterisiert?

Übersetzung: (17) Dich hasst das Vaterland, das die gemeinsame Mutter von uns allen ist, und es hat Angst vor Dir und es urteilt, dass du schon lange an überhaupt nichts anderes denkst als an den Mord an ihm. Wirst du weder die Autorität unseres Vaterlandes achten noch seinem Urteil folgen noch vor seiner (Amts)Gewalt in Angst geraten?
(18) Es redet so mit dir, Catilina, und beginnt gewissermaßen schweigend eine Rede:
»Schon seit einigen Jahren gibt es kein Verbrechen mehr, das nicht von Dir ausgeht, keine Schandtat ohne Dich; Dir als Einzigem sind Morde an vielen Mitbürgern, Dir Misshandlung und Plünderung der Verbündeten ohne Strafe und ohne Einschreiten geblieben; Du bist nicht nur stark und in der Lage gewesen, die Gesetze zu missachten, sondern sie sogar zu zerstören und zu zerschmettern.
Obwohl schon die früheren Taten nicht zu ertragen waren, habe ich sie doch, soweit ich es konnte, ertragen. Dass ich jetzt aber völlig in Angst versetzt bin einzig wegen Dir, dass bei jedem Geräusch Catilina gefürchtet wird, dass wirklich kein einziger Plan gegen mich beschlossen werden kann, der nicht mit Deinem Verbrechen in Verbindung steht, das ist nicht zu ertragen.
Deswegen gehe weg und reiße diese Angst aus mir: wenn sie berechtigt ist, damit ich nicht überfallen werde; wenn sie unbegründet ist, damit ich doch wenigstens einmal mit der ständigen Angst aufhören kann.«
(19) Wenn so, wie ich gesagt habe, unser Vaterland mit dir redete, sollte es dann das nicht erreichen, auch wenn es keine Gewalt anwenden könnte?«

Die klar aufgebaute Rede des Vaterlands bei Cicero steigert sich von der seit Jahren bestehenden Angst zur gegenwärtigen Situation, in der hinter jedem Geräusch ein Anschlag Catilinas vermutet wird, sodass die Aufforderung wegzugehen selbst dann berechtigt erschiene, wenn Catilina nicht dieses Ausmaß an Schuld und nicht dieses Schreckenspotenzial hätte. Konsequent wird Catilina als Tyrann geschildert, sowohl in Ciceros einrahmenden Bemerkungen als auch in der Rede des Vaterlands selbst. Man kann die vergleichbaren Gedanken in Ciceros *Erster Rede gegen Catilina* und in seinen Werken *De re publica* (2,48) und *De officiis* (3,23–28 und 3,83) zusammenstellen. Dann wird deutlich, wie Sallust mit dem Hintergrund der politischen und der Moralphilosophie Ciceros arbeitet. Da im Allgemeinen auf der Schule die *Catilinae coniuratio* vor einem der genannten Cicerowerke gelesen wird, kann man den Vergleich nicht in großer Ausführlichkeit und nicht durch Abruf erarbeiteter Cicerokenntnisse vornehmen.

Bei der Übersetzung wie der Paraphrase der Passage aus *In Catilinam I* können das Wortfeld »Angst« und das Wortfeld »Verbrechen« gefunden werden. Das hat eine Parallele bei Sallust. Ausgehend von dem Ergebnis der Rede Ciceros und in die Vergangenheit zurückblickend kann Sallust stärker noch als Cicero die Berechtigung der Angst anhand der Verbrechen zeigen, sowohl geschehener wie angedrohter. Sallust lenkt mit der Darstellung auf den verbrecherischen Charakter Catilinas, Cicero sieht den tyrannischen Charakter. Beide zeigen, dass in der Tat die Zeit einem Umbruch der Staatsverfassung nahe war oder ist, dass dies im Hochkommen von verbrecherischen Existenzen und dies wiederum in unmoralischem Macht- und Geldstreben und in fehlender moralischer Überlegung seine Ursachen hat. Cicero kann daher davor bewahren, in Sallusts *Catilinae coniuratio* eine allgemeine Moralpredigt zu sehen, sie ist vielmehr ein bedeutendes Werk römischer Selbstkritik und eine mutige Stellungnahme gegen Herrscher und herrschende Tendenzen der Zeit und eine provokante Rühmung gerade missliebig gewordener Politiker wie Cicero (und später Cato).

32,3–36,3: Drei Werbemaßnahmen zur Akzeptanz der Verschwörung. Militärische Maßnahmen und Amnestieangebot des Senats

Catilina verlässt Rom. Seine Genossen sollen in Rom den Umsturz vorbereiten. Er teilt ihnen mit, er werde in den nächsten Tagen mit einem großen Heer nach Rom marschieren (32,1–2). Sallust schließt an die Darstellung von Catilinas Flucht aus dem Rathaus und seinem Aufbruch ins Lager des Manlius drei schriftliche Äußerungen von Catilinas Seite an.

Die Authentizität der drei Äußerungen ist umstritten. Für keine liegt eine Parallelüberlieferung vor. Aus der Kontrollierbarkeit eines Rundbriefs (34,2) und aus der Behauptung, der Brief an Catulus sei ein Original (34,3), schließen viele Forscher, dass man an der inhaltlichen Authentizität nicht zweifeln dürfe, und unterstellen dies dann auch beim Manliusbrief. Umgekehrt könnte man aber auch allen drei Äußerungen eine mehr oder minder starke sallustische Gestaltung unterstellen. Selbst die dem Briefstil entsprechenden Wendungen in 34,3 tragen einige sallustische Züge. Auch die Ziele der sallustischen Darstellung sind umstritten.[23] Alles in

23 Zur Diskussion vgl. Vretska, K., Kommentar, S. 399f., 408, 412.

allem wird man festhalten dürfen, dass Sallust die verschiedenen Äußerungen nach dem in c. 31 geschilderten und aus verschiedenen Auftritten kompilierten Auftritt Catilinas im Senat jetzt unter das Thema *dissimulatio* und *crudelitas* stellt und dass die Leser sogar berechtigte Begründungen und wahre Schilderungen der Catilinarier nunmehr als Heuchelei ablehnen müssen. Und in jedem Fall zeigen die drei Verlautbarungen, wie ernst Catilina seine Verschwörung nimmt und sie in der öffentlichen Meinung positiv verankern will.

a) 33–34,1: Ein Brief des Catilinariers Manlius an den einflussreichen römischen Senator Q. Marcius Rex:

Die *mandata,* die Manlius durch Gesandte an Marcius Rex bringen lässt, sind entweder ein Brief oder eine mündliche Botschaft, Sallust verwendet dafür die wörtliche Rede (c. 33). Diese *mandata* sind bei keinem anderen Autor erwähnt, also eventuell Sallusts Erfindung. Sie sprechen in der 1. Person Plural, Manlius spricht für alle Catilinarier. Nach einer Anrufung von Göttern und Menschen als Zeugen hebt Manlius die Art ihres Krieges heraus. Es ist kein Krieg gegen das Vaterland und kein Angriffskrieg. Es ist vielmehr ein Verteidigungskrieg, der ihr Leben retten soll (1). Damit verbietet er die Bezeichnung der Catilinarier als Staatsfeinde *(hostes)* und reklamiert ein *bellum iustum,* einen Krieg, der vom Gegner verschuldet ist. Auch am Schluss des Briefes betont er dies (4): Sie suchten kein *imperium* und keinen Reichtum, worum Kriege und Wettkämpfe der Menschen gingen, sondern kämpften um ihre Freiheit. Der Krieg der Catilinarier wird also als Freiheitskampf deklariert. Zwischen der ersten Äußerung des Gedankens und seiner Wiederholung werden die depravierte Situation der Catilinarier, die Schuld der herrschenden Klasse oder der sozialen Umstände und der Gegensatz zwischen dem Verhalten der jetzt Herrschenden und dem der Vorfahren dargestellt. Dadurch soll das Mitgefühl auf die Seite der Catilinarier kommen, die Schuld den Bankiers bzw. Geldverleihern und dem Praetor gegeben werden, der bestehende Gesetze nicht anwendet, nämlich die seit 326 bestehende *lex Poetilia et Papiria,* die Haftung für Schulden auf Geldzahlungen beschränkte und Leibeigenheit ausschloss, sowie die *lex Valeria* aus dem Jahr 86, nach der in Silber bestehende Schulden mit Kupfergeld zurückgezahlt werden durften, das insgesamt nur ein Viertel des Wertes ausmachte.

Das Verhalten der Bankiers und des Praetors wird zudem als vom *mos maiorum* abweichend kritisiert und so als abscheulich dargestellt. Mit der Formulierung *maiores vostrum* statt *maiores vestrum* appelliert er dabei ganz besonders an die angesprochenen Senatoren. Sie sollen sich an der Haltung und an dem Ruf ihrer Vorfahren orientieren. Manlius schließt sich nicht ein, denn er war nur Zenturio unter Sulla und ist eigentlich ein unbekannter Mann.

Manlius hebt die Catilinarier sogar von der Plebs bei den *secessiones plebis* ab: Die Plebs habe ihre *secessiones* wegen der Überheblichkeit der Amtsträger, aber auch in dem Bestreben, selbst zu herrschen, gemacht *(dominandi studio permota);* sie aber strebten weder nach Herrschaft noch Reichtum, nur nach Freiheit (3–4). Er übertreibt bei der Darstellung der *secessiones plebis* insofern, als er von einem häufigen Vorgang spricht *(saepe).* Uns sind nur drei *secessiones* bekannt: 494 auf den *Mons sacer* oder Aventin mit der berühmten Rede des Menenius Agrippa (Livius 32,8–

12), 449 auf den Aventin, 287 auf den Ianiculus. (Vgl. B 1 zu T 3: Zur Plebs gehörten durchaus begüterte Personen; nur deswegen wollten die Patrizier sie nicht wegziehen lassen.)
Aus der Kritik werden Pflichten der jetzigen Führung hergeleitet:

- grundsätzliche Fürsorge für notleidende Bürger *(consulatis miseris civibus,* 5) wie es die Vorfahren getan haben *(miseriti plebis Romanae decretis suis inopiae eius opitulati sunt,* 2);
- Wiederherstellung des Gesetzesschutzes *(legis praesidium ... restituatis,* 5) als Ausgleich der Ungerechtigkeit des Praetors (hier, § 5, erwähnt in *quod iniquitas praetoris eripuit* und bereits vorher in *tanta saevitia faeneratorum atque praetoris fuit* [1 Ende], was eine Steigerung von *violentia atque crudelitate faeneratorum* [1 Anfang] war).

Manlius zeigt nicht nur einen Gegensatz zu diesen Personen der Gegenwart, sondern auch zum Fehlverhalten historischer Personen *(permota ... superbia magistratuum,* 3) und setzt den verlangten Gesetzesschutz damit in Parallele zum richtigen Führungsverhalten in früherer Zeit *(volentibus omnibus bonis,* 2).
Die Catilinarier stehen bewaffnet in Norditalien und das ist in den Augen des Manlius eine *secessio plebis (armata a patribus secessit,* 3), die durch das richtige Verhalten der Politiker beendet werden kann, sonst aber zu einer *necessitudo* führt, die ihnen ein Fehlverhalten der politischen Führung aufzwänge: nämlich zum Zwang, in einem *bellum iustum* mit der *ultio* für erlittenes Unrecht und erlittene Verluste *(ulti sanguinem nostrum)* zu kämpfen und wahrscheinlich zu sterben *(pereamus).*
Die Antwort des Q. Marcius Rex deklassiert Manlius zu dem, was er ist, zu einem unwillkommenen und feindlichen Bittsteller. Wie Caesar die Helvetier *(Gall.* 1,7,6: *si quid vellent, ... reverterentur),* so fertigt Marcius Manlius ab: *si quid ab senatu petere vellent, ...).* Er verweist aber Manlius damit nicht nur deutlich auf den Dienstweg, sondern stempelt ihn ebenso deutlich als Staatsfeind ab: Nicht Manlius, alle Catilinarier müssen kommen; sie müssen sich an den Senat wenden; sie müssen Unterwerfung zeigen *(supplices);* dann kann ihnen das *parcere subiectis* (Vergil, *Aeneis* 6,853) zukommen, die römische Großmut gegenüber Staatsfeinden, die ihr Unrecht eingesehen haben und aktive Reue zeigen. Bei Caesar heißt es, er werde mit den Feinden einen Friedensvertrag schließen, wenn sie Geiseln stellten und den geschädigten römischen Verbündeten Genugtuung leisteten *(Gall.* 1,14,6: *si obsides ab iis sibi dentur, ... cum iis pacem futurum),* für Marcius ist die Vorbedingung, dass die Aufrührer die Waffen niederlegen und als sich Unterwerfende kommen, dann würden sich die bewährte *mansuetudo* und *misericordia* des Senats schon in irgendeiner Weise zeigen (wie, wird nicht näher erläutert). Gleichzeitig vermeidet es Marcius Rex geschickt, für die Catilinarische Verschwörung vereinnahmt zu werden und ihr irgendeine öffentliche Legitimation oder Autorität zu verleihen.

b) 34,2: Ein öffentlicher Rundbrief:
Die zweite schriftliche Äußerung ist ein Brief Catilinas von unterwegs *(ex itinere).* Er verschickt ihn offenbar an viele Politiker, entweder mit demselben oder mit ähnlichem Inhalt. Dieser Brief ist damit fast ein »öffentlicher Brief«. Er wird zusammengefasst und in indirekter Rede wiedergegeben (34,2). Auch das offene Rundschrei-

ben ist ein Versuch, die Aufstandsbewegung zu legitimieren und moralisch positiv zu besetzen. In diesem Rundschreiben stellt Catilina Cicero und alle Gegner seiner Verschwörung als Partei *(factioni)* und als persönliche Gegner *(inimicorum)* hin. Er erscheint als Opfer eines parteipolitischen Kesseltreibens, »gemobbt« *(circumventum)* mit falschen Anschuldigungen *(falsis criminibus).* Er erscheint als zu schwach, um sich diesem vereinten ungerechtfertigten Angriff seiner Gegner zu widersetzen *(resistere nequiverit);* er weicht ins Exil wie ein politisch Missliebiger *(cedere, Massiliam in exilium proficisci)* und spielt immer noch den Bewerber um ein öffentliches Amt *(ex sua contentione).* Er ist seiner Darstellung zufolge nicht moralisch schuldig *(non quo sibi tanti criminis conscius esset),* sondern weicht der Fortuna, die gerade im Politischen nicht unbedingt den Besseren stützen muss. Er macht aus seinem Rückzug sogar noch einen moralischen Sieg: Der Staat solle in Ruhe leben können, es solle keine Spaltung entstehen, keine Unruhe *(seditio).*

Mit dem Schreiben des Manlius hat also Catilinas Rundschreiben gemeinsam, dass er jeden Vorwurf der Staatsfeindlichkeit ablehnt und den Amtsträgern oder der Führungsschicht Egoismus und Schuld zuweist. Er geht über Manlius hinaus, wenn er nicht wie dieser eine machtpolitisch bedingte Sezession des Volkes der Catilinarischen Bewegung gegenübergestellt, sondern sogar eine Sezession oder eine *seditio* vermeiden will. Der Staat solle wieder zur Ruhe kommen *(quieta foret).* Catilina stilisiert sich zu einem Sokrates, der sich dem ungerechten Gegner ergibt, um nicht den Staat zu zerstören (vgl. Sokrates in Platons *Kriton).* Sallust muss diesen Brief nicht als Heuchelei entlarven. Das wird aus dem Zusammenhang deutlich, nicht nur weil er oft genug die Pläne und den *crudelis animus* Catilinas hervorgehoben hat (5,2 *caedes ... discordiae civilis grata fuere;* 5,6 *lubido maxuma rei publicae capiundae;* Plan zur Verbrennung Roms 24,4, wiederholt in 31,4), nicht nur, weil gerade der Brief des Manlius mit der Drohung geendet hatte *quaeramus, quonam modo maxume ulti sanguinem nostrum pereamus* (33,5), sondern auch, weil nunmehr Catilina noch in einem direkt zitierten Brief zu Wort kommt, den Sallust schon einleitend als deutlich vom Rundschreiben abweichend kennzeichnet *(longe divorsas,* 34,3).

c) 34,3–35,5: Ein Schreiben Catilinas an Q. Catulus:

Die dritte Äußerung ist ein Brief Catilinas an den Senator Quintus Lutatius Catulus; Sallust behauptet, er gebe den authentischen Text wieder (34,3: *exemplum).* Die Authentizität wird unterstrichen durch die direkte Rede und das Brieftempus (c. 35). Catulus wird von Sallust nur mit dem Namen erwähnt, jede Beurteilung wird vermieden; Catulus war Caesar 63 bei der Bewerbung um das Pontifikat unterlegen; er legte Cicero nahe, gegen Caesar wegen einer Beteiligung an der Catilinarischen Verschwörung vorzugehen (49,1–4) und er wurde im Jahr 62 von Caesar beschuldigt, Geld beim Bau des Jupitertempels unterschlagen zu haben (Cic, *ad Att.* 2,24,3; Sueton, *Caesar* 15).[24]

Aber der Brief entpuppt sich als dem Rundschreiben ähnlich. Wiederum rechtfertigt sich Catilina, sieht die Fehler bei den Gegnern, wiederum stellt er sich als Sach-

24 Vgl. Drexler, H., S. 358f.

walter öffentlicher Interessen dar. Er ist Anwalt eigener und fremder Armut. Die Abwehrmaßnahmen gegen ihn bezeichnet er als *vis* (35,5), also als eigenmächtige Rechtsanwendung. Im Grunde ist das Schreiben ein Widerspruch in sich, denn Catilina will dem Adressaten eine Rechtfertigung im Bewusstsein seiner Schuldlosigkeit (die also keine Rechtfertigung benötigte) vorlegen *(satisfactionem ex nulla conscientia de culpa proponere,* 35,2).

Ein Hauptargument ist die Wahrung seiner *dignitas;* das Wort kommt in dem kurzen Brief gleich zweimal (3 und 4) vor. Aber das Argument ist aus mehreren Gründen zweischneidig. Erstens zeigt Catilina selbst, dass ihm die Vertretung der Armen nur ein Mittel zum Zweck ist, nämlich seine eigene *dignitas* in entsprechender äußerer Stellung bestätigt zu sehen. Zweitens hat Catilina nicht immer populare Politik betrieben, sondern den Popularen Marius Gratidianus grausam getötet, um so den Tod des Vaters des Catulus zu rächen (vgl. B 3 zu T 2), eben dieses Catulus, an den er jetzt schreibt und der jetzt im Alter von 58 Jahren Führer der Optimaten ist. Drittens schließlich ist die *dignitas* auch grundsätzlich zum Mittel geworden, gegen den Staat aufzutreten, wie Caesar im *Bellum civile* 7,7 zeigt, wo er aus Gründen seiner *dignitas* den Rubikon überschreitet und den Bürgerkrieg beginnt, und ebenso bei Sallust selbst, wo er 51,7 die Frage nach der *dignitas* (zu Recht) über die Frage nach der notwendigen Härte der Bestrafung der Catilinarier stellt, dabei aber in § 6 sogar so weit geht, die Frage nach dem *dignum* über das Recht zu stellen (vgl. B 3 zu T 6).

Viele Motive haben Parallelen in den anderen Reden Catilinas und in dem Schreiben des Manlius, ja sind auch von Sallust selbst als Zustand der Gesellschaft beschrieben worden. Der Unterschied zu dem Rundschreiben liegt in zwei Dingen: Erstens spricht Catilina von den Schulden und vom Geld. Zweitens zeigt er seine Fürsorge für seine in Rom zurückgebliebene Frau.

36, 1–3: Militärische Maßnahmen und Amnestieangebot des Senats

Dieser Absatz schildert: Catilina trifft weitere militärische Vorbereitungen. Auf dem Weg zu Manlius legt er die Amtsinsignien eines Konsuls an. Das ist offener Bruch mit dem Staat und seinen Organen. Der Senat sieht dies nicht als die Marotte eines zu kurz Gekommenen an, sondern erklärt ihn und Manlius zu Staatsfeinden *(hostes).* Das ist die offizielle Kriegserklärung an beide. Der Senat verfährt jedoch geschickt so, dass er die Zahl der Gegner durch eine Amnestie klein halten will: Er eröffnet den Mitläufern die Möglichkeit, das Heer Catilinas bis zu einem bestimmten Termin straffrei zu verlassen, wobei aber wegen Kapitalverbrechen Verurteilte ausgenommen sind. Jetzt erfolgen auch die offiziellen Kriegsmaßnahmen: Die Konsuln sollen Aushebungen vornehmen, der Konsul Antonius soll gegen das catilinarische Heer vorrücken, der Konsul Cicero soll für den Schutz Roms verantwortlich sein. Der letzte Punkt weist darauf hin, dass in der Stadt selbst durchaus noch nicht alle Beteiligte an der Verschwörung gefunden sind – trotz des in 30,6 geschilderten Senatsbeschlusses, dass jeder, der sachdienliche Mitteilungen zur Verschwörung mache, belohnt werde, Sklaven mit der Freiheit und der riesigen Summe von 100 000

Sesterzen, Freie mit Straffreiheit und der noch größeren Summe von 200 000 Sesterzen. Schon ab 100 000 Sesterzen Vermögen gehörte man zur Steuerklasse der Senatoren.

Textabschnitt 4: Die Gegenwart als Ergebnis der Vergangenheit: Der Zustand Roms im Jahre 64 v. Chr. – so genannter Mittelexkurs (36,4–39,5)

Genau an diese Senatsmaßnahmen zur Aufdeckung der Verschwörung und zur Amnestierung schließt Sallust nun vor dem Hintergrund der geschilderten allgemeinen Angst und der grausamen Gesinnung Catilinas den so genannten Mittelexkurs über den Zustand der römischen Gesellschaft zu dieser Zeit an.
Es ist nicht immer möglich, sowohl den Exkurs c. 6–13 als auch den Exkurs 36,4–39,4 zu lesen. Versucht werden sollte es. Der Mittelexkurs stößt auf weit mehr Verständnis beim Leser, weil er jetzt bereits eine längere Darstellung zu Catilinas Charakter und Handlungen und zur Angst in der Stadt gelesen hat. Er fällt insofern leichter. Allerdings muss man auf die Differenzierungen der Bevölkerung Roms genau eingehen.

36,4–37,10

Sallust beginnt 36,4 mit der einleitenden Charakterisierung *ea tempestate mihi imperium populi Romani multo maxume miserabile visum est.* Daraus ergibt sich die Leitfrage für die Lektüre des Exkurses: Warum erscheint Sallust die Herrschaftsausübung des römischen Volkes zu dieser Zeit besonders beklagenswert? Man kann die Wortfelder *imperium* und *miserabile* verfolgen und nach Gründen für sein Urteil suchen. Die Erläuterung zu *miserabile* beginnt mit einer Überraschung: Es wird Positives geschildert, das im Gegensatz zum Urteil *miserabile* steht: *quoi quom ad occasum ab ortu solis omnia domita armis parerent, domi otium atque divitiae, quae prima mortales putant, affluerent.* Dann folgt der Gegensatz: *fuere tamen cives, qui seque remque publicam obstinatis animis perditum irent.* Bürger mit verbrecherischem Denken wollen den Staat zugrunde richten – das ist die Begründung für *miserabile visum est.* Es bildet sich ein drittes Wortfeld heraus, das der seelischen Krankheit. Nun prägen drei Wortfelder den Abschnitt:
Imperium und seine Größe: *imperium, ad occasum ab ortu solis, omnia domita armis parerent, domi otium atque divitiae affluerent.* Das Wortfeld »Imperium und seine Größe« beginnt mit dem generellen *imperium,* schildert dann die Größe von West nach Ost (statt umgekehrt) und differenziert nach militärischer Größe und Friedenszustand.
Populus Romanus: *populi Romani, senati, plerosque civium animos, conscii coniura-*

tionis, cuncta plebes, in civitate, boni, mali. Das Wortfeld »*populus Romanus*« beginnt mit dem generellen Ausdruck *populus Romanus* und entwickelt sich dann differenzierend von *senati* zu *cives* zu *plebes* bis hin zu einer Gegenüberstellung von *boni* und *mali,* also einer ethischen Wertung.
Seelisch-körperliche Krankheit, Fehlverhalten: *obstinatis animis, perditum ire, tanta vis morbi, atque uti tabes, aliena mens, novarum rerum studium, mos suus, invident, extollunt, odere, exoptant, odio ... mutari omnia student, turba atque seditionibus sine cura aluntur.* Das Wortfeld »seelisch-körperliche Krankheit/Fehlverhalten« beginnt auf geistig-seelischer Ebene *(animis),* geht dann in eine scheinbar körperliche Ebene über *(tanta vis morbi, tabes*), verwendet dann einen Ausdruck, der Geist, Seele und Körper verbindet *(mens),* stellt dann ein enteignetes Bewusstsein *(aliena mens)* dar, das habituell wird *(more suo),* vielerlei geistig-seelische Affekte enthält *(studium, invident, extollunt, odere, exoptant, odio, student, sine cura)* und sich politisch im Staat auswirkt *(novarum rerum, mutari onnia, turba atque seditionibus).* Aus seelischem Chaos des Individuums wird staatliches Chaos. Die seelischen Affekte sind krebsartig, verzehrend und wuchernd *(tabes, aluntur).*

1. Abschnitt (36,4–5)
Sallust spricht zunächst allgemein von »Bürgern« *(cives* 36,4), die trotz der glänzenden Lage des Staates den Umsturz wollen. Auslösendes Motiv für ihr Verhalten ist ein stures, fanatisches Denken: *obstinatis animis ...* Das wird im Folgenden durch *tanta vis morbi* und *uti tabes* erläutert.
§ 36,5 bringt, eingeleitet mit *namque,* eine Erläuterung zu *obstinatis animis rem publicam perditum irent: a) duobus senati decretis ex tanta multitudine neque praemio inductus coniurationem patefecerat;* b) *neque ex castris Catilinae quisquam omnium discesserat;* die Darstellung erläutert die Behauptung *obstinatis animis,* aber steigert *fuere tamen cives, qui* zu einer Ausschließlichkeit, zumindest zur Totalität aller an der Verschwörung Beteiligten oder von ihr Wissenden. Sallusts kommentierende Erläuterung nennt im Plusquamperfekt die dahinter stehende Ursache: *tanta vis morbi atque uti tabes plerosque civium animos invaserat.* Die Vorzeitigkeit in *invaserat* zeigt, dass die *vis morbi* oder die Seuche in das Denken dieser Menschen eingedrungen ist *(plerosque civium animos invaserat).* Die erst als *obstinatis animis* formulierte Ursache wird zu *vis morbi (uti tabes)* gesteigert, und aus den Beteiligten und Wissenden werden *plerique civium,* also die Mehrzahl aller Bürger.
Das Paradoxe daran, dass Bürger, denen es gut geht, eine Veränderung der Verhältnisse wollen, wird semantisch, stilistisch und grammatisch hervorgehoben: a) semantisch: Antithese *parerent/adfluerent – perditum irent;* nachträgliche Spezifizierung von *animis obstinatis* durch *vis morbi/tabes/aliena mens;* b) stilistisch: Vertauschung der Reihenfolge in *ad occasum ab ortu solis;* Parallelismus *seque remque publicam;* Parallelismus mit Antithesen und »wachsenden Gliedern«: *bonis invident ... aluntur.* c) grammatisch: Natürlich weisen die Konnektoren in § 4 auf den Gegensatz hin: *cum (quom):* Konzessivsatz (Gegengrund angebend) – *tamen.* Aufschlussreich sind aber die Plusquamperfektformen *patefecerat, discesserat, invaserat.* Sie geben eine nachträgliche, zurückgreifende Erklärung für das Ergebnis *obstinatis animis.* Gleichzeitig bilden sie aber den Hintergrund und nennen die Ursache für die

Haltung der Plebs, die dann allerdings auch als habituell gekennzeichnet wird. Dadurch wird die Haltung der reichen *cives* umso überraschender und unverständlicher. Sie sind die wahren Verräter an ihrer Klasse und an der Aufgabe des Menschen. Sallust hat diesen Kontrast schon im Rom-Exkurs als generelles Merkmal des staatlichen Niedergangs (10,1 und 2) dargestellt und ihn (10,3–5) mit dem Eindringen der Laster *avaritia* und *ambitio* erklärt. Diese Laster kehren auch im Mittelexkurs wieder, jetzt (36,4) zur gewaltigen Seuche gesteigert und in einer bestimmten historischen Situation (im Jahr 63 v. Chr.) konkretisiert. Cato wird den Gegensatz von privatem Reichtum und Vernachlässigung staatlichen Wohlergehens in seiner Rede (52,5 und 6, vgl. 22 und 23) wieder aufnehmen.

2. Abschnitt: 37,1–3

In 37,1 wird die Behauptung von den *obstinati animi* der *cives* weiter mikroskopisch vergrößert. Die *obstinati animi* kehren in *aliena mens* wieder, die Bürger werden auf die *plebs* beschränkt, aber für diese gilt fast ohne Ausnahme *(omnino cuncta)* eine dauernde Zustimmung *(probabat)* zu Catilinas Plänen. Als Grund erscheint jetzt außer *aliena mens* auch noch *novarum rerum studium,* eine Spielart der *aliena mens.* Dies wird wiederum als *mos,* als habituell, gedeutet *(id adeo more suo videbatur facere).*

In 37,2–3 wird dies weiter erläutert und spezifiziert: In jedem Staat *(semper in civitate)* haben Arme *(quibus opes nullae sunt)* Sozialneid und begünstigen die falschen Führer *(bonis invident, malos extollunt),* zeigen eine umstürzlerische, aufrührerische Gesinnung und Staatsverdrossenheit *(vetera odere, nova exoptant ... mutari omnia student, turba atque seditionibus ... aluntur).* Die Gründe dafür sind als Spezifizierung des *mos* eingeblendet: Hass auf ihre Lage, d.h. ihre Armut *(odio suarum rerum),* keinerlei Notwendigkeit, sich um Besitz, Erreichtes, den Staat kümmern zu müssen *(sine cura,* vgl. § 10).

Auch hierfür lassen sich nicht nur viele Beispiele finden, sondern Vorläufer bei Cicero, der in *De re publica* immer wieder betont, wie wichtig es ist, alle Schichten der Bevölkerung am Staat zu beteiligen, durch Identifikation, Beteiligung an der Staatsmacht, aber auch durch einen gewissen Wohlstand (vgl. z.B. *rep.* 2,56).

Sallust fügt dem noch einmal einen allseits bekannten Grund *(quoniam)* an: *egestas facile habetur sine damno.* Damit kehrt er zu den *opes nullae* vom Anfang des Satzes zurück und wiederholt die eben gegebene Begründung *sine cura;* beides wird im *quoniam*-Satz Beleg des *mos,* des Habituellen. Nachdem so Sallust wieder in einer Vielzahl von Details und Verschiebungen, also archaisierend, die Lage und die Ursache dafür geschildert hat, wechselt er nun zu einem linear fortschreitenden Stil und schildert die einzelnen Gruppen der Plebs.

3. Abschnitt: 37,4–7

Die Gliederung des c. 37 ist unklar, obwohl viele gliedernde Wörter vorkommen. In 37,1 beginnt dies mit *neque solum ... sed omnino ...* Hier werden die adligen Mitwisser der Verschwörung und die gesamte Plebs gleichgestellt: Beide Gruppen sind seelisch-geistig krank *(aliena mens erat).* In 37,2–3 wird der gesamten Plebs nachgesagt, dass sie die Catilinarische Verschwörung gewohnheitsmäßig unterstützt *(more*

suo). Denn Mittellose hätten keinen Verlust zu befürchten und seien daher zu Aufstand, Revolution, Veränderung geneigt. In 37,4 wird dann aus der Gruppe der *cuncta plebes* die der *urbana plebes* herausgegriffen: *sed urbana plebes: ea vero praeceps erat de multis causis:* Die städtische Plebs ist noch umsturzbegieriger als die Plebs überhaupt, und das aus vielen Gründen. Bei den folgenden gliedernden Wörtern kann man überlegen, ob die städtische Plebs, ob die vielen Gründe, ob die gesamte Plebs, ob überhaupt an der Verschwörung Beteiligte in Gruppen eingeteilt werden. Zunächst leitet Sallust mit *sed* (4) eine Steigerung *(vero)* ein und wendet sich der *urbana plebes* zu: Sie sei besonders aufrührerisch gewesen *(praeceps erat).* Mit *de multis causis* leitet er zu einer Aufzählung der Gründe über:
§ 5: 1.–3. Gruppe der *urbana plebes:* 1. Verletzer von Moral und Anstand: *primum omnium: qui ubique probro atque petulantia maxume praestabant;* 2. Bankrotteure, wie sie 13,3–4 geschildert sind: *item alii: per dedecora patrimoniis amissis;* 3. Sittenstrolche und Kriminelle: *postremo omnes, quos flagitium aut facinus domo expulerat.* Bei den ersten drei Teilgruppen steigert sich die Schwere des Fehlers oder des Vergehens. Doppelausdrücke machen die Verfehlungen umfassend deutlich: *probro atque petulantia:* Tat und Gesinnung; *flagitium aut facinus:* Verfehlungen moralischer und juristischer Art; *victu atque cultu:* körperlich–geistig (zivilisatorisch) und zusammenfassend. Sallust bezeichnet diese drei Gruppen zusammenfassend als Abschaum. Sie seien nach Rom wie in die ihnen angemessene Gosse, eine stinkende Brühe, zu nichts mehr nutze, zusammengeströmt: *ii Romam sicut in sentinam confluxerant.*
§§ 6–8: 4. und 5. Gruppe: Die vierte und fünfte Gruppe werden durch *deinde* und *praeterea* von den drei vorher genannten Gruppen abgehoben; sie gehörten wohl ursprünglich nicht zur *plebs urbana.* Die vierte Gruppe (6) nennt Ältere mit Lust auf großes Geld, die fünfte (7) jüngere Plebejer mit Abscheu vor wenig lohnender Landarbeit.

Die vierte Teilgruppe wird in 37,6 durch einen komplizierter gebauten Satz herausgehoben, der sich nach dem Einrücksystem darstellen lässt. Der Satzbau verdeutlicht, dass diese Gruppe Schlüsse aus der Vergangenheit zieht und in Hoffnungen für die Zukunft umsetzt. Zwar sind es die falschen, weil unmoralischen Schlüsse, aber sie lassen auf Intelligenz – man könnte auch sagen: auf kriminelle Energie – dieser Menschen schließen. Sie haben ganz individuelle Hoffnungen auf Geld und Macht in entsprechenden Ämtern, wie die Ausdrücke *senatores* und *divites*, das zusammenfassende *talia* und der Übergang von *multi* zu *sibi quisque* zeigen. Ihre Hoffnungen wurden von Sulla geweckt. Sulla hatte Bereicherung durch Proskriptionen und durch Auffüllung des Senats (nach Verlust vieler Senatoren durch Bürgerkrieg und Proskription) ermöglicht; insgesamt war die Zahl der Senatoren auf 600 erhöht worden. Vgl. den durch Sulla ausgelösten Wandel in 5,6 und 11,4. Zu § 8 vgl. das Folgende.
§§ 9–10: 6. und 7. Gruppe: Sallust fügt zwei weitere Gruppen hinzu, die man nicht ganz zur *plebs urbana* rechnen kann:
6. Gruppe (9): *praeterea, quorum »victoria Sullae« parentes proscripti, bona erepta, ius libertatis imminutum erat, haud sane alio animo belli eventum exspectabant:* Personen, deren Eltern unter Sulla proskribiert worden waren und die damit ihr Vermögen und die materiellen Voraussetzungen verloren hatten, ein politisches Amt auszu-

üben; nach einem Gesetz Sullas aus dem Jahr 81 v. Chr., der *lex Cornelia de proscriptione,* durften sie sich nicht um ein Amt bewerben. Es sind dies also verarmte und politisch kaltgestellte *nobiles.* Ihre Benachteiligung wurde erst 49 v. Chr. durch die *lex Antonia de proscriptorum liberis* wieder aufgehoben.
7. Gruppe (10): *ad hoc, quicumque aliarum atque senatus partium erant, conturbari rem publicam quam minus valere ipsi malebant:* »Alle, die zur nichtsenatorischen Partei oder zu nichtsenatorischen Cliquen wie die um Crassus, Pompeius und Caesar gehörten – *partes* kann beides meinen –, wollten lieber Unruhe im Staat als selbst weniger politischen Einfluss haben.« Diese Gruppe gehört nicht zur Plebs, tat aber so, als gehörte sie zu ihr und verträte deren Interessen. Das Charakteristikum dieser Gruppe ist einzig Senatsfeindlichkeit.
Den Übergang zu diesen Gruppen erleichtert das Urteil über die vorhergehend geschilderten Gruppen (37,8): Sie und alle anderen nährte der staatliche Missstand. Deswegen sei es nicht verwunderlich, dass Menschen in Not, von schlechtem Charakter, aber mit größten Illusionen über die Zukunft, auf sich und den Staat gleich wenig Sorge verwendet hätten.
Während *eos* und *alios* durch das gleichsetzende *atque* verbunden sind, stehen bei den *homines egentis* die Ursachen *malis moribus* und *maxuma spe* asyndetisch nebeneinander. Mit *eos* sind die geschilderten Gruppen der Plebs gemeint, mit *alios* entweder die früher geschilderten *cives* oder die jetzt noch zu schildernden. Sie werden in eins gesetzt. Schlechter Charakter und größte Hoffnung sind parallele Erscheinungen, aber im Grunde inkommensurabel. Sallust zeigt, dass bei den Armen eben die Armut ein Auslöser des Verhaltens ist, aber er nimmt sie nicht von der tiefen Ursache aus: *malum publicum alebat.* Die staatliche Krise erscheint als Nährmutter aller Arten von verwegenen, verzweifelten, kriminellen Glückssuchern. Die staatliche Krise und ihre Lakaien sind Gegenspieler des *bonum publicum.* Damit hebt sich Sallust von seinem Vorbild Thukydides eindeutig ab. Während Thukydides in seiner Pathologie (Krankheitsbeschreibung) des Staates (3,82–83) den Parteienkampf auf die immer gleiche Natur des Menschen zurückführt, unterscheidet Sallust vielerlei Gründe für das Desinteresse am Staat und bringt sie auf den gemeinsamen Nenner *ambitio* und *avaritia.*
Die Bezeichnung *plebs* kennzeichnet also hier nicht immer nur eine gesellschaftliche Klasse, sondern auch eine Gesinnung. Sallust verwendet den Ausdruck für alle, die den Aufforderungen des Senats und dem Amnestieangebot nicht folgen. Daher werden in den §§ 9–10 der *urbana plebs* sogar Opfer der sullanischen Politik und Mitglieder antisenatorischer Gruppierungen zugeschlagen, die nicht nur Plebejer gewesen sein können. Er verbindet sie mit den anderen, aber hebt sie leicht durch *praeterea* und *ad hoc* ab.
Mit der unterschiedslosen Bezeichnung *plebs* für verarmte Aristokraten und für Popularen führt Sallust einen Rundumschlag und distanziert sich von allen Gruppen. Er kritisiert den Adel und die Plebs und sieht nirgends einen Unterschied zwischen den parteiischen Gruppierungen. Sein Unterscheidungskriterium ist das Verhältnis zu den Trieben *avaritia* und *ambitio* und der Grad der Sorge um den Erhalt des Staates. Da findet er bei den meisten nicht viel und so wendet er bei allen nur noch die Gründe für das Interesse am Umbruch und für das Desinteresse gegenüber Be-

lohnung und Amnestie an. Da zudem die Belohnungen nicht unbeträchtlich sind, Denunzianten oder patriotisch Umgestimmte, die Anzeige erstatten, also auch auf diesem Weg zumindest ihren Freiheits- und Besitzdrang hätten befriedigen können, verbinden sich die persönlichen Motive mit einer verfestigten Haltung des Desinteresses. Selbst bei Gewinnmöglichkeiten wird eine Haltung zugunsten des bestehenden Staates nicht mehr eingenommen. Erst Cato in seiner Rede c. 52 gelingt es, in einer emotionalisierenden Rede die Gewinnsucht wenigstens der Regierenden aufzurütteln und zugunsten eines von ihm so verstandenen richtigen Eintretens für die Belange des Staates fruchtbar zu machen.

37,11–c. 38

Den Übergang zu c. 38 bildet Sallusts Bemerkung über die Haltung der *ambitio,* die er soeben als *conturbari rem publicam quam minus valere ipsi malebant* beschrieben hat. (Die Kapiteleinteilung ist oft etwas willkürlich, der letzte Satz von c. 37 passt besser als Anfang von c. 38.) Das Übel der *ambitio* sei in den Staat zurückgekehrt, also etwas, was es nach Sallusts Darstellung in c. 10–11, seit ca. 146 v. Chr., der Zerstörung Carthagos, in Rom gab. Sallust umschreibt damit die Partei der Popularen. Die rücksichtslose Auslieferung der Interessen des Staates an private Machtbestrebungen wird dann zunächst an den Volkstribunen dargestellt. Sie sind ja Populare und sie wenden sich an all die vorher genannten Schichten der Plebs. Der Abschnitt 37,11–c. 39 beschreibt nun die Zeit zwischen 70 und 63 v. Chr. und ist in drei Teile gegliedert:

a) 37,11–38,1: Wirken der Volkstribunen und Kampf der Popularen gegen die Optimaten in den Jahren 70–66. In dieser Darstellung denkt Sallust wohl insbesondere an die Gesetze der Tribunen A. Gabinius und C. Manilius zur Machterweiterung des Pompeius. Sallust erwähnt diese aber nicht, sondern will nur das Grundsätzliche herausarbeiten, das das Übel im Staat bewirkt: die Rücksichtlosigkeit der Tribunen, Resultat ihrer Jugendlichkeit *(aetas ferox,* das Mindestalter zur Erlangung des Volkstribunats war 31 Jahre) und ihrer Denkweise (*animus ferox);* das Machtinteresse der Volkstribunen, die unsachlich zum Zweck ihrer Ziele die Plebs aufhetzen und den Senat beschuldigen; ihr Einsatz von Geld und Versprechungen; ihr Zuwachs an Macht und Berühmtheit.

b) 38,2: Reaktion der Amtsträger, also der *nobiles.* Die Darstellung erfolgt im Imperfekt, sodass an eine nach und nach einsetzende und dann die in 38,1 geschilderten Aktionen begleitende Gegenentwicklung gedacht werden kann.

c) 38,3–4: Sallusts Urteil über beide Gruppen, das erneut seine Distanz zu beiden zeigt. Er verurteilt beide Gruppen, weil sie beide denselben Fehler haben: Sie folgen nur dem eigenen Machtinteresse. Ihre wirklichen politischen Ziele entsprechen nicht den *honesta nomina,* mit denen sie getarnt werden, die *honesta nomina* sind Vorwände *(specie, simulare).* Verstärkt wird die Entlarvung durch die Hervorhebung der Grausamkeit, mit der sie den Sieg nutzen, Zeichen dafür, dass sie nicht an eine Einigung des Volkes und an das gesamte Volk denken. Damit nähert sich Sallust seiner aktuellen Gegenwart.

39

Dazu trägt dann erst recht das Kapitel 39 bei. Der Satz von der Selbstsucht der Politiker, in dem sich wörtliche Anklänge an einen Satz in der Pathologie des Thukydides (3,82,2) finden, bildet die Mitte zwischen dem Bericht über die Entwicklung des Volkstribunats und dem über das Hochkommen der *pauci potentes* in den Jahren 66–64 v. Chr., als Pompeius im Osten Krieg führte.

39, 1–2: Hochkommen weniger Mächtiger aus der Nobilität, die die Macht ausüben und alle anderen, vorwiegend Populare, unterdrücken. Den »Wenigen« *(pauci)* gehören nun alle Machtpositionen und Einnahmequellen, sie leben angstfrei in glänzenden Verhältnissen und schüchtern die Führer der Gegenpartei ein. Gemeint sind Prozesse gegen ehemalige Volkstribunen wie z.B. C. Manilius. Auch die *pauci potentes* denken natürlich nicht an das *bonum publicum.* Sallust wählt für diesen Abschnitt den monumentalisierenden historischen Infinitiv, der Dauer, fast Unveränderlichkeit ausdrückt.

39,3: Die Dauer ist nur scheinbar. Sallust baut in die Schilderung der Vergangenheit die Andeutung einer Veränderung ein, die auch für seine Gegenwart gelten kann: »Aber sobald sich in unsicherer Lage die Hoffnung auf Veränderung anbot, machte der alte Konkurrenzkampf ihr Denken wieder wachsam.« Offenbar warten populare Politiker auf die Chance zum Gegenschlag. Er wird mit den teils von dem Proömium, teils von c. 37–38 bekannten Gedanken gekennzeichnet: *dubiis rebus* (vgl. 37,2), *novandi spes* (vgl. 37,3), *vetus certamen* (vgl. 1,5) und *animos adrexit.* Das Hin- und Herwogen des Machtkampfes und der Wechsel der Macht bestätigt Sallusts in 2,6 noch etwas kryptisch erscheinendes Diktum *ita imperium semper ad optumum quemque a minus bono transfertur.* Im Proömium hatte er dafür *desidia, lubido* und *superbia* (2,5) verantwortlich gemacht. Mangelnder Einsatz und mangelndes Denken an den Staat und einen Ausgleich der Interessen waren auch von Cicero in *De re publica* für den Wechsel der Staatsform und den drohenden Untergang verantwortlich gemacht worden (z.B. 1,43; 2,56).

39,4: Der Andeutung der Veränderung fügt Sallust ein Gedankenspiel im Irrealis der Vergangenheit hinzu: »Wenn daher Catilina beim ersten Gefecht siegreich oder mit unentschiedenem Ausgang vom Schlachtfeld gegangen wäre, hätte in der Tat eine große Katastrophe und ein großes Unglück den Staat zu Boden geworfen und jenen, die den Sieg erlangt hätten, wäre es nicht möglich gewesen, ihn längere Zeit zu nutzen, ohne dass den Erschöpften und Ermatteten ein Stärkerer die Herrschaft und die Freiheit entwunden hätte.« Die möglichen Sieger in einer Auseinandersetzung wären entweder Catilina oder die Senatspartei oder aber Populare gewesen, die Catilinas Bewegung für ihre Ziele einsetzen. Sallust meint, der Kampf hätte sie aber so erschöpft, dass ein anderer, der auf die Macht lauerte, sie dem Sieger entrissen hätte. Wer das ist, sagt er nicht, aber es ist in jedem Fall ein Tyrann, der die Republik beendet. Da Sallust aus der Erfahrung nach Catilinas Zeit scheibt, kann er durchaus Pompeius, Caesar, ja sogar schon Octavian meinen, der aus der Auseinandersetzung zwischen Caesaranhängern und Caesarmördern seinen Gewinn zieht.

Damit gibt der Mittelexkurs dem zeitgenössischen Leser einen deutlichen Wink, dass sich auch die Gegenwart mit dem Inventar der Beurteilungskriterien erklären, analysieren und verändern lässt, die sich aus der ganzen Geschichte Roms (c. 6–13) und gerade auch aus der jüngsten Geschichte (c. 36–39) sowie der Catilinarischen Verschwörung gewinnen lassen. Die Vergangenheit ist – so Chr. Neumeister – »Vorgeschichte der Gegenwart«[25].

Der »Rom-Exkurs« stellte die psychologischen Seiten der Veränderung dar, wobei sich die Verhaltensweisen der Menschen in der Fortuna des Staates widerspiegelten. Der »Mittelexkurs« zeigt die Verfestigung der schlechten Haltungen *avaritia* und *ambitio,* deren Entwicklung im Rom-Exkurs dargestellt worden ist. Die Verfestigung führt dazu, dass andere Verhaltensweisen gar nicht mehr denkbar sind.[26] Veränderung ergibt sich nicht (mehr) aus dem Wandel vom Guten zum Schlechten, sondern aus dem Wechsel von einem Übel zum anderen und zurück. Deswegen sind im Mittelexkurs Elemente einer fortlaufenden Erzählung mit Elementen einer Zustandsschilderung vermischt. Und deswegen sind die Grenzen und Gliederungen insofern unklar gehalten, als man nicht immer entscheiden kann, ob Sallust Plebejer oder *nobiles* meint. Es kommt ihm darauf an, alle Gruppen in ein und derselben Weise zu beurteilen. Für diese Ineinssetzung nimmt er ein Nachklappern des § 39,5 in Kauf. Zu den in 36,4 und 5 genannten verbissenen Feinden des Staates gehört der erst 39,5 erwähnte Senatorensohn Fulvius, den sein Vater von der Reise zu Catilina zurückholen und töten ließ. Sallust markiert die Zusammengehörigkeit von 36,4 und 39,5, indem er dieselbe Formel *fuere tamen* verwendet. 36,4 und 39,5 rahmen somit den Exkurs ein. Beide Sätze nennen Verschwörer aus dem Stand der Nobilität. Während allerdings in 36,4 der Anschluss *tamen* eindeutig den Gegensatz zum vorausgehenden *quom*-Satz herstellt (s.o. S. 107), beginnt in 39,5 mit *tamen* ein neuer Satz und man weiß nicht auf Anhieb, wozu er den Gegensatz darstellt. Im Satz davor steht das Gedankenspiel im Irrealis: Beim Sieg Catilinas hätte den Staat ein großes Unglück getroffen und der oder die Sieger hätten nur einen Übergang zu einer Tyrannis dargestellt. Der mit *tamen* eingeleitete Satz scheint also zu unterstellen, dass sich manche Adlige trotz diesem Umstand und trotz der von ihnen zu verlangenden Einsicht in künftige und drohende Entwicklungen mit Catilinas Bewegung und Kampf eingelassen haben. Cicero hatte es als Kennzeichen eines fast hellseherischen Mannes gekennzeichnet, Entwicklungen im Staat vorauszusehen und entsprechend klug im Voraus zu handeln *(de re publica* 1,45). Genau dies ist der Unterschied, den Sallust zwischen *nobiles* und Plebs macht. Er verurteilt beide, aber die Nobilität trifft die größere Schuld, weil sie keinen in Armut liegenden Anlass hat.

25 Neumeister, C., Geschichtsauffassung, S. 49–51.

26 Weitere Unterschiede und Vergleiche der beiden Exkurse bei Neumeister, C., Geschichtsauffassung, S. 21-23.

Textabschnitt 5: Die Rolle der Allobroger, Ciceros, des Crassus und Caesars. Ereignisse bis zur Gefangennahme eines Teils der Verschwörer in Rom (39,6–50,2)

Catilina und Manlius sind zu Staatsfeinden erklärt. Aber damit ist die Verschwörung nicht beendet. Die Verschwörer in Rom sind noch nicht überführt. Catilina und sein Heer bedrohen Rom von außen. Sallust schildert nun, wie die Verschwörer mit Hilfe der Allobroger überführt (39,6–c. 45), dann festgenommen und einem Untersuchungsprozess unterworfen werden (46–49). Dem schließt sich der Bericht über die Senatsdiskussion darüber an, wie die Verschwörer bestraft werden sollen (50–54), und über den Vollzug der Strafe (55). Dann schildert Sallust die militärische Auseinandersetzung bis zur Niederlage und zum Tod Catilinas (56–61).
Die Kapitel 39,6–c. 50 sind in der Ausgabe nur sehr gekürzt wiedergegeben: 39,6–41,4 in Übersetzung, 41,5–46,1 in Inhaltsangaben, 46,2 in einer Übersetzung, 46,3–47 in Inhaltsangaben, 48,1–2 in Übersetzung, 48,3–4 in einer Inhaltsangabe, 48,5–6 im Original, 48,7–9 in einer Inhaltsangabe, 49 im Original, 50,1–2 in einer Inhaltsangabe, 50,3–4 in einer Übersetzung, 50,5 als Einleitung zu c. 51 im Original. Die übersetzten Stellen lohnten die Originallektüre. Aber die Lektüre kann ein bestimmtes Ausmaß nicht überschreiten.
Die Allobrogerhandlung ist interessant wegen der List der Geschichte und des bereits in den c. 21–26 festgestellten Fortwirkens der Triebe, die auch einmal zugunsten des Fortbestehens des römischen Staates und gegen die Catilinarier wirken kann. Immer wieder spielt Fortuna eine Rolle.

39,6–c. 45

Lentulus hatte von Catilina den Auftrag (32,2), die Verschwörung mit allen Mitteln zu stärken. Er wendet sich an die Gesandten der Allobroger und versucht ihnen die Vorteile einer Beteiligung an einem Kampf gegen den Senat schmackhaft zu machen. Ihre Beteiligung hätte die militärische Aufgabe des Senats äußerst schwierig gemacht. Die Allobroger verraten Catilinas Pläne aus folgenden Gründen: Sie müssen sich entscheiden zwischen »Verschuldung, Kriegslust und bedeutendem Gewinn bei dem erhofften Sieg« (Catilinas) und »größerer Macht, risikoloser Politik und festen Vorteilen statt unsicherer Hoffnung« *(Allobroges diu in incerto habuere, quidnam consili caperent. In altera parte erat aes alienum, studium belli, magna merces in spe victoriae; at in altera maiores opes, tuta consilia, pro incerta spe certa praemia,* 41,2).
Aus zwei macht- und geldbestimmten Überlegungen wählen sie die sicherere aus, die zugleich die prorömische und anticatilinarische ist. Sallust sieht wieder eine *fortuna* am Werk, die des Staates: *haec illis volventibus tandem vicit fortuna rei publicae* (41,3).

Man könnte Fortuna auch großschreiben. Ihr Wirken hatte nicht nur im Rom-Exkurs eine große Rolle gespielt (10,1), sondern war immer wieder für das Geschehen verantwortlich gemacht worden. Selbst Catilina hatte 20,14 von den Siegespreisen gesprochen, die Fortuna bereitstelle, und damit die römische Auffassung des Sprichwortes *fortes fortuna adiuvat* bekräftigt. In 34,2 hatte er behauptet, er weiche der Fortuna. Jetzt wirkt sie durch die Entscheidung der Allobroger, die wider Erwarten von zwei lukrativen Alternativen die mit etwas weniger, dafür aber sicherem Gewinn wählen.
Römische Leser konnten dies nicht nur wegen der dramatischen Peripetie, sondern auch mit ihrem eigenen Verständnis dieser Göttin genießen. Seit dem König Servius Tullius gab es den Kult der *Fors Fortuna* (so Ovid, *Fasti* 6,771–74). Auf dem Quirinal stand ein Tempel der *Fortuna publica populi Romani Quiritium* (Ovid, *Fasti* 5,729f.). Im Verhalten der Allobroger vermischen sich diese römische Fortuna, die die Tüchtigen unterstützt, und die hellenistische Fortuna/Tyche, die überraschend und willkürlich handeln kann.
Aus der Allobrogerhandlung und den anschließenden Untersuchungen sind zwei Stellen in Übersetzung (46,2; 48,1–2), zwei im Original (48,5–6 und 49) in die Textausgabe übernommen.
46,2 zeigt Cicero Schwanken zwischen Freude und Unschlüssigkeit. Sallust stellt Cicero als durchaus tragische Figur dar. Cicero ist bereit, sich für den Staat und dessen Existenz einzusetzen, aber er weiß, dass er damit ein hohes persönliches Risiko eingeht. Das *senatus ultimum consultum* gab ihm zwar zusätzliche Macht, aber es hätte widerrufen werden können. Die jedem Amtsträger drohenden Prozesse wegen Vergehen im Amt waren durch ständige Rückbindung an die Meinungsbildung im Senat zu vermeiden.
48,1–2 zeigt den Umschwung in der Stimmung der Plebs. Sie erkennt jetzt, dass sie durch Catilinas Krieg und Brandstiftung alles verloren hätte, Krieg trifft als erstes die Armen. Aber aus Sallusts bisheriger Darstellung der Plebs und aus der Geschichte weiß der Leser der 30er-Jahre, dass sich diese Stimmung wieder ändern kann. Jetzt hebt die Plebs Cicero in den Himmel *(plebs ... Ciceronem ad caelum tollere* 48,1), im Jahr 58 wird sie seine Verbannung beschließen und bestätigen, warum ihn Sallust in 46,2 eine Bestrafung der Verschwörer als Belastung für ihn ansehen ließ.
48,3–9: Den politischen Hintergrund beleuchtet Sallust erneut durch die Darstellung der Beschuldigung des Crassus und Caesars, sie seien Teilnehmer der Verschwörung gewesen. Bei Crassus lässt Sallust den Senat zu Wort kommen. Er habe eine Verfolgung des Crassus abgelehnt, die Aussage des L. Tarquinius, eines angeblichen Catilinariers, für falsch erachtet und ihn ins Gefängnis gesteckt, bis er die Urheber seiner Lüge nenne (48,6).
Sallust unterscheidet dabei verschiedene Motive und Gruppen im Senat (48,5): a) *alii:* sie halten die Sache für unglaubwürdig *(rem incredibilem rati);* b) *pars:* sie halten die Sache für glaubwürdig *(verum existimabant),* aber meinen, Crassus müsse von noch weiter gehenden, gewalttätigeren Aktionen zurückgehalten werden *(in tali tempore tanta vis hominis magis leniunda quam exagitanda videbatur),* c) *plerique:* Eine Mehrheit im Senat sei von Crassus finanziell abhängig gewesen *(plerique Crasso ex negotiis privatis obnoxii).* Durch die an sich mit zwei Teilen befriedigte Aufsplitte-

rung *alii – pars,* durch den asyndetischen Anschluss des *plerique*-Teils und durch das gemeinsame Prädikat *conclamant* zu allen genannten Gruppen ergibt sich aber, dass in Wirklichkeit nur von zwei Gruppen die Rede ist: Die erste denkt rational nach *(reri, ratus sum)* und hält deswegen die Sache für unglaubwürdig; die zweite nimmt eine genaue Einschätzung vor *(existimare)* und glaubt an die Schuld, will aber ebenso aus einem evidenten Grund *(videri)* eher mäßigend auf Crassus einwirken. Der Satz ist unklar gebaut; man könnte *plerique* als nachträgliche Erläuterung zu *pars* auffassen, das *tamen* gehört syntaktisch zu *conclamant,* das Prädikat sowohl zu *alii* als auch zu *pars,* während *tamen* nur in den *pars*-Teil gehört und entsprechend entfernt von *conclamant* steht. Entweder haben also beide Gruppen mehrheitlich *(plerique)* einen finanziellen Grund, der ihre gesamte Prüf- und Entscheidungstätigkeit lenkt; oder die zweite Gruppe kennt nicht nur die *vis* des Crassus gut, sondern bedenkt auch ihr persönliches Schicksal bei einem Vorgehen gegen Crassus. In jedem Fall zeigt der pointierte, asyndetische Zusatz *plerique ... obnoxii* erneut eine Kritik am Senat: Er kann eigentlich nicht mehr klar denken. Sein Denken sieht nur klar aus *(rati, existimabant),* folgt aber in Wirklichkeit nur dem, was sich als sinnvoll erweist *(videbatur),* und ist abhängig von Geschäftsinteressen. Auf eine eigene Stellungnahme zur Frage, ob Crassus Teilnehmer der Verschwörung war, verzichtet Sallust.

49: Auch Caesar ein Catilinarier?

Anders bei Caesar. Sallust sagt, eine Anschuldigung sei *falso* erfolgt (49,1), er schildert die Verleumdungskampagne der Gegner (4) und er entzieht ihr den Boden, indem er deren niedrige Motive aufdeckt. Das Kapitel trägt Wichtiges zur Beurteilung Caesars durch Sallusts Leser bei. Sallust zeigt, wie viele Neider Caesar hatte und wie leicht er in Verdacht und in Lebensgefahr geraten konnte. Er wäscht Caesar ebenso wie Cicero rein. Cicero lässt sich nicht zu unbegründeten Anklagen bestechen und ist von falschem Ruhmesstreben und falschem Geldstreben frei. Das genaue Gegenteil gilt von dem geldsüchtigen Quintus Catulus und dem wie Catilina wegen Wahlniederlagen missgünstigen Gaius Piso. Der kunstvoll formulierte § 4 zeigt ein Geschehen, das ironischerweise am Tempel der Concordia spielt, der Göttin jener Haltung der *concordia,* die 6,2 als so wesentlich geschildert wird: Die beiden Intriganten Quintus Catulus und Gaius Piso haben einen Teilerfolg, weil sie einige römische Ritter aufhetzen können. Sie bedrohen Caesar. Sallust lässt offen, ob es Sorge oder Angst wegen der Gefahr (das wäre *virtus)* oder leichte Beeinflussbarkeit (also eher *temeritas)* war, die sie dazu bewog. Auf jeden Fall zeigt er ihren Einsatz am untauglichen »Objekt« und als Folge verwerflicher Hetze. In dem Riesensatz (49,4) verbindet Sallust den erfolglosen Versuch des Catulus und Pisos, Cicero vorzuschieben, ihr eigenes Handeln, dessen Wirkung auf einige Ritter, deren individuelle zusätzliche Motive und die Caesar drohende Gefahr.
Der Satz kann kolometrisch gegliedert und erarbeitet werden, indem die einzelnen Kleinabschnitte untereinander geschrieben, ihre Über- oder Unterordnung festgestellt wird (S = *selbstständige* Information, B = auf ein anderes, meist verbales, Satz-

glied *bezogene* Information) und eine zunächst aus dem Satzablauf herausgelöste deutsche Wiedergabe versucht wird. Auch eine Satzabbildung ist hilfreich.
Sallust nennt die Methode der Intriganten *singillatim circumeundo atque ementiundo,* ihr Ergebnis *magnam illi invidiam conflaverant;* er erinnert also an ehrgeizigen Wahlkampf und an die bewusste und synthetisch-konstruierende Aufhäufung von Gründen für einen schlechten Ruf mit entsprechender Verhasstheit, bis heute ein Mittel, den politischen Gegner in die Enge zu treiben und zum Aufgeben zu zwingen. Die öffentliche Meinung wird gegen Caesar mobilisiert, hier vergebens, jedoch mit Auswirkungen auf die persönliche Sicherheit. (Laut den c. 31–33 hatte Catilina ebenso die öffentliche Meinung zu seinen Gunsten besetzen wollen, allerdings erfolglos.)
Die Motive der beiden Intriganten sind Beispiele für die im Rom-Exkurs dargestellten schlechten Triebe, sie sind aber auch und gerade deswegen mit den Motiven vergleichbar, die bei den Catilinariern selbst festzustellen sind bzw. die Sallust bei ihrer Schilderung festgestellt hat. Sallust verwendet bei der Formulierung der Motive einige charakteristische stilistische Mittel. Im Einzelnen:
Catulus: Seine Motive sind politische Gegnerschaft *(cum illo gravis inimicitias exercebat)* und die Verwicklung in Prozesse *(oppugnatus in iudicio pecuniarum repetundarum propter quoiusdam Transpadani supplicium iniustum).* Das zweite Motiv wird durch Klangwirkungen hervorgehoben (*arum/-arum; -um/-um; a-* und *u*-Vokalisierung). Auf ihn treffen einige im Rom-Exkurs genannte Verhaltensweisen zu: *pecuniae cupido* (10,2); *avaritia, fidem, probitatem ceterasque artis bonas subvortit; pro his superbiam, crudelitatem ... omnia venalia habere edocuit* (10,4)*; neque modum neque modestiam victores habere, foeda crudeliaque facinora facere* (11,4); *privatim et publice rapere, nihil reliqui victis fecere* (11,6); *quasi iniuriam facere id demum esset imperio uti* (12,5). Er hat die Verwicklung in Prozesse mit den Catilinariern gemeinsam, vgl. 14,3: *convicti iudiciis aut pro factis iudicium timentes;* 18,3: *Catilina pecuniarum repetundarum reus prohibitus erat consulatum petere.*
Piso: Sein Motiv ist wie bei Catulus politische Gegnerschaft *(cum illo gravis inimicitias exercebat);* diese wird ausführlich dargelegt und begründet *(ex petitione pontificatus odio incensus, quod extrema aetate, maxumis honoribus usus, ab adulescentulo Caesare victus discesserat).* Hervorgehoben werden durch Alliteration ***p**etitione **p**ontificatus,* durch inhaltliche Antithese *extrema aetate – ab adulescentulo.* Piso zeigt im Rom-Exkurs kritisierte Verhaltensweisen: *imperi cupido* (10,2); *ambitio multos mortalis falsos fieri subegit, ... amicitias inimicitiasque non ex re, sed ex commodo aestumare* (10,5); *gloriam, honorem, imperium bonus et ignavos aeque sibi exoptant; sed ille vera via nititur, huic quias bonae artes desunt, dolis atque fallaciis contendit* (11,2). Die feindliche Reaktion auf Niederlagen hat er mit den Catilinariern gemeinsam: Vgl. 20,8 *(nobis reliquere ... repulsas) und* 26 (Catilina wird nicht gewählt und entscheidet sich für Krieg).
Equites: Ihre Motive sind Schutzinstinkt *(seu periculi magnitudine)* und der Wunsch, staatstreu zu erscheinen *(seu animi mobilitate impulsi, quo studium suom in rem publicam clarius esset).* Das zweite Motiv wird mit *s*-Alliteration hervorgehoben und dadurch, dass es in einer Aufzählung in »wachsenden Gliedern« als zweites erscheint. Die *equites* zeigen im Rom-Exkurs gerühmte Haltungen: *libertatem patriae*

armis tegere (6,5); *coepere se quisque magis extollere magisque ingenium in promptu habere* (7,1); *gloriae maxumum certamen inter ipsos erat: se quisque hostem ferire ... conspici, dum tale facinus faceret, properabat* (7,6). Sie zeigen keine Verhaltensweise, die sich bei der Darstellung der Catilinarier findet.

Catulus und Piso schienen es für möglich zu halten, eine Beschuldigung Caesars plausibel zu machen; denn Schulden, wie sie Caesar hatte, lassen auf verzweifelte Aktionen schließen. Caesars Schulden werden von Sallust auf ehrenhafte Motive zurückgeführt, auf *liberalitas,* soziale Gesinnung oder öffentlichen Einsatz. Allerdings erscheinen diese Eigenschaften vor dem Hintergrund der c. 6–13 nicht alle im selben Licht; positiv die großartige öffentliche Tätigkeit; zweischneidig die private Freigebigkeit (denn 9,2 wird die altrömische Sparsamkeit zu Hause gerühmt).

Dass die *equites* keine rein negative Beleuchtung erfahren, Caesar und Cicero aber eine positive, wirft auch ein Licht auf die Stellung Sallusts zu seiner Zeit und auf mögliche Reaktionen der Herrschenden in den 30er-Jahren des ersten Jahrhunderts v. Chr. Als Sallust seine *Catilinae coniuratio* schreibt, ist Caesar bereits tot (ermordet 44 v. Chr.). Was könnte den Lesern suggeriert werden, wenn sie die in § 4 gegebene Darstellung über Ereignisse aus dem Jahr 63 lesen? Die Erinnerung an die Ermordung Caesars, die unter dem Motto Freiheit vom Tyrannen erfolgte. Ist diese Ermordung wegen einer großen Gefahr *(seu periculi magnitudine)* oder aus Profilierungssucht *(seu animi mobilitate impulsi, quo studium suom in rem publicam clarius esset)* erfolgt? Haben die Caesarmöder die Folgen bedacht? So wie Caesar einer derer war, die aus der Erschöpfung der Sieger bei einem langen Krieg und bei einem Sieg Catilinas Vorteile gezogen hätten (39,4), so war es Octavian. Sallust führt Caesar gegen seine angeblichen Erben und Rächer ins Feld.[27] In seiner Rede c. 52 erfolgt dies durch den Gegensatz zwischen Caesars Milde und der allen bekannten Grausamkeit Octavians. Hier in c. 49 erfolgt es durch die Kritik an verwerflichen Motiven, die bis zu einer Art Spontanattentat führen, aber auch durch die Kennzeichnung der Rettung des Staates als Mittel persönlicher Profilierungssucht bzw. durch Kritik an der Verbindung von Ideologie und Gewinn- und Machtsucht.

Textabschnitt 6: Beratung des Senats über die Strafe. Hinrichtung der Gefangenen (50,3–55,6)

50: Einberufung und Beratung des Senats über die gefangenen Verschwörer

Der in 47,3–4 geschilderte Senatsbeschluss vom 3. Dezember ist am 5. Dezember ausgeführt, die Verschwörer befinden sich in Privatarrest. Da Lentulus und Cethegus an der Befreiung der Catilinarier arbeiten, verteilt Cicero – Sallust verwendet die

27 Vgl. Syme, R.: Sallust, S. 117.

Amtsbezeichnung *consul* (50,3) – Wachposten, beruft den Senat ein und verlangt eine Entscheidung über die Festgenommenen *(quid de iis fieri placeat, qui in custodiam traditi erant)*. Wie eine Senatssitzung normalerweise ablief, ist in der Textausgabe (B 1 zu T 6) beschrieben. Sallust hat anderes im Sinn als die korrekte Wiedergabe des Ablaufs, den die folgende Übersicht zeigt:

Datum	**Ereignis**	**Sallust**	**Cicero**
21. Oktober 63 v. Chr.	*senatus consultum ultimum*	c. 29	
8. November	Catilina im Senat. – Auf Ciceros Rede hin verlässt er den Senat und Rom.	c. 31 und 32	Erste Rede gegen Catilina
9. November	Cicero spricht vor dem Volk.		Zweite Rede gegen Catilina
Mitte November	Catilina und Manlius werden vom Senat zu *hostes* erklärt.	c. 36	
3. Dezember	Die in der Stadt zurückgebliebenen Verschwörer werden in der Senatssitzung überführt. – Cicero spricht vor dem Volk.	c. 46–47	Dritte Rede gegen Catilina
4. Dezember	Tarquinius belastet Crassus in einer Senatssitzung.	c. 48	
5. Dezember	Die Verschwörer werden vom Senat verurteilt. Reden Caesars, Ciceros und Catos im Senat	c. 50,1–53,1	Vierte Rede gegen Catilina

Ciceros Rede wird gar nicht erwähnt, ebenso wenig die anderer Redner. Sallust erinnert nur daran, dass die Entscheidung über Leute gefällt wird, die der Senat kurz zuvor zu Staatsfeinden erklärt hat. Die hier verwendete Formulierung *contra rem publicam fecisse* ist allerdings weniger eindeutig als die in 36,2 gebrauchte, die dies explizit sagte *(hostis iudicat)*. In 36,2 war auch nur von Catilina und Manlius die Rede, jetzt geht es um *Lentulus, Cethegus aliique* (48,4). Sallust trifft seine Feststellung in 50,4 in eigenem Namen; er scheint also alle Verhafteten als *hostes* zu beurteilen und diese Beurteilung dem Leser nahe zu legen.
Sallust erwähnt zunächst in einem kurzen Redebericht den Antrag des designierten Konsuls D. Iunius Silanus (50,4): Die in Haft Genommenen sollen hingerichtet werden. Er nennt namentlich andere Verschwörer, mit denen ebenso verfahren werden soll, sobald sie festgenommen werden. Silanus wurde als designierter Konsul zwar als Erster befragt und insofern hält Sallust eine natürliche Abfolge in seiner Darstellung ein. Aber indem er direkt davor die Erklärung der Verschwörer zu Staatsfeinden erwähnt, wirkt der Antrag wie eine spontane, etwas unüberlegte Reaktion. Und indem er danach sogleich erwähnt, dass Silanus später unter dem Eindruck der Rede Caesars ankündigt, er werde dem Antrag des Tiberius Nero zustim-

men, verstärkt er diesen Eindruck. Tiberius Nero beantragt Vertagung.[28] Sallust sagt nicht, ob Silanus nach Catos Rede noch einmal seine Meinung geändert hat. Nach Caesars Rede heißt es nur: *ceteri verbo alius alii varie adsentiebantur* (52,1); die Reaktion des Silanus ist ja schon beschrieben. Nach Catos Rede heißt es: *consulares omnes itemque senatus magna pars sententiam eius laudant, virtutem animi ad caelum ferunt, alii alios increpantes timidos vocant* (53,1). Als designierter Konsul gehört Silanus zu den *consulares.* Das Ganze zeigt, wie schwierig es am Anfang war, eine Entscheidung zu fällen. Deswegen zeigt Sallust am Beispiel des Silanus, immerhin eines künftigen Konsuls, den Wechsel von einer Meinung zur anderen. Die Haltung Ciceros, die schon 48,2 beschrieben wurde, die Haltung Caesars, auf die der einleitende Bericht 50,3–4 in kurzen Zügen vorbereitet, und die Haltung Catos heben sich davon umso mehr ab.

51: Die Rede Caesars im Senat

Es folgt nun in den Kapiteln 51 und 52 das große Redenpaar, die Rede Caesars, der für Milde, und die Rede Catos, der für Härte und Todesstrafe plädiert. Es gab von den Reden stenografische Aufzeichnungen und ihr Inhalt ist durch die Überlieferung bei Plutarch *(Cato Minor* 22 und 23,3; *Caesar* 7*)* und Sueton *(Divus Iulius* 14) bezeugt. Sallust lagen wahrscheinlich Mitschriften der am 5. Dezember 63 v. Chr. gehaltenen Reden vor. Er hat sie aber frei gestaltet und seine Leser zum Vergleich herausgefordert.
Da man im Unterricht normalerweise nicht beide Reden, die Caesars und die Catos, lesen kann, bietet die Textausgabe die Rede Caesars im Original mit einer wörtlichen Übersetzung. So dauert die Erarbeitung seiner schwierigen Gedanken nicht zu lange. Allerdings nimmt man Verluste an sprachlicher Eindringlichkeit in Kauf. Die sprachliche Form kann dadurch berücksichtigt werden, dass man dennoch eine Erschließung des Textes durchführt oder aber zu einer neuen Übersetzung in kürzeren Sätzen und in modernerem Deutsch auffordert. Vor dem zügig erarbeiteten Hintergrund der Rede Caesars wird auch die Erschließung der Catorede leichter. Zur Gliederung beider Reden vgl. unten S. 140.

28 Die Begründung ist nicht klar, weil *custodiis abditis* überliefert ist, aber viele Editoren und bereits die Korrektoren mancher Handschriften lieber *custodiis additis* lesen wollen. Nero hätte also entweder mehr Wachen gewünscht – die Ritter waren ja schon als Bewachung da (vgl. 49,4) – oder weniger bzw. keine Wachen. Im zweiten Fall hätte er aber eigentlich nur vom Verstecken oder Verbergen der Wachen gesprochen und sonst eher *abductis* oder *remotis* sagen müssen. *Abditis* ist als lectio difficilior wahrscheinlicher. Dann hätte sich Nero unter optischem und seelischem Druck gefühlt. Warum Silanus nach Caesars Rede seine Meinung geändert hat, wird nicht genau gesagt. *Permotus oratione C. Caesaris* kann positiv und negativ gemeint sein; entweder macht er einen Rückzieher, weil er Caesars *clementia* bedenken will (dann passte *custodiis abditis*) oder weil er Angst bekommen hat, weitgehende Anträge gegen die Catilinarier zu vertreten (dann passte *custodiis additis*).

Vorbild:	ea malo dicere,	quae maiores nostri contra lubidinem animi sui recte atque ordine fecere: *Grundsätzliches Verhalten der Vorfahren: gegen Lust, nach moralischer Richtschnur und nach gesetzlicher Ordnung*
Beispiele	**Verhalten der Gegner**	**Reaktion der Römer**
1 bello Macedonico: *Makedonischer Krieg*	Rhodiorum civitas infida et adversa nobis fuit: *Vertragsbruch. Aber:*	ne quis divitiarum magis quam iniuriae causa bellum inceptum diceret, impunitos eos dimisere: *Keine Bestrafung. Grund: Achten auf den Ruf und den gerechten Kriegsgrund*
2 item bellis Punicis: *Punische Kriege*	quom saepe Carthaginienses ... multa nefaria facinora fecissent: *Verbrechen. Aber:*	numquam ipsi ... talia fecere: magis, quid se dignum foret, quam quid in illos iure fieri posset, quaerebant: *Keine Vergeltung. Grund: Achten auf* dignitas
Folgerung	scelera Lentuli et ceterorum: *Verbrechen. Aber:*	hoc item vobis providendum est ... ne plus apud vos valeat ... scelus quam vostra dignitas neu magis irae vostrae quam famae consulatis: *gleiches Verhalten wie die Vorfahren: Achten auf Ruf der Gerechtigkeit und* dignitas
Ergebnis		novum consilium nur als digna poena: *sonst: Anwendung der bestehenden Gesetze*
Wie immer beruft sich Caesar für seine neuartigen Maßnahmen und Vorschläge auf den mos maiorum. *Er will die Senatoren in einer Art Enthymem dazu bewegen, das Verhalten der Vorfahren zu beherzigen. Die beiden Verhaltensweisen, die an je einem Beispiel getrennt gezeigt werden, sollen von den zuhörenden Senatoren kombiniert gegenüber den Catilinariern angewendet werden: Achten auf den Ruf der Rechtmäßigkeit und Achten auf die* dignitas. *Nicht sein Vorschlag soll als* novum consilium *erscheinen, sondern die Forderung nach der Todesstrafe.*		

Der erste Satz greift die in c. 50 beschriebene Situation zweifach auf: Die Rede findet im Senat statt *(patres conscripti)*, dieser hat eine schwierige Aufgabe *(de rebus dubiis consultant)*. Caesar fordert zu Beginn: »Alle Menschen, die über schwierige Dinge beraten, müssen frei sein von Hass, Freundschaft, Zorn und Mitleid«, *omnîs homines ab odio, amicitia, ira atque misericordia vacuos esse decet.* Dies und die bereits genannten Adressaten *(patres conscripti)* sowie die bereits genannte Lage *(de rebus dubiis)* können Kriterien der Texterschließung sein.

Die genannten Affekte werden in § 2 in *illa* wieder aufgenommen und als Störfaktoren für die Erkenntnis bezeichnet: Es scheint unmöglich, *animus* und Affekte zu vereinen. Mit *-que* wird ein Satz angeschlossen, der den Affekt *lubido* dem *usus* gegenüberstellt, der der Beratung über die *res dubiae* entspringen soll. Der Satz ist im gnomischen Perfekt formuliert. *Usus,* eigentlich eine Konsequenz des *animus,* wird mit diesem gleichgesetzt. In § 3 werden *lubido* und *ingenium/animus* kontrastiert; ein betätigtes *ingenium* sei stark, ein von der *lubido* besessenes Denken versklavt; beim starken Geist war gerade noch die Wahlfreiheit hervorgehoben worden *(ubi intenderis).*

Seine These wird ab § 4 durch geschichtliche Beispiele untermauert. *Lubido* wird dabei in den zwei Affekten *ira aut misericordia* aufgenommen, wobei der zweite der genannten Affekte positive Assoziationen hat. Die nicht deutlich genannten *reges atque populi* können aus *misericordia* gehandelt haben, die angesprochenen Senatoren können das auch auf sich beziehen, aber *male* zeigt, dass *misericordia* schlechte Folgen haben kann. *Magna copia* und die Praeteritio steigern den Eindruck. Konkret wird Caesar dann bei den Fällen, wo *recte* und *ordine* gegen die *lubido* entschieden wurde: Makedonischer Krieg (171–168 v. Chr.), Punische Kriege, insbesondere der Zweite Punische Krieg mit der Eroberung Sagunts (220 v. Chr.) nach dem Bruch des so genannten Ebrovertrags. Im Einzelnen:

Ein erster Einschnitt erfolgt in § 4 mit der erneuten Anrede *patres conscripti.* In einer Praeteritio deutet Caesar eine Menge von Beispielen, *magna copia memorandi,* an, die seine Anfangsthese (1) stützen sollen und entsprechend die Begriffe aus § 1 wiederholen: *ira aut misericordia impulsi* (Gegensatz in § 1: *ira atque misericordia vacuos), male consuluerint (de rebus dubiis consultant,* 1). Caesar zeigt, dass durchaus gute Impulse zu schlechten Ergebnissen geführt haben, und fordert damit die Senatoren, die zur Todesstrafe neigen, zum Nachdenken und Lernen aus der Geschichte auf, ohne ihnen böse Absichten zu unterstellen.

Der Menge verfügbarer Beispiele werden dann konkret die Verhaltensweisen der Vorfahren gegenübergestellt, wobei *contra lubidinem animi* die Formulierung *ab odio ... vacuos* aus § 1 wieder aufnimmt und den Gegensatz zu § 3 *lubido possidet ...* und § 4 *ira ... impulsi* herstellt: Als Ergebnis der Haltung der Vorfahren wird *recte atque ordine facere* genannt, Handeln nach amtlich festgelegten und bewährten Verfahren und Methoden. Das ist offenbar die in § 1 beschriebene Haltung und entspricht dem in § 2 genannten *usus* sowie dem in § 3 erwähnten *ingenium ... valet.*

Die §§ 5–6 bringen historische Beispiele, der § 7 führt zum aktuellen Fall. Dessen Darstellung wird mit *nam* eine Begründung (8) angefügt, die zwei Alternativen zeigt *(si ... sin ...).* Überall wird das in den §§ 1–4 eingeführte Thema mit seinem Wortfeld weiter behandelt:

§ 5 nach Erzählung der Vorgeschichte *(bello Macedonico ... bello confecto ...): de Rhodiis ... consultum est;* dann wieder das Ergebnis: *impunitos dimisere;* dazwischen

die Absicht: *ne quis divitiarum magis quam iniuriae causa bellum inceptum diceret,* wobei also *divitiarum causa lubido* wieder aufnimmt.
§ 6 nach der Erzählung *(bellis Punicis ... fecissent): numquam talia fecere,* wobei *talia* auf *nefaria facinora* zurückverweist, also auf Emotionales. Dann: *magis, quid se dignum foret, quam quid in illos iure fieri posset, quaerebant; dignum foret* nimmt die *usus*-Thematik, *quaerebant* nimmt das *consultare* wieder auf.
Die historischen Beispiele in den §§ 5–6 verdeutlichen das Verhalten *contra lubidinem.* Die Rhodier erscheinen als vertragsbrüchig, die Punier als verbrecherisch. Die Römer werden als überlegte Politiker gezeichnet. Fraglich sind die Beispiele trotzdem. Erstens werden bestimmte Fakten unterdrückt, die Beispiele werden für den kundigen Leser anfechtbar oder zweischneidig: Die Rhodier mussten nach dem Dritten Makedonischen Krieg (171–168 v. Chr.) ihre Provinzen Lykien und Karien abgeben, sie verloren an Wirtschaftskraft, weil der Hafen von Delos abgabenfrei gestellt und so für die Handelsschiffe attraktiver als die frühere Konkurrenz wurde. Nach Polybios (36,9–12) sah ein Teil der Römer die Zerstörung Karthagos als rechtmäßig an, andere werteten sie als Frevel. Zweitens kann man nicht einfach außenpolitisches auf innenpolitisches Verhalten übertragen. Aber in der idealisierten Darstellung Caesars liegt grundsätzlich Richtiges. Im Rhodierbeispiel wird die Alternative zum römischen rationalen Verhalten, nämlich affektgeleitetes Verhalten, gar nicht erwähnt. Im Karthagerbeispiel liegt eine gewisse Steigerung vor, weil hier nicht die Wahl zwischen Affekt und Ratio, sondern nur zwischen zwei verschiedenen rationalen Verhaltensweisen gezeigt wird *(magis, quid se dignum foret, quam quid in illos iure fieri posset).* Nach Recht und Gesetz vorzugehen kann die Rationalisation eines Affekts sein, nach der *dignitas* vorzugehen bewahrt die eigene Persönlichkeit. Wie ein Staat Delinquenten im Land oder außerhalb straft, ist Zeichen seines Selbstverständnisses und seiner Würde. Es fällt auf ihn zurück.
Weil Caesar an die Verbrämung oder Rationalisation des *ius* denkt, kann er sich auch die Einreihung des *ius* in negative Verhaltensweisen erlauben, die er in diesem Abschnitt positiven Verhaltensweisen gegenüberstellt:

	positiv	**negativ**
§ 1	decet (vacuos esse ab)	odio, amicitia, ira, misericordia
§ 2	verum, usus *(Nutzen)*	lubido
§ 3	ingenium	lubido
§ 4	recte atque ordine	ira, misericordia, lubido animi
§ 6	se dignum	iure
§ 7	dignitas, fama	scelus, ira

Er nimmt somit den Gegensatz von *animus/ingenium* und *corpus* aus dem Beginn des sallustischen Werks (1; 2–3 und 5; 2,1 und 8) auf und variiert ihn zugleich. Die Variation durch Einordnung des *ius* auf der negativen Seite soll einen Denkanstoß geben. Das führt zu der Verbindung von *dignum,* das bisher positiv dargestellt wurde, und *ius,* das eben gerade negativ dargestellt wurde *(digna poena,* 8).

Die Bestrafung ist dann würdig, wenn sie der Würde der Senatoren angemessen ist, nicht etwa, wenn sie der Größe der Straftat entspricht. Deswegen wird ein *novum consilium* abgelehnt und nach und nach als überhaupt nicht möglich erwiesen, weil die Verbrechen der Verschwörer alle menschliche Vorstellungskraft überstiegen und ein angemessenes Verhältnis von Strafe und Vergehen sowieso nicht möglich sei. *Narratio* (9–15) und *argumentatio* (16–42) variieren die Gedanken des Proömiums der Rede.

§§ 9-15 (Narratio)

In § 9 beginnt Caesar mit der Auseinandersetzung mit seinen Vorrednern. Mit vielerlei inhaltlichen Details markiert, ja karikiert er ihre Reden, die er einleitend als *genus grande* charakterisiert *(conposite atque magnifice).* Das passt zum Inhalt ihrer Reden: *casum rei publicae miserati sunt.* Caesar scheint sich davon abheben zu wollen und seine Rede als argumentative Rede in das *genus medium,* wenn nicht gar *tenue* (vgl. SPR 16d) einzureihen. In den an die Affekte appellierenden Reden sieht er keinen Sinn (10); man könne nicht Gegner der Catilinarier noch gegnerischer machen, die Sache übertreffe an Wirkung jede Rede (10), ohnehin neige jeder dazu, ihm angetanes Unrecht überzubewerten (11). Solche Reaktionen des Affekts seien bei kleinen Leuten eher tolerabel, weil es kaum weiter bekannt werde. Das jähzornige Verhalten mächtiger Personen werde allen bekannt (12). Hier verweist Caesar wieder auf *Fortuna,* indem er sie mit der *fama* verbindet, bei kleinen Leuten eine Übereinstimmung, ja fast Identität von *fama* und *fortuna* feststellt *(fama atque fortuna eorum pares sunt),* bei großen aber eine Diskrepanz. Dies sagt er aber nicht so, sondern statt *fama* setzt er bei den Mächtigen *minuma licentia* ein, eine Folge aus der übergroßen *fama.* Die *minuma licentia* wird dem entgegengesetzten Verhalten gegenübergestellt: *superbia, crudelitas.* Diese Haltungen würden einem mächtigen Amtsträger unterstellt, wenn er dasselbe Verhalten zeige, das bei anderen nur als *iracundia* (Jähzorn) angesehen werde (14). *Superbia* und *crudelitas* und ihr Gegensatz *minuma licentia* werden in *studere, odisse* und *irasci* spezifiziert, *irasci* wird am allermeisten verboten (13). *Minuma licentia* steht vor der Spezifizierung, die Oberbegriffe *superbia* und *crudelitas* stehen nach ihr. *Studere, odisse* und *irasci* sind Begriffe des Privatlebens, *licentia, superbia* und *crudelitas* gehören zum Verdammungsvokabular der Politik. Sie kennzeichnen den Tyrannen. Ganz im Gegensatz zu seiner Kritik an den Vorrednern verwendet Caesar pathetische Formeln und Vokabeln wie *demissi in obscuro vitam* (das nackte Leben) *habent* im Gegensatz zu *in excelso aetatem* (das erfüllte und wirkungsvolle Leben) *agunt, mortales* statt *homines,* syndetische Aufzählungen *(neque – neque – sed minime),* Antithesen mit *a*-Vokalisierung *(in maxuma fortuna minuma licentia).* Sehr eindringlich erinnert Caesar immer wieder an den Unterschied von unbedeutender Privatperson und im Licht der Öffentlichkeit stehender Amtsperson und appelliert so an die Senatoren, den Maßstab der *iracundia* fallen zu lassen und dem Maßstab der *dignitas* zu folgen. Der sonst drohende Ruf eines Tyrannen soll abschrecken und wird auch noch in § 15 ausgeführt. Das Wort *cruciatus* erinnert sofort an unmenschliche Folterstrafen. Zwar sagt Caesar, diese Strafen stünden in keinem Verhältnis zur Schwere der Schuld, und macht dies zu seinem eigenen Standpunkt, erweckt sogar fast den Eindruck, als sähe er selbst gerne solche harten Strafen. Aber er weist doch darauf hin, dass dann die Position der Senatoren gefährdet würde, weil eine auch nur ein bisschen zu harte Strafe sehr leicht im Gedächtnis der Menschen weiterwirke und gegen die einnehme, die sie verhängt haben. Geschickt verwendet er bei der Darstellung der unbedeutenden Privatpersonen einen Ausdruck, den er bei den Senatoren vermeidet, der aber trotzdem auf sie übertragen werden kann: *deliquere,* 12. Nicht der *dignitas,* sondern der *iracundia* zu folgen wäre ein Vergehen oder Fehler. Die *iracundia* ist die Gegenspielerin der *dignitas.* Caesar will bei ihrem Kampf gegeneinander in den Herzen und Köpfen der Senatoren der *dignitas* zum Sieg verhelfen. Damit ist die Position Caesars die eines Helfers der Senatoren im Überlebenskampf geworden. Sie müssen nicht mehr eine harte Strafe beschließen, um selbst zu überleben und sicher zu sein, sondern sie müssen der *dignitas* und deren Anwalt Caesar folgen.

§§ 16–42 (Argumentatio)

§§ 16–24: Caesar hat eine gleichermaßen moralisch wie politisch unanfechtbare Position okkupiert. Jetzt kann er sich juristischen Argumenten zuwenden. Er unterstützt sie mit philosophischen Überlegungen, die den Fall ins Allgemeine ausweiten. Zunächst wendet er sich in § 16 Silanus zu. Er trennt Person und Antrag *(sententia).* Über die Person sagt er nur Gutes: *virum fortem ac strenuom; certo scio, quae dixerit, studio rei publicae dixisse; neque illum in tanta re gratiam aut inimicitias exercere; eos mores eamque modestiam viri cognovi.* Er betont sein persönliches Wissen *(certo scio, cognovi)* und spricht ihn von dem frei, wovor er vorher (13) gewarnt hat: *neque studere (= gratiam exercere) neque odisse (= inimicitias exercere), sed minime irasci (= modestiam).* Umso mehr haut er dann auf den Antrag ein; ihm schreibt er angeblich nicht zu, was er vorher kritisiert und als tödlich hingestellt hat: *crudelis* (vgl. *crudelitas,* 14); er verneint dies nur scheinbar; indem er es erwähnt, lässt er aber genau diese Beurteilung durchblicken; und indem er die angeblich richtige Beurteilung hinzufügt, steigert er nur den Vorwurf der *crudelitas: aliena re publica nostra* (mit pathetischer *a*-Vokalisierung und deshalb eigens hinzugesetztem *nostra).* Gerade hat er ja als Zeichen der römischen Politik und römischer Staatsmänner am Beispiel der Rhodier den Verzicht auf Rache, am Beispiel der Punier den Verzicht auf Rechtsverfolgung zugunsten der Bewahrung der *dignitas,* an dem Forderungskatalog an gute Staatsmänner *minuma licentia* und Vermeiden jeden Eindrucks von *superbia* und *crudelitas* hervorgehoben. Caesar kann diesen Frontalangriff auf Silanus starten, weil er sich als sein wie aller anderer Helfer hingestellt und eine persönliche Ehrenerklärung für Silanus abgegeben hat. Aber er weitet den Fall des Silanus nun nach und nach auf alle anderen aus (§ 25: Verallgemeinerung *quis reprehendet?;* § 27: *omnia mala exempla;* § 32: *quis non laudabat?;* § 36: *per senatus decretum;* §§ 37 und 41: *patres conscripti.*)
Der Beweisgang gegenüber Silanus in den §§18–24 geht davon aus, Silanus sei bei seinem Antrag entweder von Furcht oder von Empörung über das Unrecht geleitet

gewesen, eine neue Art der Strafe zu beantragen. Mit diesem Ausdruck *novum genus poenae* ist er dem vorherigen *consilium novom* (8) nahe. In § 8 hatte er gesagt, er befürworte ein *consilium novom,* wenn es eine *digna poena* gebe. Er hat aber klar gemacht, dass es diese nicht gibt (8 und 15). Er zieht so Silanus auf sein Niveau hinauf und lässt ihm einen ehrenvollen Rückzug von seinem Antrag, gleichzeitig zeigt er ihm drohend, in welchen Ruf er kommt, wenn er bei seinem Antrag bleibt. Deswegen setzt er nach der Anrede *Silane* in § 18 auch sofort sein Amt *(consulem designatum)* und nennt dann sofort seinen Antrag *genus poenae novom.* Damit weiß auch Silanus, dass ihm schwere politische Schlammschlachten bis hin zu Gerichtsverfahren drohen können, wenn er am Beginn seines Konsulats oder noch davor neues Recht schaffen und altes verletzen will.
Dann bestreitet Caesar, dass es Grund zur Furcht gebe, denn durch Ciceros Umsicht sei überall für Wachen gesorgt. (Der Antrag Neros problematisiert dieses Argument später, aber Sallust hat ihn schon vorher in § 50,4 mitgeteilt.)
Das Argument *iniuria* nimmt Caesar nicht direkt wieder auf, sondern ersetzt es durch die Diskussion über die Art der Strafe. Er begründet mit der epikureischen Lehre seine Ansicht, dass mit dem Tod alles beendet sei und damit auch Sorge und Freude, sodass auch im Fall der Catilinarier der Tod das Ende aller Sorgen bedeute. Caesar konnte auf eine weite Verbreitung dieser Ansicht bauen (vgl. Cicero, *Tusculanen* 1, 82–111, Lukrez, *de rerum natura,* Buch 3), aber nicht unbedingt darauf, dass nach dieser Lehre auch gelebt und gehandelt wurde. Ob man sich auf die Art des Sterbens und der Hinrichtung beschränken durfte, wie er das jetzt bisweilen zu tun scheint, bleibt fraglich. Cato muss allerdings in seiner Entgegnung die für ihn realistischen Unterweltsstrafen eigens hervorheben.
Dann aber vergröbert Caesar den Antrag des Silanus durch die Frage, warum er nicht auch noch vorherige Auspeitschung beantragt habe (21–24), und steigert dies in immer abenteuerlichere Alternativen. Diese Steigerung kündigt er mit dem Ausruf *per deos inmortalis* an, er gestaltet sie als Frage und mit direkter Wendung an Silanus, er redet jetzt nicht mehr zu den Senatoren über Silanus, sondern vor den Senatoren zu Silanus. Er diskutiert, warum Silanus gerade die Todesstrafe und nicht irgendeine andere Strafe vorgeschlagen hat. Mit der eben zitierten Todesauffassung der epikureischen Philosphie im Hintergrund tut er so, als gäbe es tatsächlich andere und sogar schwerere Strafen. Er erwägt drei Gründe, warum Silanus seinem Antrag nicht hinzugefügt habe, dass die Verschwörer erst ausgepeitscht werden (22–24; vgl. B 7 zu T 6):
1. Juristische Bedenken aufgrund der *lex Porcia:* Die Auspeitschung römischer Bürger war durch verschiedene *Porcische Gesetze* verboten, deren erstes M. Porcius Cato Censorius 198 oder 195 v. Chr. im Senat eingebracht hatte. Dem hält Caesar entgegen, dass andere Gesetze befehlen, dass römische Bürger ins Exil geschickt werden, nicht dass sie getötet werden. Also hätte Silanus ein Gesetz geachtet, ein anderes aber missachtet und seine Wahl, welches er missachtet, wäre nicht nur rein willkürlich, sondern auch deswegen erstaunlich, weil er nicht etwa für das kleinere Strafmaß der Auspeitschung, sondern für das größere Strafmaß der Hinrichtung ein Gesetz missachtet. Die Inkongruenzen macht Caesar noch durch zwei andere Bedenken deutlich, die zum Teil in dem ersten Bedenken schon enthalten sind.

2. Bedenken: Die Auspeitschung könne zu hart sein, also härter als die Hinrichtung. Hier kann Caesar das bekannte Argument anbringen, mit dem er schon in § 15 einen ehrenvollen Rückzug der Hardliner möglich machen wollte: *quid autem acerbum aut nimis grave est in homines tanti facinoris convictos?*
3. Bedenken: Die Auspeitschung könne milder als die Todesstrafe sein. Dann passe es nicht, im kleineren Fall das Gesetz zu fürchten, es aber im größeren zu missachten.
Es ist eine Argumentation, die immer neue Alternativen auftut und den Antrag des Silanus und die parallele Meinung anderer Senatoren ad absurdum führt. Im Zug seiner Strategie, Silanus freundlich zu behandeln, kann man hier auch einiges an Witz und Unernst vermuten. Es bleibt doch durchaus fraglich, ob Caesar wirklich mit dem Tod als Ende aller Sorgen die Angst vor dem Tod und damit die Auffassung des Todes als Strafe widerlegen kann. Es bleibt ebenso fraglich, ob Auspeitschung oder Hinrichtung grausamer und den Catilinariern angemessener ist. Sinn hat die Argumentation nur, wenn man sie als Hinweis auf die mangelnde Überlegtheit des Antrags auf Todesstrafe ansieht und als Aufforderung, die Sache etwas gelassener zu sehen und am besten strikt den bestehenden Gesetzen zu folgen.
§§ 25–27: Mit *at enim quis reprehendet* beginnt Caesar, einen möglichen Einwand gegen die vorausgegangene Ablehnung der Todesstrafe zu widerlegen: »Wer wird tadeln, was gegen die Mörder *(parricidae)* des Staates beschlossen wird?« Zum fünften Mal – nach den §§ 8, 15, 17 und 24 – wird die Größe des Verbrechens behandelt. Wieder wird mit dem Wort *parricida* (Verwandtenmörder) die Schwere des Verbrechens betont, die die Hinrichtung als konsequent erscheinen lässt. Jetzt aber greift Caesar diese Meinung direkt an. Er hat bereits deutlich gemacht und nahe gelegt, dass die Todesstrafe weder der *dignitas* noch den Gesetzen entspricht. Er unterschlägt, dass das *senatus ultimum consultum* und das mit ihm verbundene Ausnahmerecht des Konsuls schon Vorbilder in den Jahren 121 v. Chr. (Gaius Gracchus) und 100 v. Chr. (L. Appuleius Saturninus) hatte. Vielmehr behauptet er, eine Hinrichtung würde einen gefährlichen Präzedenzfall schaffen. Es geht ihm dabei jetzt nicht mehr um die individuellen Folgen für den Ruf der Senatoren, sondern um weiter reichende historisch-politische Konsequenzen. Er macht aus der einleitenden, scheinbar rhetorischen Frage eine wirkliche Frage und beantwortet sie gleich selbst.
Bezeichnend ist dabei sein Stil: kurze Sätze am Anfang, asyndetische Aufzählungen *(tempus, dies, fortuna),* beschwörende Anrede an die Senatoren (26b), geschichtsphilosophische Gnome *(omnia mala exempla ex rebus bonis orta sunt),* historische Beispiele (28–34), Einrahmung des gesamten Abschnitts durch Hinweise auf Veränderung vom Guten zum Schlechten (27, 36). Bezeichnend auch der Inhalt: Warnung vor dem Präzedenzfall (36), politphilosophische Erwägungen (27).
Wie in c. 8 erscheint die *lubido* als Wirkkraft der *fortuna,* die eine negative Entwicklung in Gang setzt. Der gesamte Abschnitt lässt sich unter dem Gegensatz *mala exempla* und *res bonae* erfassen, dem Wandel vom Guten zum Schlechten. Das *novom illud exemplum* könne bei einem Übergang der Herrschaft auf unerfahrene oder moralisch weniger zuverlässige Politiker *(ubi imperium ad ignaros eius aut minus bonos pervenit)* leicht zum Präzedenzfall für einen Vollzug der Todesstrafe an un-

schuldigen Bürgern werden *(ab dignis et idoneis ad indignos et non idoneos transfertur).* Die Formulierung *ubi imperium ad ignaros eius aut minus bonos pervenit* erinnert an 2,6. Dort hatte Sallust in eigenem Namen gezeigt: Veränderungen des Charakters bedeuten Veränderungen des Schicksals oder des Glücks. Das gilt für den Einzelnen wie für den Staat. Versagen des Machthabers lässt die Macht an einen relativ Guten übergehen (wobei nicht klar gesagt wurde, ob dies ein wirklich Besserer oder ein weniger Kundiger ist). Das Hin- und Herwogen des Machtkampfes und der Wechsel der Macht zeigte Sallust dann wieder in 39,3. Dort machte er den alten Konkurrenzkampf von Popularen und Optimaten dafür verantwortlich, im Proömium *desidia, lubido* und *superbia.* Caesar spricht also hier Gedanken Sallusts aus und stimmt mit den Leitlinien des Proömiums und des Mittelexkurses überein.
§§ 28–36: Das erste historische Beispiel (28–31) ist der griechischen, das zweite (32–34) der römischen Geschichte entnommen (vgl. B 5 zu T 6). Die beiden *exempla* sind parallel aufgebaut: 1. Schilderung der Ausgangssituation, die die Strafmaßnahmen rechtfertigt, 2. Beschreibung des Umschlagens der Situation, das zur willkürlichen Anwendung dieser Maßnahmen führt, 3. Resümee: Darstellung der entarteten politischen Verhältnisse. – Der Übergang vom ersten zum zweiten Teil wird im ersten Beispiel durch *primo – post* gekennzeichnet, im zweiten Beispiel ergebnisorientiert angekündigt: *Sed ea res* magnae *initium* cladis *fuit.* Zum dritten Teil wird beide Male mit *ita* übergeleitet. Dass die *lubido* Ursache der Entartung ist, wird zur Hervorhebung in variierter Formulierung dargestellt: *iuxta bonos et malos lubidinose interficere* (30) – *nam uti quisque... concupiverat* (33).
In den §§ 35–36 wechselt Caesar wieder zur aktuellen Situation und gibt in der 1. Person ein persönliches Statement ab. Es werden gegenübergestellt *non in M. Tullio neque his temporibus* und *alio tempore, alio consule* mit der dazwischen stehenden Erläuterung *in magna civitate multa et varia ingenia sunt,* die zeigt, dass die Erkenntnisse aus den historischen Exempla direkt auf die Gegenwart übertragen werden können.
Das können sie auch heute und deswegen ist hier eine Diskussion über das Verhältnis des Staates und des Normalbürgers in verschiedenen Ländern und Kulturkreisen zur Todesstrafe und über die für Diktaturen charakteristische Ausweitung dieser Strafe auf immer mehr Menschengruppen nicht nur sinnvoll und angebracht, sondern ergibt sich von selbst. Caesar erweist sich hier zumindest aus heutiger Sicht als vorausschauender und weiser Politiker. Er löst das Problem der Diskussion über *res dubiae* (1), indem er vor der Verwechslung von *falsum* und *verum* warnt und zur Zurückhaltung gegenüber der Todesstrafe auffordert.
Seine Rede ist damit abgerundet. Das folgende Tafelbild erlaubt einen Vergleich mit den §§ 5–8 und dem dazu gegebenen Tafelbild.

Tafelbild zu 51,25–36

res bonae	**Veränderung (oriri)**	**mala exempla**
	ubi imperium ad ignaros eius aut minus bonos pervenit	
novom illud exemplum	transfertur ————————>	ad indignos et non idoneos
1. historisches Beispiel: Lacedaemonii (28–31)		
Etablierung der Herrschaft der 30 Tyrannen in primo coepere pessumum quemque ... necare *Billigung durch das Volk*	ubi licentia crevit ————————>	post bonos et malos lubidinose interficere ita civitas oppressa poenas dedit
2. historisches Beispiel: Sulla (32–34)		
Damasippum et alios iugulari iussit (homines scelestos) *Billigung durch das Volk*	ea res initium magnae cladis fuit ————————>	uti quisque concupiverat – *Proskriptionen* ita illi ... ipsi trahebantur
	Resümee	
In der Gegenwart besteht keine Gefahr, aber:	alio tempore alio consule ————————>	potest falsum aliquid pro vero credi

§§ 37–42: Aber trotz der Abrundung fügt Caesar zwischen seine Beweisführung und seinen Antrag (43) noch eine patriotische Verstärkung ein, die seinen Antrag akzeptabel machen soll. In den §§ 37–42 weitet er zur Vorbereitung seines Antrags die Diskussion über die Strafe ins größtmögliche Allgemeine. Er zeigt, dass frühere Generationen, wo immer es sinnvoll schien, Errungenschaften anderer Völker übernommen haben. Von den Griechen hätten sie die Todesstrafe übernommen, dann aber aus guten Gründen abgeschafft. Er begründet dies mit einem ganz kurzen Abriss der römischen Entwicklung: Der Staat sei größer geworden, Parteiungen seien entstanden, in der politischen Auseinandersetzung seien Unschuldige umstellt (und also unschuldig hingerichtet) worden. Deswegen seien verschiedene Gesetze zum Schutz der römischen Bürger beschlossen worden. Das spreche gegen ein *consilium novum.* Caesar geht also hier auf einen Gedanken ein, den Sallust im Rom-Exkurs

geäußert hat; die Entwicklung ging dort von *res publica crevit* (10,1) über *avaritia* und *ambitio* (10,3–5) zu *innocentia pro malevolentia duci coepit* (12,2). Wie dort Sallust verwendet hier Caesar die Formulierung mit *coepisse,* um ein allmähliches Anwachsen zu zeigen. Caesar verwendet also auch Gedanken des ersten Exkurses; im Gegensatz zu diesem wertet er die Entwicklung aber als positives Beispiel, die früheren Generationen haben aus ihr gelernt. Indem er dies erwähnt, lässt Caesar sein Votum gegen die Todesstrafe im Einklang mit bester römischer Tradition erscheinen. Hinrichtung wäre *aliena a re publica* (17).

§ 42 (Antrag)

Sein Antrag, die Verschwörer nicht hinzurichten, sondern in Haft zu nehmen und ihr Vermögen einzuziehen, ist konsequent, steht im Einklang mit römischer Tradition, seiner eigenen Politik der *clementia* und der Wahrung des Ansehens des Senats. (Zum Vergleich mit Catos Antrag s.u. S. 139f.)

52: Die Rede Catos

Ciceros so genannte *Vierte Catilinarische Rede*, nach der Rede Caesars gehalten, wird von Sallust nicht erwähnt. Sie bewirkte keinen Umschwung. Das erreicht erst die Rede Catos. Sie ist von Sallust ganz deutlich als Kontrast zu Caesars Rede gestaltet. Catos Rede hatte nach Plutarch *(Cato minor* 23) erstens Silanus wegen seines Meinungswechsels angegriffen; zweitens hatte sie Caesar angegriffen: Unter dem Vorwand demokratischen Verhaltens und der Menschenfreundlichkeit arbeite er auf den Umsturz des Staates hin. Er wolle die Senatoren einschüchtern. Sallust hingegen lässt Cato die Senatoren kritisieren und in einer emotionalen Rede dazu bringen, seinem Antrag zuzustimmen.
Caesars Hauptanliegen war, die Todesstrafe zu vermeiden, und er begründete dies mit *dignitas* und römischem Selbstverständnis. Catos Hauptthema – die §§ 15–23 ausgenommen – ist die Aufforderung, entschlossen gegen die Verschwörer vorzugehen.

§§ 2–6: Proömium: Hatte Caesar allgemein mit *omnis homines* ... begonnen, so setzt Cato knallhart mit *longe alia mihi mens est* ein und kommt sofort auf die Lage *quom res atque periculosa nostra considero* und auf die Anträge, denen er nicht zustimmen kann: *et quom sententias nonnullorum ipse mecum reputo.* Statt Caesar gleich zu erwähnen, spricht er von den *nonnulli.*
Er nennt die Verbrechen der Verschwörer sofort: *qui patriae, parentibus, aris atque focis suis bellum paravere,* also: Staatsfeindlichkeit, Elternmord, Zerstörung von Haus und Besitz. Sie sind also *hostes* der grausamsten Sorte. Er sagt, man dürfe nicht über ihre Bestrafung diskutieren, sondern die Lage erfordere es, sich vor ihnen in Acht zu nehmen. Er sagt dies erst als Kommentar zu anderen Meinungen, dann als Aussage über die Lage. Er nimmt damit die beiden Gründe für seine ganz andere Ansicht

auf, die er im einleitenden Satz genannt hat: *quom res considero* und *quom sententias reputo.* Die beiden Sätze des § 3 sind dabei chiastisch formuliert:

Diskussion über Strafmaß		**Gefährliche Kriegssituation**
(3a) Illi mihi disseruisse videntur de poena		(3b) Res autem monet cavere ab illis
Gefährliche Kriegssituation		**Diskussion über Strafmaß**
eorum, qui patriae, parentibus, aris atque focis suis bellum paravere.		magis quam quid in illos statuamus consultare.

Den Gegensatz von Beratung über das Strafmaß und Notwendigkeit zu handeln nimmt er auch in § 4 wieder auf. Er wird dort aber in den Gegensatz zwischen anderen Fällen *(cetera maleficia)* und diesem Fall *(hoc)* und in den Gegensatz verschiedener zeitlicher Abfolgen gestellt: Während andere Taten verfolgt werden können, nachdem sie passiert sind, ist es bei dieser Tat anders: Wenn sie geschehen ist, besteht überhaupt nicht mehr die Möglichkeit zur gerichtlichen Verfolgung. Deswegen müsse man sie vorher verhindern.

Verbrechen	**Verbrechensprävention**	**Verbrechensvorgang**	**Verbrechensverfolgung**
cetera maleficia		b) ubi facta sunt: *nach der Tat*	a) tum persequare: *Verfolgung möglich*
hoc,	nisi provideris, ne adcidat: *Tat muss vorher verhindert werden*	a) ubi evenit: *nach der Tat*	b) frustra iudicia inplores: *Verfolgung unmöglich*
		a) capta urbe: *Tat: Einnahme der Stadt*	b) nihil fit reliquis: *Ergebnis: Beraubung aller Möglichkeiten*

Der zweite Teil des Satzes ist nicht nur der Gegensatz zum ersten Teil, sondern enthält auch in sich eine Antithese: »dafür sorgen, dass sie nicht passiert – wenn sie passiert ist, kann man nichts mehr unternehmen«. Dies wird auf die Spitze getrieben in dem kurzen und einprägsamen Satz *capta urbe nihil fit reliquis.* In diesem Satz werden die Diskutanten über das Strafmaß zu einem Häuflein Besiegter, denen aller Besitz und alle rechtlichen Möglichkeiten genommen sind, also zu Kriegsgefangenen, die versklavt oder getötet werden. Indem Cato den Gegensatz zwischen Beratung und Tat mehrfach variiert hat, ist es ihm gelungen, den versammelten Senatoren eine Zukunft als rechtlose und besitzlose Sklaven vor Augen zu stellen oder, was fast dasselbe ist, ein Ende aller Zukunftsaussichten durch den Tod. Auf semantischer Ebene hat eine Verengung von *facta sunt* über *evenit* zu *capta urbe* stattgefunden und von *persequare* über *frustra inplores* zu *nihil fit.* Syntaktisch stellt der erste Satz die Aussage zur Verbrechensverfolgung vor die Aussage zum Verbrechensvorgang, wäh-

rend der zweite und der dritte Satz erst den Vorgang, dann die Verfolgung nennen. Die natürliche Reihenfolge ist also gerade im ersten Satz umgedreht, in dem die Möglichkeit der Verfolgung nach dem Vorgang nicht bestritten wird; auch hier scheint Cato präventive Abschreckung zu bevorzugen. In den beiden anderen Sätzen wird ganz deutlich gemacht, dass nach der Tat nichts mehr möglich ist. Im mittleren Satz, der sich noch mit der juristischen Auseinandersetzung über die Tat beschäftigt, ist im Gegensatz zu den anderen Sätzen noch ein zusätzliches Element eingebaut, das die Bedeutung der Voraussicht hervorhebt. Cato nennt damit eine wichtige Voraussetzung eines guten Politikers (vgl. Cicero, *de re publica* 1,45). Er mischt also am Beginn seiner Rede Schock und Appell.
Nachdem den Senatoren die Versklavung vor Augen gestellt wurde, wendet sich Cato ganz dem Appell zu. Er stellt diesen in den §§ 5–6 unter den Aspekt des Gegensatzes »Lebensgenuss – Tat«. Er begründet die Aufforderung zur Tat, indem er mit einem Vorwurf beginnt: *qui semper domos, villas, signa, tabulas vostras pluris quam rem publicam fecistis.* Aus dieser Präferenz gewinnt er einen Anstoß zur Tat: Nur wenn die Senatoren jetzt hart einschreiten und für den Staat eintreten, können sie an ihrer eingefleischten Lebensweise des Genießens und der Privatinteressen festhalten. Er variiert die Behauptung *nihil fit reliquis,* indem er erst positiv all das vor Augen stellt, woran sie hängen und was sonst verloren ginge, dann negativ die Gefahr für die Freiheit und das Leben beschreibt *(libertas et anima nostra in dubio est).* (Darin lässt sich die Rede Catos mit der Kleons bei Sallusts Vorbild Thukydides 3,40, besonders 3,40,7 vergleichen.) Bei *libertas* und *anima* schließt er sein eigenes Schicksal mit ein, indem er *nostra* hinzusetzt.

§§ 7–35: Ausführung

§§ 7–12: Steigerung des Appells an das Eigeninteresse:
In den §§ 7–12 verbindet er seine Auffassung und seinen bisherigen Gegensatz zu einer Mehrheit des Senats mit dem jetzigen Gegensatz zwischen Erörterungen über die Strafe und der Notwendigkeit zu handeln. Er zeigt, dass er oft anderer Meinung als die Mehrheit der Senatoren war. Dabei ging es um Fragen der Moral, die Cato als wesentlich für den Bestand des Staates ansah, weswegen er sich anderen Auffassungen gegenüber oft unversöhnlich zeigte (7–8). Die Nachlässigkeit der Senatoren habe so lange nicht geschadet, wie der Staat mächtig und reich war. Jetzt aber gehe es nicht mehr um Catos sittenstrenge Auffassung und auch nicht mehr um Größe und Glanz der römischen Herrschaft. Es sei jetzt egal, wie dies beurteilt werde *(quoiuscumque modi videntur).* Der Gegensatz liege nicht mehr zwischen den Senatoren und Cato, sondern darin, ob alle Größe, aller Glanz, aller Reichtum weiterhin ihnen oder aber den Feinden gehörten. Geschickt verschiebt also Cato den Unterschied der Standpunkte und zeigt dadurch, dass er auf seine moralische Rigidität verzichtet und sie nicht zum Gegenstand der Diskussion machen oder sie gar der Auffassung der anderen Senatoren entgegenstellen will; er lässt ja seine lebenslang beherzigten Grundsätze hinter sich. Er verbindet sein Schicksal und seine Interessen mit denen

der anderen Senatoren und sagt: *sed haec (agitur), nostra an nobiscum una hostium futura sint.* Sie alle *(nostra)* können alles verlieren und Sklaven *(nobiscum una)* der Staatsfeinde werden. Darin sieht er das dringendere Problem und so fordert er sie dazu auf, alle gegensätzlichen Interessen zu vergessen und an das vitalste Interesse aller *nobiles* zu denken: Freiheit und Leben (6), Macht und Reichtum des Staates (10), Besitz und Freiheit (10). Wiederum hat er semantische Verschiebungen vorgenommen. Dadurch sind ideelle und materielle Ziele zusammengerückt und ebenso er selbst und die zuhörenden Senatoren.
In dem überleitenden § 11 kommt seine Person in den ersten beiden Sätzen nur in dem Dativus ethicus *mihi* und in dem bekräftigenden *equidem* vor. Cato geht dann sogar so weit, auch was die Bezeichnungen für Gutes und Schlechtes angeht, sich mit den Senatoren zu identifizieren und zu sagen, sie alle *(nos)* hätten die Fähigkeit verloren, die Dinge so zu benennen wie sie sind. Damit will er die neu etablierte Gemeinschaft zwischen sich und den Senatoren gegen einen Einzigen in Gang setzen, den er mit *quisquam* bezeichnet und der von *mansuetudo* und *misericordia* spricht. Cato sagt: *Hic ... quisquam mansuetudinem et misericordiam nominat.* Die Formulierung ist durch *quisquam* und *nominat* verräterisch. *Quisquam* steht eigentlich in verneinten Sätzen; Cato will also zeigen, dass niemand mehr von *mansuetudo* und *misericordia* reden darf; der Aussagesatz ist eigentlich ein Verbot, wird aber doch als Darstellung einer gegebenen Sache formuliert. Es wird auch nicht gesagt, dass jemand für Milde und Mitleid plädiert, sondern nur, dass jemand diese Vokabeln verwendet *(nominat).* Gemeint sein kann nur Caesar. Er hat aber beide Vokabeln in seiner Rede nicht verwendet, sondern im Gegenteil so getan, als vertrete auch er in gewissem Ausmaß einen harten Standpunkt. In seinem Antrag 51,43 hatte er ausdrücklich gesagt: *placet igitur eos dimitti et augeri exercitum Catilinae? Minume.* Er hatte also die möglichen Einwände Catos kommen sehen, man sei ohne Hinrichtung in Gefahr. Er hatte statt von *mansuetudo* und *misericordia* von *virtus atque sapientia maior* gesprochen (51,42). Sallust wird ihm später zwar *mansuetudo* und *misericordia* attestieren (54,2), jedoch ohne direkten Bezug auf die Diskussion um die Bestrafung der Catilinarier und im Rückblick auf das gesamte Leben Caesars, also auch unter Einschluss seines Verhaltens im Bürgerkrieg und danach. Cato verdreht also in gewisser Weise Caesars Argumentation und unterstellt ihm andere Motive, als dieser selbst angeführt hat. Er macht aus einem Plädoyer für den Verzicht auf Hinrichtung ein Plädoyer für Milde und Mitleid und daraus wieder eine Verdrehung der Begriffe und daraus eine Verdrehung der Realität und einen Niedergang des Staates *(res publica in extremo sita est).* Geschickt verwendet er nach der Verbindung seiner Person mit den anderen Senatoren in der 1. Person Plural *(nos amisimus,* 11) distanzierende Formulierungen im Passiv *(vocatur)* und in der 3. Person *(sint).* Damit sind diese Leute nicht mehr die in *nos* genannten, sondern eher eine Gruppe um den schon genannten *quisquam.* Jeder, der sich distanzieren will, kann dies tun, indem er nun zusammen mit Cato über das im Folgenden geschilderte Verhalten in der 3. Person spricht, als wäre es das Verhalten anderer. Man kann diese Stelle mit der so genannten Pathologie des Thukydides vergleichen (Thuk. 3,82,4ff., vgl. B 3 zu T 4); aber Cato verwendet die Motive aus rhetorischen Gründen und nur als Mittel, die Dringlichkeit seines Antrags und die Aufgabe vieler eigener Positionen

zugunsten einer breiten Solidarisierung des Senats gegen die Verschwörer und gegen eine angeblich milde Strafe zu unterstreichen.
Nach dieser bedeutsamen Zwischenschaltung nimmt Cato nämlich in § 12 die Begriffe Milde und Mitleid leicht ironisch auf, distanziert sich und seine neuen Verbündeten, die er vorher mit *nos* zusammengefasst hat, von bestimmten Leuten, die er in der 3. Person Plural verallgemeinert. Auch hier erleichtert er den Übergang und die Distanzierung seiner neu gewonnenen Mitstreiter von den wahren Staatsfeinden. Er lässt die Haltung von Milde und Mitleid, die man auch als kriminell, als Rücksichtslosigkeit und Nachlässigkeit unter Missachtung aller moralischen Maßstäbe bezeichnen könnte, zunächst selbst bei bestimmten Verbrechen zu, weil sie nicht an das Leben und die Freiheit aller geht. Er fügt den ironisch verwendeten Ausdrücken, mit denen er den Standpunkt derer einnimmt, die mit Vokabeln die Realität verhüllen, jeweils einen kriminellen Anwendungsbereich hinzu: *Sint sane, quoniam ita se mores habent, »liberales« – ex sociorum fortunis. – Sint »misericordes« – in furibus aerari.* Dann aber führt er umso wirkungsvoller die neu etablierte Solidarität zwischen ihm und den anderen Senatoren ins Feld: *Ne illi sanguinem nostrum largiantur et, dum paucis sceleratis parcunt, bonos omnis perditum eant.* Die Schonung weniger Verbrecher dürfe nicht so weit gehen, dass dadurch alle »Guten« untergehen. Sich und die Zuhörer bezeichnet er als *boni,* für sich selbst und alle sieht er den drohenden Untergang. Dadurch geraten die, die für den Verzicht auf die Todesstrafe – und das ist für Cato Schonung – plädieren, auf die Seite der Staatsfeinde.

§§ 13–18: Kritik an Caesars Strafantrag

Nun erst wendet sich Cato direkt wieder dem Strafantrag Caesars zu, den er in § 2 implizit schon abgelehnt hat. Jetzt tut er es mit der vorgeblichen Solidarisierung aller Guten und mit der angeblichen Konzessionsbereitschaft gegenüber anderen Moralauffassungen im Rücken.
Er stellt Caesars Rede als rhetorisch geschickt hin *(bene et composite ... disseruit* 13) und weist seinen Antrag zunächst damit zurück, dass Caesar von falschen Voraussetzungen ausgegangen sei. Caesars epikureischer These vom Tod als Ende aller Übel setzt er die Behauptung vom Gericht in der Unterwelt entgegen, das er schauerlich ausschmückt. Vergil wird dies später mit Anlehnungen an Platon darstellen (*Aeneis* 6,608–620). Möglicherweise hat Caesar schon das Argument vom Tod als Ende der Sorgen nicht so ernst gemeint. Cato antwortet ihm mit Ironie: *credo falsa existumans ea, quae ... memorantur:* Caesar erscheint als mutiger Verächter der Tradition.
Der Behauptung von den sicheren Landstädten (51,43) setzt er entgegen, dass die Verschwörer aus der Haft in den Landstädten viel leichter befreit werden können als in Rom. Caesar hatte die Verwahrung in den Landstädten gefordert, *quae maxume opibus valent* (51,43). Cato sagt, die Verschwörer seien überall und könnten also auch in den Landstädten eingreifen, er ironisiert Caesars angebliche Furcht vor Befreiung durch Anhänger oder Verbrecherbanden in Rom *(videlicet timens ...)* und setzt einen zu verwerfenden, weil irrealen Grund hinzu. Deswegen kann er Caesars Antrag vernichtend als *vanum* beurteilen. Das begründet er dann erneut mit Hypothesen zur Furcht Caesars. Fürchtet er die Verschwörer, dann ist sein Antrag sinnlos. Fürchtet er sie nicht, dann ... – und jetzt müsste gesagt werden: »dann hätte er Sinn«,

aber Cato schwenkt auf seine Person und die mit ihm solidarisierten Hörer um, sagt: »dann müssen wir Angst haben« und stellt Caesar ironisch als den einzigen Angstfreien in einer Menge von Besorgten dar: *si in tanto omnium metu solus non timet.* Nach allem, was er vorher gesagt hat (7–12), besteht Grund zur Sorge, dass die Nobilität alles verliert. Caesar erscheint weltfremd.
Cato weist auf die Interdependenz von Untätigkeit der Senatoren und Aktivität der Verschwörer hin: Scheinen die Senatoren gegenüber einem Teil der Verschwörer »schlaff« *(languere viderint),* dann werden alle Verschwörer erst recht zuschlagen, »wild entschlossen da sein« *(feroces aderunt).*

§§ 19–23: Widerlegung der angeblich materiellen Staatsauffassung Caesars
Cato geht in den §§ 19–23 auf Caesars weit gefassten Überblick über das Verhältnis der Römer zu Erfindungen und Einrichtungen anderer Völker ein (51,37–42). Er greift nur die Übernahme der Waffen und den Unterschied von Einst und Jetzt in der römischen Herrschaft auf, also nur Anfang und Ende der Ausführungen Caesars über die Vorfahren.
Er beginnt mit dem Appell an die Senatoren, sie sollten es zu ihrer eigenen Auffassung machen *(nolite existumare),* dass es nicht Waffen, also Militärtechnik und Kriegsmaschinerie, waren, mit denen frühere Generationen den Staat zu seiner Größe geführt haben. In einem Gedankenspiel im Irrealis macht er dies einsehbar: Wären Waffen die Ursache römischer Größe, dann müsste der römische Staat bei dem quantitativen Fortschritt in Militärtechnik *(armorum, equorum),* Bevölkerungszahl *(civium)* und Verbündeten *(sociorum)* der allerschönste sein *(multo pulcherrumam).* Er unterstellt also Caesar, er habe die römische Größe auf Waffen zurückgeführt. Caesar aber hatte 51,37–42 nur die Fähigkeit der Römer gelobt, Errungenschaften von anderen Völkern zu übernehmen, aber auch zu verwerfen oder zu ändern; ein Beispiel dafür war die Waffentechnik der Samniten (38). Caesar hatte sogar gesagt, dass die Vorfahren größere *virtus* und *sapientia* hatten, und nahe gelegt, dass dies die Ursache dafür war, dass sie aus kleinen Anfängen ein große Macht aufbauten *(qui ex parvis opibus tantum imperium fecere* 42). Caesar hatte damit sagen wollen, dass ein *novom consilium* nicht der Weisheit der Vorfahren entspräche, sondern die Schwäche der römischen Gegenwart zeigte. Cato deutet Caesars Aussagen bewusst um und unterstellt ihm eine materialistisch-quantitative Auffassung von staatlicher Größe.
Cato sagt, die Vorfahren hätten den römischen Staat durch ihre Verhaltensweisen groß gemacht, und nennt Dinge, die angeblich jetzt nicht mehr vorhanden sind *(quae nobis nulla sunt):* Genau diese Dinge hatte aber auch Caesar den Vorfahren unterstellt und sie von den Senatoren gefordert. Und wie Cato hatte er im Mangel dieser Eigenschaften ein Problem gesehen, es nur nicht so absolut mit *nulla,* sondern durch *vix* eingeschränkt formuliert. Beide haben darin Übereinstimmungen mit Sallusts Ansichten, die er im »Rom-Exkurs« äußerte. Man vergleiche:

Was die Vorfahren groß machte (illos magnos fecere)		
Cato 52,21	**Caesar 51,42**	**Sallust im »Rom-Exkurs«**
domi industria	virtus *als Einsatz für den Staat*	6,5: *tragende Begriffe:* libertatem, patriam parentisque armis tegere 7,4–6: *Kernsatz:* virtus omnia domuerat
foris iustum imperium	imitari quam invidere bonis *(gemeint:* socii, *ja sogar* hostes, *vgl. § 38)*	6,5: magisque dandis quam accipiundis beneficiis amicitias parabant *Gegensatz* 12,5: At hi contra, ignavissumi homines, per summum scelus omnia ea sociis adimere, quae fortissumi viri victores reliquerant: Proinde quasi iniuriam facere, id demum esset imperio uti.
animus in consulendo liber	(38) *von konservativen Feindbildern unbeeinflusste Übernahme fremder Errungenschaften, aber* (40) *ebenso freie Änderung oder Abschaffung unbrauchbar gewordener Übernahmen*	
neque delicto neque lubidini obnoxius	sapientia	9, 3 audacia in bello, ubi pax evenerat, aequitate 9,5 in pace vero quod beneficiis magis quam metu imperium agitabant et accepta iniuria ignoscere quam persequi malebant 10,6 imperium crudele 12,5 At hi contra, ignavissumi homines, per summum scelus omnia ea sociis adimere, quae fortissumi viri victores reliquerant: Proinde quasi iniuriam facere, id demum esset imperio uti.
(quae nobis nulla sunt):	qui ea bene parta vix retinemus	

Cato versäumt es nicht, dem Verhalten der Vorfahren in § 22 die traurige Gegenwart gegenüberzustellen. Er kehrt zu dem zurück, was er angeblich angesichts des Ernstes der Situation sein lassen wollte: Kritik an der Moral der Gegenwart (vgl. § 7f.). Er äußert dabei vieles, was auch Sallust vertritt (die Belege aus dem ersten Exkurs können leicht vermehrt werden). Man vergleiche:

Cato in §§ 7–8	**Cato in § 22**	**Sallust im »Rom-Exkurs«**
de luxuria atque avaritia nostrorum civium questus sum	nos habemus luxuriam atque avaritiam	10,3 pecuniae cupido 10, 4 avaritia, *vgl. 11,1* 12,2 igitur ex divitiis iuventutem luxuria atque avaritia cum superbia invasere
haut facile alterius lubidini male facta condonabam.	laudamus divitias, sequimur inertiam	10,4 superbiam, crudelitatem 12,1 *s.u.* 12,2 rapere, consumere, sua parvi pendere, aliena cupere, pudorem pudicitiam, divina atque humana promiscua, nihil pensi neque moderati habere
lubidini	inter bonos et malos discrimen nullum, omnia virtutis praemia ambitio possidet	10,5 ambitio multos mortalis falsos fieri subegit ... amicitias inimicitiasque non ex re, sed ex commodo existumare, *vgl. 11,1* 12,1 postquam divitiae honori esse coepere et eas gloria, imperium, potentia sequebatur, hebescere virtus, paupertas probro haberi, innocentia pro malevolentia duci coepit 12,3 *Phänomenologie der* lubido

Man kann also nicht grundsätzlich sagen, dass Cato mit Sallust übereinstimme und Caesar nicht, auch nicht, dass Caesar nur den Mittelexkurs wieder aufnehme, Cato nur den Rom-Exkurs. Vielmehr können beide Redner Gedanken beider Exkurse verwenden. Bei Caesar führten sie zum Appell, sich nicht zu einem *novom consilium* hinreißen zu lassen. Bei Cato führen sie zur Bekräftigung *(neque mirum)* seiner Feststellung, der Staat sei ungeschützt und biete den Catilinariern eine offene Flanke, weil die Senatoren zu sehr mit ihren eigenen Interessen *(voluptatibus, pecuniae, gratiae)* beschäftigt seien. Cato sagt sogar, sie seien deren Sklaven *(servitis)*, und nimmt damit wieder seine Gedanken von der Versklavung des Senats auf. Nimmt man den Ausdruck ernst, so würde Cato den Senatoren anraten, um des Verbleibens in der Sklaverei der Lust willen einen harten Beschluss gegen die Catilinarier zu fassen, damit sie nicht in eine harte und unangenehme Versklavung kommen.

§§ 24–35: Ermahnung zu Wachsamkeit, Handeln und richtigem Entschluss
Wieder ruft sich Cato von seiner eigentlichen moralisch-rigiden Ansicht zurück zur aktuellen Situation: *sed ego haec omitto* (24), ähnlich wie in § 10 im Anschluss an die §§ 7–9. Er beschreibt die Situation in § 24. Dann fasst er das Verhalten der Senatoren in der Frage *Vos cunctamini etiam nunc et dubitatis, quid intra moenia deprensis hostibus faciatis?* (25) zusammen. Die verwunderte, wenn nicht empörte Frage führt ihn zu ironischen Anträgen, die er sogar mit der Antragsformel *censeo* versieht, und

ebenso zu einer ironischen Begründung. Der erste Vorschlag: *misereamini.* Der zweite: *atque etiam armatos dimittatis.* Der Vorschlag steht natürlich in direktem Gegensatz zu Caesars *censeo: publicandas eorum pecunias, ipsos in vinculis habendos* (51,43). Der verdrehte Antrag wird mit der verdrehten Tatbescheibung begründet: *deliquere homines adulescentuli per ambitionem.* Der Vorwurf *ambitio* ist nicht einmal falsch, aber mit der Beschreibung *adulescentuli* nimmt Cato alle verzärtelnden Auffassungen aufs Korn. Caesar hatte sie nicht geäußert. Aber indem Cato dessen Antrag ironisch verkehrt, bereitet er seinen eigenen scharfen Antrag vor.

In dieser Weise geht es weiter: Erst eine gedachte Folgerung aus dem Antrag, als Warnung formuliert *(ne ista vobis mansuetudo et misericordia, si illi arma ceperint, in miseriam convortat* 27). Dann dafür wieder eine ironische Begründung *(Scilicet res ipsa aspera est, sed vos non timetis eam* 28). Dann die sofortige Gegenüberstellung der Realität und der Wahrheit, eingeleitet mit *immo vero maxume*; es ist keine Frage der Furchtlosigkeit, sondern eine der *inertia* und *mollitia animi,* der geistigen Trägheit und Verweichlichung (darauf hatte schon das Wort *adulescentuli* gedeutet, das ein erotisches Deminutivum ist). Aus ihnen resultiert das zögerliche Verhalten. Damit hat Cato seine Frage aus § 24 *(vos cunctamini)* beantwortet. Erneut ironisch wird das Verhalten auf ein ergebenes und passives Gottesvertrauen zurückgeführt (28). Es ist römische Auffassung, dass man den Göttern aktiv gegenübertritt, damit sie helfen *(fortes fortuna adiuvat;* vgl. LWS 2 s.v. Fortuna). Ebenso muss man den Catilinariern begegnen, um nicht erfolglos zu bleiben. Cato kehrt hier mit *nequiquam deos inplores* (29) zu seiner Formulierung vom Anfang zurück: Nach dem Geschehen bittet man die Götter vergeblich *(frustra iudicia implores* 4). Er setzt dabei die Antithese von Weichheit und Zögern auf der einen und Entschlossenheit und klaren Vorstellungen auf der anderen Seite fort (vorher *mollitia, inertia, adulescentuli, cunctamini,* jetzt *votis ... suppliciis muliebribus* und der Gegensatz *vigilando, agundo, bene consulendo).*

Cato beruft sich sodann darauf, dass die Vorfahren es sogar mit dem Tod bestraft haben, wenn jemand aus guten Gründen, nämlich Tapferkeit, gegen den Oberbefehl handelte (30). Diesem Verhalten stellt er das der Senatoren entgegen: Entscheidungsunlust gegenüber Verbrechern, die Staat und Menschen vernichten wollten (31). Damit hat Cato schon Caesars ganz andersartige Darstellung der Vorfahren in seinem Sinne umgekehrt. Er fügt dem aber eine wütende und sarkastische Stellungnahme zur *dignitas* hinzu, die auf den Gegner Lentulus angewendet wird (32), der als Verbrecher noch weniger Anspruch auf *dignitas* hat als andere, denen das Beharren auf *dignitas* als *licentia* ausgelegt wird (vgl. B 3 zu T 6 und B 12 zu T 2). Cato kehrt hier zu einer normalen Verwendung des Wortes *dignitas* zurück, das in Caesars Rede vielfältige Schattierungen angenommen hatte. Dem fehlenden Anspruch auf *dignitas* gerade bei Lentulus fügt Cato dann eine Attacke auf Gedanken an Verzeihung *(misericordia, ignoscite* 33) an, die er in einer Art Praeteritio mit weiteren Verbrechernamen garniert *(quid ... loquar?).* Der Schonung der *dignitas* des Lentulus wird dessen schonungsloser Umgang mit seinem Ruf, mit den Göttern und mit den Menschen gegenübergestellt, dem Mitleid mit der Jugend des Cethegus wird gegenübergestellt, dass er Krieg mit seinem Vaterland führt und Wiederholungstäter ist, also sich der Überheblichkeit und Uneinsichtigkeit schuldig macht. Bei den an-

deren wird deren totale Gedankenlosigkeit bzw. ihre totale Missachtung des Staates ins Feld geführt (32–34).
Am Schluss (35) macht Cato noch einmal deutlich, dass jetzt kein Fehler mehr gemacht werden darf, weil es eine nachträgliche Korrektur nicht geben wird. Der Senat und die Stadt werden als umstellte Festung dargestellt, die bald einstürzen wird, weil sie umzingelt sind *(circumventi sumus),* der Feind Catilina sie in den Würgegriff nimmt *(faucibus urget),* Staatsfeinde schon an der Brust der Stadt (wie Nattern) sitzen, keine geheime Beratung mehr möglich ist. Eile ist erforderlich *(properandum est).*

§ 36: Antrag

Daraus resultiert Catos Antrag (36). Es ist aufschlussreich, ihn mit Caesars Antrag zu vergleichen. Catos Antrag stimmt völlig mit seiner Rede überein und ist in sich folgerichtig: 1. Er stellt fest, dass die Catilinarier daran schuld sind, dass der Staat in höchster Gefahr ist: *quom nefario consilio sceleratorum civium res publica in summa pericula venerit.* Er stimmt also mit den Feststellungen des *senatus ultimum consultum* überein *(in atroci negotio,* 29,2). – 2. Er hält fest, dass es eine Anzeige gegeben hat und dass die Catilinarier überführt wurden und gestanden haben: *iique indicio T. Volturci et legatorum Allobrogum convicti confessique sint.* – 3. Er berichtet die einzelnen Vergehen, die sie gestanden haben: *caedem, incendia aliaque se foeda atque crudelia facinora in civis patriamque paravisse.* – 4. Das Geständnis wird mit dem Ertappen auf frischer Tat gleichgesetzt, vielleicht sogar der Plan mit der Ausführung in eins gesetzt und als gleich schwer angesehen, sodass die Verschwörer nicht wegen versuchter, sondern wegen tatsächlicher Taten bestraft werden können und ihnen jedes Appellationsrecht an die Volksversammlung entzogen werden kann: *de confessis sicuti de manufestis rerum capitalium.* – 5. Er beruft sich auf die Vorfahren (die eben diese Appellation bei auf frischer Tat Ertappten verweigerten): *more maiorum.* – 6. Er verlangt die Todesstrafe: *supplicium sumundum.*
Deswegen ist Catos Rede auch nicht streng nach dem Schema Proömium – Narratio – Argumentatio – Conclusio aufgebaut. Die Narratio wird in den Strafantrag integriert.
Caesars Antrag war und wirkte viel weniger begründet und hatte eine unklare Struktur. 1. Er begann sofort mit der Strafe: Verstaatlichung des Vermögens, Sicherungsverwahrung in Landstädten: *publicandas eorum pecunias, ipsos in vinculis habendos per municipia, quae maxume opibus valent;* die Art der Strafe ist bei Cato erst der letzte Punkt (6). – 2. Er beantragte einen ausdrücklichen Beschluss, dass das Urteil endgültig ist und es kein Appellrecht geben dürfe: *neu quis de iis postea ad senatum referat neve cum populo agat.* Das musste er tun, weil es so bisher nicht vorgesehen war, es trug zur Verschärfung bei, aber widersprach seiner eigenen Warnung vor einem *novom consilium* und kann auch so ausgelegt werden, dass den Catilinariern auf Dauer Schlimmeres erspart bleiben soll. – 3. Nicht die Catilinarier wie bei Cato, sondern die, die den Fall noch einmal verhandeln wollen, sollten als Staastsfeinde angesehen werden: *qui aliter fecerit, senatum existumare eum contra rem publicam et*

salutem omnium facturum. Was bei Cato Ausgangspunkt (1) ist, die gewaltige Gefahr für den Staat, das will Caesar für einen erst anzunehmenden Fall festgestellt wissen. – Der folgende Überblick zeigt zusammenfassend, wo die beiden Reden sich aufeinander beziehen und welche Partien kein Pendant in der anderen Rede haben:

Rede Caesars (c. 51)	**Rede Catos (c. 52)**
1–8 *Einleitung: Generelle Überlegung: Gegenüberstellung von: Geist* (animus, ingenium), *Affekt* (lubido), *Wahrheit* (verum) *und Nutzen* (usus); *Beispiele für Verhaltensweisen, die von* dignitas *statt von* lubido *bestimmt sind; Berücksichtigung der Würde* (dignum, dignitas) *überlagert die Frage nach dem Recht* (ius).	2–6 *Einleitung: Catos persönliche Meinung: Angesichts der Größe der Gefahr muss man handeln; Appell an das Eigeninteresse der Senatoren.*
9–42 *Ausführung:*	7–35 *Ausführung:*
9–15 *Würde und Affekte: Es widerspricht der Würde, angesichts großen Unrechts emotional zu handeln.*	7–12 *Gesteigerter Appell an das Eigeninteresse: Es geht nicht um Moral, sondern um Leben und Besitz.*
16–24 *Juristische und philosophische Kritik an der von Silanus beantragten Strafe*	13–18 *Praktische Kritik an Caesars Strafantrag: Er passt nicht zur gefährlichen Situation*
25–36 *Warnung vor der Schaffung von Präzedenzfällen; mit Beispielen*	———
37–42 *Eine Hinrichtung der Catilinarier widerspräche der Entwicklung des römischen Rechts zur Milde.*	19–23 *Widerlegung von Caesars »technischer« Auffassung des Staates; Rühmung der alten römischen Werte*
———	24–35 *Mahnung zu Wachsamkeit* (vigilare), *Handeln* (agere), *richtigem Entschluss* (bene consulere), *umrahmt vom Hinweis auf die Gefahr*
43 *Beschlussfassungsantrag: Einzug des Vermögens, Haft in Landstädten*	36 *Beschlussfassungsantrag: Hinrichtung der überführten Angeklagten wie Kapitalverbrecher*

53: Beschluss der Hinrichtung. Exkurs: Die Bedeutung Einzelner für den Staat

Die Senatoren folgen Catos Antrag und preisen sein entschlossenes Denken *(virtus animi).* Cato ist damit zugleich von Sallust bestätigt, der diese Eigenschaft im Proömium (2,3) in Friedenszeiten vermisst hatte. Sallust fügt an dieser Stelle eine Überlegung dazu ein, was Rom groß gemacht hat und vergleicht die *virtus* beider Protagonisten seiner Darstellung der Senatssitzung. Damit hebt er hervor, dass bei ganz unterschiedlichem Charakter *virtus* auf verschiedene Weise verwirklicht werden kann, und rühmt nicht nur Cato, sondern auch Caesar. Er setzt jetzt herausragenden Individuen und ihrem Charakter ein Denkmal, nicht mehr den Leistungen eines ganzen Volkes wie in c. 6–13. Das hat er mit Ciceros Darstellung in *De re publica* gemeinsam. Cicero beruft sich ausdrücklich auf den älteren Cato und dessen Geschichtswerk *Origines,* als er den Anteil vieler Einzelpersönlichkeiten an der Entwicklung ds römischen Staates herausheben will *(rep.* 2,2). Aber er meint dies nicht in dem Sinn, dass es nur um den Volkscharakter gehe. Deswegen beruft er sich in Buch 5 mit einem Enniuszitat auch auf die Leistungen Einzelner: *Moribus antiquis rest stat Romana virisque (rep.* 5,1).

Sallust steigert diese Darstellung der *virtus* Caesars und Catos mit der Bemerkung, es habe »zu vielen unruhigen Zeiten keinen gegeben, der durch seine Tüchtigkeit groß war«, setzt also wahrscheinlich, ohne es direkt auszusprechen, die Gracchen, Sulla, Marius, Pompeius, Cicero weit tiefer an als Caesar und Cato. Caesar und Cato sind die Exponenten des Bürgerkriegs gewesen. Cato beging 46 v. Chr. in Utica Selbstmord, um nicht als Beweis für Caesars *clementia* zu dienen. Caesar wurde 44 v. Chr. von den politischen Freunden Catos ermordet. Sallust schreibt seine *Catilinae coniuratio* wenige Jahre danach, etwa 42 v. Chr., als die Triumvirn Octavian, Antonius und Lepidus das Regiment führen. Caesar wegen seiner *clementia* zu loben, war angesichts der Grausamkeit Octavians, der sich als Nachfolger Caesars sah, ebenso mutig, wie Cato zu loben, der immer mehr zur Symbolfigur der *libera res publica* wurde. Cicero hatte nach Catos Selbstmord eine Rühmung Catos geschrieben, auf die Caesar mit seinem Werk *Anticato* reagierte (vgl. B 10 zu T 6).

54: Fortsetzung des Exkurses: Vergleich Caesar – Cato

Zur Texterschließung: Aus dem vorangegangenen Text 53,6 erwartet man eine Darstellung von *naturae et mores Catonis et Caesaris.* Dieses Thema wird an die Tafel geschrieben. »Caesar« ist die Überschrift der linken Spalte, weil er in 54,2 zuerst genannt wird. Eine Vorüberlegung führt dazu, einen Vergleich, das heißt eine Parallelisierung oder eine Kontrastierung, zu erwarten. Es sind also Wörter des Vergleichens und des Kontrastierens zu suchen, ebenso die Namen »Caesar« und »Cato« sowie Umschreibungen und Verweisformen für sie. Nun können die Schüler entweder lehrergeleitet oder in Stillarbeit diese Wörter Satz für Satz suchen. Dabei oder danach kann man sie in den syntaktischen Zusammenhang einordnen und diesen klären, die Art der Formulierung und den Inhalt festhalten und besprechen. Dabei

wird das jeweils Passende in die Spalte »Caesar« oder die Spalte »Cato« eingetragen. Zugleich werden semantische und das heißt auch inhaltliche Zuordnungen vorgenommen und bei der Eintragung an der Tafel berücksichtigt.
§ 1: *Iis* ist Vorverweis auf beide, Caesar und Cato; *aequalia, par, item* sind Ausdrücke der Identifizierung und Gleichsetzung; dann leitet *alia alii* eine Aufgliederung und Verteilung der folgenden Angaben ein (diese wird ins Tafelbild eingetragen). Die Angaben bringen Gründe für beider gleich große *gloria.*
§ 2: Es finden sich die erwarteten Namen, *gloria* wird durch *magnus habebatur* umschrieben. Jedem werden in adverbialen Bestimmungen andere Gründe für den Ruhm zugeordnet. Die Gründe werden ins Tafelbild eingetragen. – Die Personen werden durch *ille* und *huic* wieder aufgenommen, *ille* verweist auf den Ferneren. Der Begriff *gloria* wird durch *clarus factus* und *dignitatem addiderat* weiter umschrieben. Die Gründe: *mansuetudine et misericordia* (adverbiale Bestimmungen im *Ablativus causae), severitas* (Subjekt des zweiten Teils). Das Plusquamperfekt lässt sich als resultativ erklären.
§ 3: Die beiden Namen tauchen wieder auf, ebenso: *gloriam adeptus est.* Die Gründe werden als adverbiale Bestimmungen im *Ablativus instrumenti* angegeben. Es erfolgt eine Aufsplitterung in den Verweisformen *in altero – in altero.* Durch die Opposition *miseris – malis* werden die nun genannten Gründe *perfugium, pernicies* gekennzeichnet. Die syntaktischen Funktionen der genannten Textelemente sind: ablativische Ergänzung (zum Verb) – Dativergänzung – Subjekt.
§ 4: Wieder werden die Verweisformen *illius* und *huius* und das Wortfeld »Ruhm« in *laudabatur* erkannt; *facilitas* und *constantia* erscheinen als weitere Gründe für den Ruhm.
§§ 4–5: Sodann werden längere Schilderungen zu den bekannten Namen gegeben. Bei § 5 kann man sofort bei der Nennung der einzelnen Informationen semantische Zuordnungen bzw. Gegenüberstellungen versuchen.
Semantische und syntaktische Beobachtungen zu *sequebatur* und *exoptabat* führen schließlich zur Auswertung: Caesar erwarb Ruhm durch Handlungen, Publikumsorientiertheit, Flexibilität; Cato erwarb Ruhm durch Haltung, Werteorientiertheit, Festigkeit.
Die Variation in den Ausdrücken für Caesar und Cato und besonders für Ruhm machen den Reiz der Formulierung aus, insbesondere der Wechsel von Aktiv und Passiv bzw. von Personal- und Sachobjekt. Diese Variation verdeutlicht die Absicht des Autors: Bei Cato will er den Ruhmeserwerb als selbstverständlich, bei Caesar als angestrengt erstrebt verstanden wissen.
Caesar und Cato verkörpern zwei Haltungen, die Sallust beide akzeptiert, auch wenn sich Caesar nicht für die Bekämpfung der Verschwörung einsetzte, auch wenn Catos Widerstand gegen die Veränderungen der Republik letztlich gescheitert ist. Sallust stellt in ihnen zwei Verwirklichungen des Willens zur Leistung für den Staat dar. Er sagt ausdrücklich, dass beide *ingenti virtute* waren (53,6). Caesar appelliert an den Verstand seiner Hörer und sucht – wobei ihm die spätere Geschichte, die Sallust bereits kennt, Recht gibt – mit der Kraft seines Geistes neue Maßstäbe in der Beurteilung des politischen Geschehens und in der Behandlung von Staatsgegnern. Cato bewahrt seine Wertmaßstäbe auch in veränderter Situation unbeirrbar. Dass

NATURA ET MORES	
CAESARIS	**CATONIS**
genus, aetas, eloquentia: prope aequalia	
magnitudo animi: par	
item	
GLORIA	
sed alia alii	
beneficia ac munificentia	integritas
mansuetudo et misericordia	severitas
dare, sublevare, ignoscere	nihil largiri
miseris perfugium	malis pernicies
facilitas	constantia
in animum inducerat	studium
laborare, vigilare	modestiae, decoris
negotiis amicorum intentus	
sua neglegere	
nihil denegare	severitatis
sibi magnum imperium,	cum strenuo virtute
exercitum, bellum novum	cum modesto pudore,
	cum innocente abstinentia
exoptabat,	certabat
ubi virtus enitescere posset	esse quam videri bonus malebat
	quo minus petebat gloriam,
	eo magis illum sequebatur
RUHMESERWERB	
durch	
Handlungen	Haltung
Publikumsorientiertheit	Maximenorientiertheit
Flexibilität	Festigkeit

Cato der Jüngere, Caesar der Ältere ist, macht dabei zusätzlich Eindruck. Es zeigt, dass die beiden Haltungen positiver Flexibilität und der Bewahrung von Prinzipien nicht an bestimmte Altersgruppen gebunden sind. Auch dies könnte man als eine Provokation der Machthaber seiner Zeit, des grausam agierenden Octavian sowie des Antonius ansehen, auch wenn der Text Schlüsselwörter wie *clementia* vermeidet und somit vorsichtig agiert.

Caesar und Cato verhalten sich in ihren Reden so, dass gerade der persönlich prinzipientreue Cato an die Emotionen der Senatoren appelliert, der persönlich vorausdenkende und vorausplanende Caesar an ihren Verstand. Sie verkörpern zwei Wege, dem Verfallen an die Triebe zu entgehen, ein Leben in bewusster Willensentscheidung zu führen, an mehr als an die eigenen Vorteile zu denken. Trotzdem zeigt Caesar dabei auch Schwächen, die daher rühren, dass er *virtus* auch als Selbstverwirklichung ansieht. Caesar wird ausdrücklich attestiert, dass er Kriege als Mittel zur

Betätigung und Bestätigung seiner *virtus,* also als Mittel, Ruhm und Einfluss zu gewinnen, sucht (54,4). Entsprechend sind die Ausdrücke für Ruhmeserwerb bei Caesar meist aktivisch, während der Ruhm Cato gleichsam zufällt, was sich in den entsprechenden passivischen Formulierungen zeigt bzw. in Formulierungen, in denen Cato Objekt der Entstehung von Ruhm ist (z.B. *illum adsequebatur).*

Die beiden Abbildungen zu Caesar und Cato (Abb. 6 und 7) sind Büsten, Denkmäler, wie sie Sallust verbal setzt. Anhaltspunkte für einen Vergleich der beiden Büsten untereinander können sein: Willensstärke, Selbststilisierung Caesars, direkte emotionale Offenheit Catos. Ein Vergleich der beiden Büsten mit Sallusts c. 54 kann zunächst nur ergeben, dass beide mit den generellen Attributen übereinstimmen, die Sallust den Persönlichkeiten zuschreibt: *dignitas, laus, gloria.* Man wird ferner in Caesars Büste Zielbewusstsein ausgedrückt finden können wie bei Sallust *(in animum induxerat laborare, vigilare, exoptabat* 4), in Catos Büste Bescheidenheit *(studium modestiae, decoris* 5), auch *virtus, pudor, abstinentia* (6). Alles Weitere ist wie bei Sallust so auch in der Deutung der Büsten Interpretation aus der Zeit heraus, in der man sich mit den Personen beschäftigt. Ob Caesars Gesicht – wie in der Bildbeschreibung der Textausgabe unter dem Einfluss entsprechender Interpretationen dargelegt – Humanität und damit verbundene Menschenkenntnis oder Menschenkenntnis und damit verbundene Menschenverachtung ausdrückt, ob die Selbststilisierung nicht auch mit Verstellung und Machtbewusstsein verbunden ist, bleibe dahingestellt, auch wenn für die positivere Interpretation spricht, dass das Porträt eine Art Muster für die Selbstdarstellung vieler Kaiser war.

55: Hinrichtung

Die Darstellung der Hinrichtung ist in der Textausgabe zum Teil in einer Zusammenfassung, zum Teil in einer Übersetzung enthalten.

1. §§ 1–2: Cicero handelt entschlossen und schnell. Das zeigt seine politische Klugheit, die Sallust auch vorher schon betont hat (26,2; 41,5). Allen Befreiungsversuchen (von Plänen dazu berichtet Plutarch, *Cicero* 22,4) und neuen politischen Entwicklungen mit neuen Abstimmungen will er vorbeugen. Dieser Abschnitt wird von Sallust kurz und bündig dargestellt.

2. §§ 3–5: Hingegen malt er den Gefängnisort und die Hinrichtung mit einer Reihe schauerlicher Details aus. Er versucht so, den Gegensatz zwischen der Herkunft und dem Stand der Delinquenten und ihrem Ende packend und eindrucksvoll zu gestalten. Er verwendet dabei in § 6 auch das Wort *dignus:* Der Konsular Lentulus aus der berühmten *gens Cornelia* habe mit dem Erhängen *(ita)* einen Tod gefunden, der seines Charakters und seiner Taten würdig sei. Mit dem Ausdruck *dignum moribus factisque suis exitum* kehrt Sallust zur normalen Verwendung des Wortes zurück, nachdem er es Caesar in neuem Sinn hat verwenden lassen (51,6–8). *Digna poena* entspricht jetzt wieder dem Rechtsempfinden des Durchschnittsmenschen, man könnte auch sagen, dem »gesunden Volksempfinden«. Sieht man den grundsätzlich positiven Charakter des Wortes, so ergibt sich allerdings, gerade nach Caesars Umdeutung, auch eine ironische Brechung.

Textabschnitt 7: Scheitern und Ende Catilinas (56,1–61,9)

Mit Kapitel 56 wechselt Sallust wieder zur Situation außerhalb Roms, die er letztmals in 36,3 beschrieben hat, bevor er dann im Mittelexkurs den geistigen Zustand Roms und danach die Ereignisse in Rom beschrieb. Catilina hat – so 28,1 und 30,1 – zwei Legionen. Das ist das übliche Kontingent eines Konsuls – und Catilina trägt ja unberechtigt die Insignien eines Konsuls, wie in 36,1 gesagt wurde.
Antonius marschiert gegen Catilina gemäß dem Senatsbeschluss, der 36,4 mitgeteilt wurde. Sallust verwendet aus Catilinas Sicht das Wort *hostes* für das Senatsheer (56,4) und kennzeichnet so gleichermaßen Catilina und sein Heer; beide Parteien stehen sich unversöhnlich gegenüber.
Catilina verhält sich stolz und weist die Bewerbung von Sklaven für sein Heer zurück, weil er nach einem Erfolg in Rom auf großen Zulauf römischer Bürger hofft. Dementsprechend versucht er auch eine Hinhaltetaktik gegenüber dem Senatsheer (56,4). Aber seine Erwartungen erfüllen sich nicht, er findet sich schließlich zwischen zwei Senatsheeren aus drei und zwei Legionen eingekeilt (c. 57).

58: Letzte Rede Catilinas

In dieser Situation hält er eine Rede an das Heer (c. 58), es ist seine letzte Rede in der *Catilinae coniuratio.* Wieder kann man die agitatorische Rede unter den Gesichtspunkten Mitfühlen – Mitdenken – Mithandeln (vgl. SPR 16 b) in drei Teile gliedern.

1. Teil: §§ 1–2: Mitfühlen
Die Rede steht unter dem Diktat des Wunsches, schnell mit Antonius zu kämpfen *(cum Antonio quam primum confligere).* Catilina kennzeichnet sie selbst als Feldherrnrede *(oratione imperatoris* 1) und kommt sofort zum Thema: Es gehe um *virtus* und um die Erfahrungstatsache, dass eine Feldherrnrede Unentschlossene nicht entschlossen und Ängstliche nicht tapfer machen kann. Catilina sagt das in einem Chiasmus und verleiht dem Gedanken dadurch mehr Gewicht: *neque ex ignavo strenuom neque fortem ex timido exercitum oratione imperatoris fieri.* Er stellt der Rede die Veranlagung gegenüber, die er in die zwei Komponenten Natur *(natura)* und anerzogene und eingeübte Verhaltensweisen aufspaltet *(mores).* Der Krieg bringe dieses angeborene und angewöhnte Maß an *audacia* zum Vorschein. Catilina folgt damit der Theorie Sallusts, die er in 2,2 dargestellt hat: *in bello plurumum ingenium posse. Virtus* wird auch nach Auffassung Catilinas nicht durch Worte geweckt und entwickelt, sondern durch die Aussicht auf Ruhm oder Anerkennung *(gloria)* und durch die Bewährung in Gefahren *(pericula).* Catilina stellt dem die Angst *(timor)* entgegen, die die Ohren verschließt, sodass Ängstliche nicht durch Worte zur *virtus*

bewegt werden können (2b). Die Folgerung daraus formuliert er aber schon vorher: *Quem neque gloria neque pericula excitant, nequiquam hortere* (2a). Er spricht von Menschen, die sich nicht von der Aussicht auf Ruhm und von zu bestehenden Gefahren herausgefordert fühlen und nimmt damit die zuvor herausgehobene natürliche *audacia* auf, die in *strenuus* und *fortis* ausgedrückt war. Mit *nequiquam hortere* formuliert er in der 2. und damit vertraulichen Person, was er zuvor allgemein fomuliert hatte: *oratione imperatoris verba virtutem non addere.* Der erste Teil seiner Rede hat also die Aufgabe, bei seinen Soldaten den Eindruck zu zerstreuen, er müsse sie erst zur Tapferkeit auffordern, und stattdessen in ihnen die Überzeugung zu stärken, dass sie an die Bewährung von *audacia* und *virtus* gewöhnt sind. Die semantische Kette *virtutem – strenuum – fortem – audacia* ist dabei scheinbar natürlich, scheint doch der Begriff *virtus* in seine Bestandteile aufgesplittert zu werden. Aber mit *audacia* verwendet Catilina ein zweischneidiges Wort, denn *audacia* meint ja Rücksichtslosigkeit gegenüber anderen und sich selbst und deutet damit auch das dadurch entstehende Risiko an.[29] Catilina verwendet diesen Ausdruck nicht sofort, sondern lässt ihm die unverdächtigen Ausdrücke *virtus, strenuus* und *fortis* vorangehen. Der gesamte Abschnitt soll wieder ein Einverständnis seiner Soldaten mit ihm herstellen. Sie sollen fühlen, dass ihr Feldherr sie für tapfer hält, dass er nicht eigentlich aus Angst um die Situation und aus Angst, sie könnten kapitulieren, spricht, sondern aus einem anderen Grund. Dafür riskiert er sogar einen Widerspruch in seiner Rede. Denn wenn er weiß, dass Reden nicht tapfer macht, wirkungsvoll mit der Alliteration *verba virtutem* formuliert, warum redet er dann überhaupt? Gibt es einen anderen Grund zu reden?

2. Teil: §§ 3–7: Mitdenken

Diesen Grund nennt er in § 3. In dem zweiten, mit *sed* eingeleiteten Teil behauptet Catilina, er wolle 1. die Soldaten nur an Weniges erinnern und 2. ihnen »den Grund seines Planes« darlegen. Damit kündigt er erstens einen Plan und zweitens eine ideologische Unterstützung ihres Kampfes an. Er spricht nicht zu Menschen, denen er Mut machen muss, sondern will nur Weniges mahnend zu dafür disponierten Leuten, mutigen nämlich, sagen und sie zu Teilhabern seines Planes machen. Damit behauptet er, die Soldaten von Gleich zu Gleich zu behandeln und sie zu Partnern seiner Erkenntnis zu machen. Dazu passen im Folgenden die Ausdrücke der Solidarisierung und die Verwendung der 1. Person Plural: *nobisque* 4, *res nostrae* 5, *iuxta mecum omnes intellegitis* 5, unpersönliches *placet* und *aperiundum est* 7, *vincimus* 9, *nobis* 9, *cesserimus* 9, *nos* 11, *certamus* 11, *nobis* 11.

In den §§ 4–5 betont er das Wissen der Soldaten, *scitis* steht am Beginn des § 5, *intellegitis* steht am Ende des § 6. In § 4 schiebt er die Schuld für die ausweglose Lage auf Lentulus und dessen *socordia.* Er formuliert dabei so, dass die *socordia* als Ablativ des Grundes, *Lentuli* als Genitivattribut dazu erscheint, sodass die *socordia*

29 Der wissenschaftliche Streit, ob *audacia* hier positiv oder negativ gemeint sei, scheint mir deswegen müßig, weil Catilina eben nicht von *virtus* und *fortitudo* allein spricht und weil er nicht seine Soldaten zum Rückzug von seinem Unternehmen anhält, sondern sie selbst in auswegloser Situation zum Todeskampf auffordert – eine verbrecherische Aktion.

noch stärker betont wird und damit die Gegenposition zur *virtus* hervorgehoben, Lentulus in einen Gegensatz zu den Soldaten gebracht wird, die ja angeblich *fortes* sind. Die *socordia Lentuli* habe diesem selbst und dem Heer Catilinas *(nobis)* Schaden gebracht. Der Schaden des Lentulus ist klar: seine Hinrichtung. Aber der Schaden des Heeres wird nicht deutlich genannt, es lebt noch. Die *socordia Lentuli* habe ihn, Catilina, daran gehindert, nach Gallien aufzubrechen, weil er noch auf Schutztruppen aus der Stadt gewartet habe. Damit versucht er die Schuld daran, dass sie zwischen zwei Senatsheeren eingekeilt sind, Lentulus zuzuschieben.
Catilina beschreibt die Situation so: *exercitus hostium duo, unus ab urbe, alter a Gallia obstant.* Er lässt dabei genaue Mengenangaben aus. Sallust hatte sie dem Leser geliefert: 57,2: *Celer* cum tribus legionibus *in agro Piceno praesidebat* ..., 57,4: *neque tamen Antonius procul erat, utpote qui* magno exercitu *loquis aequioribus expeditus in fuga sequeretur.* Aber die Folgerung ist richtig: *quocumque ire placet, ferro iter aperiundum est.* Es bleibt kein anderer Ausweg als Kampf und es ist ein Kampf ums Überleben und für ein Entweichen aus der Kesselsituation. Dadurch wird die folgende Rede dringlich und macht bisweilen einen gehetzten Eindruck.
Sie ist eine Aufforderung, in den Tod zu gehen und dabei möglichst viele von den Gegnern mit in den Tod zu reißen. Catilina hat dieselbe Haltung schon in der letzten von ihm besuchten Senatssitzung gezeigt, als er wütend – *furibundus* – sagte: »*Quoniam quidem circumventus*« *inquit* »*ab inimicis praeceps agor, incendium meum ruina extinguam*« (31,9). Die jetzige Rede ist also, obwohl eine Feldherrnrede, Zeichen des *furor.*
Der Gedankengang und die Verschiebungen der Argumentation von der Feststellung der ausweglosen Lage zur Aufforderung zu einem furiosen Kampf sind ein gutes Beispiel für Agitation. Auch diese Rede ließe sich mit dem Aufruf Adolf Hitlers an die Soldaten des Heeres und der Waffen-SS vergleichen (B 5 zu T 3).
Bis jetzt hat Catilina das Wissen der Soldaten von dem früheren Schaden als gegeben vorausgesetzt (4), ohne genau zu sagen, was er damit im Falle der Soldaten meint. Jetzt bezieht er in § 5 das Wissen der Soldaten auf die akute Lage und reiht sich in die Reihe der Wissenden ein, wobei die Soldaten als Subjekt erscheinen *(omnes intellegitis),* er nur in einer adverbialen Bestimmung *(iuxta mecum).* Catilina zeigt ihnen zwar durch die Ausdrücke *scitis* und *intellegitis* seine hohe Meinung, stellt sie aber in den Vordergrund und sich selbst zurück in ihre Reihen. Das entspricht seiner Aufforderung in 20,16: *vel imperatore vel milite me utimini.* Damals aber zeigte er beide Alternativen. Hier will er Soldat sein, wenn es um die Schuld an einer katastrophalen Lage geht.
Aber er spricht im Ganzen doch als Feldherr und fordert von den Soldaten *audacia.* Nachdem er in § 6a, wie bereits dargestellt, die Lage ungenau beschrieben hat, schließt er eine von allen nachvollziehbare Schilderung der Versorgungssituation an: Das Heer hat keinerlei Verpflegung mehr, daher kann es nicht bleiben, wo es ist, selbst wenn Gefühlsmomente gegen einen Wechsel des Standorts sprechen sollten (*si maxume animus ferat,* »auch wenn die Seele noch so sehr danach drängt«). Die Folgerung formuliert er unpersönlich mit *placet* und einer *-nd-*Form, beides also so, als handelte es sich um einen Senatsbeschluss. Unversehens ist aus dem Feldherrn vor Soldaten ein Konsul vor Senatoren geworden.

3. Teil: §§ 8–21: Mithandeln

So kann er im Folgenden Feldherrnrede (zu ihren Elementen vgl. B 3 zu T 3) und Konsulrede miteinander verbinden. Im weiteren Verlauf der Rede gibt er dann einmal in § 8 und dann ganz ab § 12 die Formulierungen der Solidarisierung auf und unterscheidet wieder deutlich zwischen sich und den Angesprochenen: *moneo vos, uti ... estis* 8; *adgredimini* 12; *vobis* 13; *potuistis* 13; *decrevistis* 14; *voltis* 15; *considero* 18; *vos* 18; *aestumo* 18; *vostra* 18; *me* 18; *vostra* 19; *vostrae* 21; *cavete* 21; *amittatis* 21; *trucidemini* 21; *relinquatis* 21.

Die §§ 8–10 führen das Thema aus § 7 *ferro iter aperiundum est* aus und sprechen über die Zukunft. Sie beschreiben den Verlauf der Schlacht vom Beginn *(inibitis)* bis zum Ende (Alternative: *vincimus* oder *cesserimus).* Für das Hineingehen in die Schlacht mahnt Catilina als Gesinnung der Soldaten an: *forti atque parato animo sitis;* damit nimmt er den Anfang seiner Rede auf, wo er gesagt hatte, eine Rede könne ein Heer *neque strenuom neque fortem* machen. Er widerspricht dieser Bemerkung vom Eingang, wenn er nun doch zu Tapferkeit und Entschlossenheit mahnt. Aber als Konsul vor Teilhabern seines Plans kann er dies tun, ohne dass der Widerspruch zu offensichtlich wird. Entsprechend wird aus dem Schwert in der Hand *(ferro inter aperiundum est* 7) sofort ein ideologisches Schwert aus Idealen und Zielen: *memineritis vos divitias, decus, gloriam, praeterea libertatem atque patriam in dextris vostris portare.* Die Vorstellung, dass man das Vaterland in seiner Rechten trägt, ist fast schon grotesk. Aber Catilina bildet so eine Reihe, die vom eher Vergänglichen zum eher Unvergänglichen, vom Objekt der Gier zum Objekt der *virtus,* vom Individuellen zum Generellen und Sozialen geht.

Catilina formuliert den Fall des Sieges im Indikativ Präsens *(vincimus),* den Fall der Flucht korrekt im Futur II *(cesserimus)*[30] . Der Fall des Sieges wird als reale Gegenwart formuliert. Die Alternative erscheint in Normallatein. Die wirkliche oder zumindest die dritte Möglichkeit, die des Todes, wird übergangen und ausgelassen. Die Fluchtziele in § 8 erscheinen als Lösung des in § 6 geschilderten Versorgungsproblems, im Falle der Flucht als versperrte Ziele. Dabei weicht Catilina im Hauptsatz der zweiten Alternative in unpersönliche Formulierungen aus *(eadem illa advorsa fient* hat keine Dativergänzung, *quem arma non texerint* ist verallgemeinernder Relativsatz).

Die ideologische Verstärkung wird erneut in § 11 formuliert, jetzt aber in Abhebung von den Gegnern, dem Senatsheer. Aus den unterschiedlichen Motivationen wird auf unterschiedliche Kampfbereitschaft geschlossen. Catilina nimmt damit einen Gegensatz auf, den er bereits in seiner Rede in c. 20 dargestellt hatte. Bezeichnend sind die Unterschiede in der Reihenfolge, auch im Vergleich mit § 7:

20,14: *libertas, divitiae, decus, gloria:* ein Gemisch aus politischen, egoistischen, ethischen und Selbstverwirklichungsgründen. – 58,7: *divitiae, decus, gloria, libertas:* Die Werte und Ziele werden hier immer besser. – 58,11: *patria, libertas, vita:* Die Werte und Ziele werden immer konkreter, am Ende steht das nackte Leben.

---

30 Vretska, K., Bd. II, S. 663 z. St. sieht *cesserimus* als »Potentialis einer bloßen Annahme« an.

Catilina tut dabei so, als handelte es sich bei den Catilinariern um einern internen Wettkampf *(certamus)*; Sallust hatte einst das Verhalten der römischen Männer *(iuventus)* in der Frühzeit als *gloriae certamen* bezeichnet (7,6). Den Kampf der Gegner bezeichnet Catilina als *pugnare,* als einen Kampf für fremde Interessen, der sich für sie eigentlich erübrige. Seine Aufforderung, angesichts einer gefährlichen Situation für die Freiheit und das Überleben zu kämpfen, hat zudem eine Parallele in Catos Mahnung an die Senatoren *libertas et anima nostra in dubio est* (52,6): Der Leser ist aufgefordert, die Unterschiede zu bedenken.

Bezeichnend ist aber auch, wie er den Unterschied zwischen seinem und dem Senatsheer formuliert: *non eadem nobis et illis necessitudo inpendet.* Im Zusammenhang kann dies meinen, was dann im Folgenden ausgeführt wird: Die Catilinarier kämpfen für Vaterland, Freiheit, nacktes Leben, die Soldaten des Senatsheeres kämpfen für die persönliche Macht *(potentia)* weniger. Aber sowohl *necessitudo* als auch *inpendet* und *vita* deuten darauf hin, dass es sich um eine ganz bittere ausweglose Situation handelt: Die Catilinarier müssen um ihr nacktes Leben kämpfen *(vita),* alles andere sind Wörter der Verhüllung, der Verzierung, der Verallgemeinerung.

Daraus erwächst dann der erneute Appell an die risikoreiche und sich über alles hinwegsetzende *audacia* (12): *Quo audacius adgredimini!* Wieder wird die *audacia* in ein verführerisches und ideologisch rechtfertigendes Licht getaucht: *memores pristinae virtutis* sollen die Catilinarier kämpfen. Das ist ein häufig angeführtes, aber auch ein häufig missbrauchtes Argument. Caesar lässt im *Bellum Gallicum* 1,13,4 den Helvetier Divico von *pristina virtus* schwadronieren, als Drohung gegen die Römer. Sallust sagt 60,3, dass die Veteranen des Senatsheeres *pristinae virtutis memores* kämpfen. Da ist das sicher genau so gemeint. Bei Catilina hingegen darf man falsches Bewusstsein oder sogar Missbrauch annehmen. Schon in seiner ersten Rede 20,2 hatte er davon gesprochen, dass er Treue und *virtus* seiner Leute genau kenne – und das waren Tugenden in einer Verbrecherbande. Jetzt aber dient der Appell an die alte Tapferkeit der Verbrämung der Aufforderung, mit *audacia* zu kämpfen. Aber dadurch wird *audacia* nicht wirklich zu einer positiven Eigenschaft. Die Verbrämung wirft ein Licht auf den Redner, der nun in einer langen semantischen Reihe *audacia* erläutert und zu ihrem eigentlichen Ziel führt: Gemetzel.

In § 13 wird den Soldaten vor Augen geführt, dass sie auch im Exil hätten leben können und ein Leben ohne Reichtum und ohne Ansehen führen könnten. Der zusammenfassende Begriff dafür ist *turpitudo,* soziologisch gesehen ein Leben ohne öffentliche Anerkennung, philosophisch gesehen die Verfehlung des Lebensziels. Damit wird *audacia* statt *honestas,* die das Gegenteil von *turpitudo* ist, vom Mittel zur Erreichung des Lebensziels das Lebensziel selbst. Catilina bezeichnet in § 14 seine Sache mit *haec* und stellt die Zugehörigkeit der angeworbenen Soldaten zu seinem Heer als bewusste Entscheidung *(decrevistis)* gegen scheußliche und nicht zu ertragende Lebensumstände hin, getroffen von Männern; die *virtus*-Vorstellung ist nahe und so wird *audacia* eine Erscheinung der *virtus.* In § 15 wird aus dem Willen, die Notsituation zu verlassen *(si haec relinquere voltis),* die Notwendigkeit des Krieges *(bellum)* und des Sieges *(victor),* der zu Frieden oder einem Vertragszustand *(pax)* führe; Mittel zu allem ist die *audacia,* die damit nicht nur neben *virtus,* sondern auch neben *pax* steht. In § 16 wird sie sogar der *dementia* gegenübergestellt; nicht *audacia* zu zeigen, nicht zu kämpfen, sondern zu fliehen sei *dementia*. Noch immer verschweigt Catilina, dass wenn nicht Flucht, so doch Kapitulation vor dem Tod und der Vernichtung retten könnte. In § 18 setzt er *audacia* erst noch mit dem Schutz einer Mauer gleich und formuliert den etwas altbackenen, aber eingängigen Satz *audacia pro muro habetur.* Dem schließt er dann seine Siegeszuversicht an, die in nichts begründet ist, wie er bisher immer gezeigt hat, die er aber jetzt mit dem Anblick *(considero)* der Soldaten und der Bewertung *(aestumo)* ihrer Taten begründet. Genaue Erläuterungen gibt er nicht, man kann sich nur vage mit *facta vostra* wieder an die *pristina virtus* erinnert fühlen. Stattdessen schaut er in die Gesichter der Soldaten wie Hitler kurz vor dem Zusammenbruch in die der Kindersoldaten und rühmt alte Taten. Den Soldaten wird zu viel abverlangt – wie für die deutschen Kinder im Zweiten Weltkrieg das Gewehr und die Aufgabe zu groß waren.

Noch einmal werden in § 19 *animus, aetas, virtus* als Gründe für Hoffnung hochstilisiert *(hortantur)*, dann wird die Siegeszuversicht in § 20 noch mit einem strategischen Argument untermauert. Das schwierige Gelände behindere nicht die Catilinarier, indem sie nicht entkommen können, sondern die Römer, indem sie nicht in ganzer Zahl gegen die Catilinarier vorgehen und sie umzingeln können. Das schwache Argument wird erst gebracht, nachdem die Soldaten nach Meinung Catilinas moralisch aufgebaut sind.

Dann aber kommt das Resümee aus allem, eingeleitet mit *quodsi virtuti vostrae Fortuna inviderit* (21). Dass jetzt *Fortuna* auftaucht, ist überraschend. Man erkennt zwar, dass Catilina jetzt den Fall einer Niederlage oder eines Misserfolgs beschreibt. Dass er aber für diesen Fall *Fortuna* zur Gegenspielerin der *virtus* macht, ist problematisch. Nach römischer Vorstellung gilt: *fortes Fortuna adiuvat.* Also dürften die wegen ihrer *virtus* und *fortitudo* so stark gelobten Catilinarier gar nicht verlieren. Catilina weicht also auf die griechische Tychevorstellung aus, die ungerecht ins Leben der Menschen eingreift, und verbindet sie mit der ebenso griechischen Vorstellung vom Neid der Götter *(invidia deorum)*, der den Menschen zu großes Glück und daher auch zu große Fähigkeiten missgönnt. Das ist eigentlich eine frustrierende Vorstellung, zumal für Soldaten, die in einer ausweglosen Situation sind und eben noch vom Gegenteil überzeugt werden sollten, nämlich dass ihre *virtus* zum Erfolg führe. Hierin besteht auch die größte Abweichung von einer Feldherrnrede, die die Götter immer auf der eigenen Seite sieht. Jetzt wird statt des Senatsheeres ein anderer Gegner aufgebaut, Fortuna. Wenn die Catilinarier nicht Erfolg haben, ist das nicht ihre Schuld, nicht Catilinas Schuld, die Ursache liegt auch nicht in dem größeren Können des Senatsheeres oder seiner Führung, Schuld hat Fortuna. Auf sie richtet sich nun Catilinas Racheplan, der verwirklicht werden soll, wenn tatsächlich Fortuna gegen die Catilinarier ist. Dann sollen sie aufpassen *(cavete)*. Dann sollen die Alternativen sein:

- Entweder keine Rache *(inulti)* und Verlust des Lebens *(animam amittatis)*, wiederholt und gesteigert als Gefangennahme und Hinschlachtung wie Vieh *(capti potius sicuti pecora trucidemini)*.
- Oder Rache. Das umschreibt Catilina als *virorum more pugnantes*, »nach Art von Männern kämpfen« und spielt damit wieder auf die *virtus* als Gegenspielerin der

Fortuna an. Dann aber erläutert er dieses männliche Kämpfen als *cruentam atque luctuosam victoriam hostibus relinquatis,* der Sieg soll dann für die »Feinde« – es sind Römer – blutig und voller Trauer sein. Dass das nichts daran ändert, dass die Catilinarier hingemetzelt würden *(trucidamini),* sagt er nicht, er umschreibt nur das Metzeln von catilinarischer Seite aus als blutigen und trauervollen Sieg der anderen Seite. Er fordert also seine Soldaten zum Schlachten der Gegner auf, erleichtert dies dadurch, dass er diesen Wunsch erst den Gegnern, sicher zu Recht, unterstellt, und dann nicht von einer verlustreichen Niederlage der Catilinarier, sondern von einem verlustreichen, blutigen Sieg der Gegner spricht. Catilina unterstellt also einmal, Fortuna stehe auf Seiten der Gegner und diese würden wütend; er folgert für diesen Fall: Dann müssen die Catilinarier gegen Fortuna kämpfen, sich wegen deren *invidia* rächen und durch Verursachen von Blutverlust und Trauer Fortuna und Gegner bestrafen. Das ist eine Art gerechter Krieg, verhilft er doch der unterdrückten *virtus* zu ihrem Recht; und es ist ein Akt der *virtus,* die auf der Seite der Catilinarier ist und durch die Gegner mit ihrer Gönnerin *Fortuna* angegriffen wurde. Vergleiche mit bekannten agitatorischen Reden des 20. Jahrhunderts liegen nahe.

Auch in seiner letzten Rede, und gerade in ihr, erweist sich Catilina als rasend, als Verbrecher und als Staatsfeind. Er verhält sich wie Sulla und erweist sich als dessen gelehriger Schüler (vgl. 11,4: *neque modum neque modestiam victores habere;* vgl. B 5 zu T 2). Er bestätigt seine grausame Denkweise *(crudelis animus* 31,4). Er setzt die unmenschlichen oder grausamen Seiten in den Menschen frei, nimmt ihnen jedes Schuldbewusstsein, indem er dieses Verhalten als *virtus* und gerecht bezeichnet, und erweist so, das Sallusts Urteil richtig ist: *magna vi ... animi ..., sed ingenio malo pravoque* (5,1).

Vergleicht man insgesamt Catilinas Reden in c. 20 und in c. 58, so lässt sich feststellen, dass er viele Argumente wiederholt. In c. 20 dienen diese Argumente dazu, die Verschwörer zu einem Kampf zu aktivieren, der noch Aussichten hat, und sie sind ideologische Verbrämung eines Kampfes gegen eine heruntergekommene Herrschaft, an deren Stelle nichts Besseres gesetzt werden soll. In c. 58 sind sie Mittel, die Soldaten zu einem blutigen Endkampf zu bewegen, der nicht zu gewinnen ist. Catilina ist damit nicht nur der Gleiche geblieben, sondern hat seiner Rücksichtslosigkeit gegenüber Gegnern nunmehr auch noch die Rücksichtslosigkeit gegenüber sich selbst und seinen Leuten hinzugefügt.

59–61: Aufstellung der Heere, Schlacht, Tod Catilinas

Das Ende des Heeres und Catilinas entspricht nicht nur der Aufforderung Catilinas an seine Soldaten (58,21), sondern zeigt auch den Riss, der durch die römische Gesellschaft geht. Sallust schildert zunächst, wie Catilina als guter und vorbildlicher Feldherr handelt. In c. 59,1–3 werden seine strategischen, in c. 60,4 seine kämpferischen, männlichen und fürsorglichen Eigenschaften gezeigt. Das entspricht Sallusts Auffassung von Catilina, die er auch in seinen *Historiae* zeigt (Fragment 1,46, vgl. B 3 zu T 2). Der umfassende Einsatz (60,4) hat Parallelen in Caesars Selbstdarstellung

(Gall. 2,20) und entspricht einem Passus in Catilinas Rede in c. 20; Sallust verwendet ausdrücklich eine parallele Formulierung (20,16: *vel imperatore vel milite me utimini* – 60,4: *strenui militis et boni imperatoris officia simul exsequebatur).* Aus der Alternative *vel imperatore vel milite,* die Catilinas Bereitschaft zeigte, auf jeden Fall zu kämpfen, ist ein Miteinander geworden *(militis et ... imperatoris).* Zudem haben die beiden Begriffe rühmende Attribute: *strenui, boni.* Es ist dies eine lobende Äußerung, die die in c. 5 genannten positiven Eigenschaften Catilinas kurz vor der Schilderung seines Endes noch einmal bestätigen. Gleichzeitig zeigt die Darstellung, dass in einem Menschen nicht nur schlechte Eigenschaften vorhanden sind, dass aber seine Beurteilung letztlich von seinen Zielen und von der Verwendung der guten Eigenschaften abhängt.
Dann schildert Sallust die ebenso überlegten Handlungen des Feldherrn Petreius auf der anderen Seite. Dessen Mahnung an die Soldaten setzt die catilinarischen Soldaten herab *(latrones),* zeigt ihre schlechte Ausrüstung *(inermes)* und setzt als Ziel: *pro patria, pro liberis, pro aris atque focis suis certare.* Petreius hat also wie Catilina für seine eigenen Truppen die Vorstellung von einem Wettkampf in Tapferkeit *(certare)* und seine Ziele sind »Vaterland, Kinder, Altäre, Haus« statt Catilinas *patria, libertas, vita.* Beide gehen vom Vaterland aus, aber Catilina landet beim nackten Lebenserhalt, Petreius erfüllt die Vaterlandsvorstellung mit den Gefühlswerten »Kinder, Götter und Haus« und er sieht seine Soldaten für die Götter, nicht wie Catilina gegen Fortuna kämpfen. Er geht bei den Soldaten umher, erinnert sie an frühere tapfere Taten und entfacht so bei ihnen noch mehr Kampfeslust. »Er bittet sie, daran zu denken, dass sie gegen Räuber, die keine Waffen haben, für ihr Vaterland, für ihre Kinder, für ihre Altäre und Herdfeuer kämpfen«.
Nach Verlust vieler Soldaten und angesichts der Niederlage und des eigenen Endes sucht Catilina den Tod im Kampf und stürzt sich in die feindlichen Reihen. Sallust kommentiert dies in § 7 nicht negativ, sondern positiv: Catilina versucht, seinem Leben und seinem Tod einen Sinn zu geben. Wieder liegt der Vergleich mit anderen im Grunde verbrecherischen Feldherrn nahe, die nicht im Kampf, sondern im Selbstmord, im Überleben oder im Aushandeln von Straffreiheit und einem Leben in Wohlstand ein Entkommen suchten.

Das Schlusskapitel (c. 61) ist eine Darstellung von Tapferkeit und Trauer. Sallust wendet sich mit der direkten Anrede *cerneres* an den Leser und fordert ihn zur Betrachtung der Stärke *(quanta),* der Seelengröße und Entschlossenheit (beides meint *animi vis)* und der Risikofreude und Rücksichtslosigkeit *(audacia)* in Catilinas Heer auf. Er tut dies mit einem monumentalen und verzögernden Satzanfang: *sed – confecto proelio – tum vero.* Nachdem der Leser bereits von der Schlacht und vom Tod Catilinas erfahren hat (60,7), ordnet Sallust nun der von Catilina in c. 58 anempfohlenen *audacia* eine positive Haltung zu und setzt sie sogar voran: *vis animi,* seit 5,1 eindeutig positiv etabliert, wenn auch noch von der *virtus animi* (1,5) unterschieden, die Sallust auch als *ingenium* bezeichnet hatte (2,2).
Die *animi vis* wird nun in vielerlei Einzelheiten zunächst an den Soldaten Catilinas dargestellt, das *cernere* wird zum Herumblicken und geistigen Einschätzen: Keiner wich von seinem Platz (2); wer wirklich von dem gewaltigen Ansturm der Prätoria-

nerkohorte hinweggedrückt wurde, starb trotzdem kämpfend, nicht fliehend, die Wunden fanden sich auf der Brust *(advorsis volneribus).* Bei den Soldaten bestand also die *animi vis* im starken Kampfeswillen und die *audacia* in selbstlosem und selbstverachtendem Einsatz.

Danach wendet sich Sallust Catilina zu: Er wird halb tot aufgefunden und zeigt in seinem Gesicht noch die alte *ferocitas animi.* Er hat sich nicht verändert, auch nicht angesichts des Leidens seiner Soldaten. Schon in der Charakterisierung am Anfang des Werkes hob Sallust seinen *animus ferox* hervor (5,7). Dass er weit von seinen Leuten entfernt gefunden wird, zeigt, mit welcher Todesverachtung er sich in die Reihen der Feinde vorgewagt hat, entspricht seiner Charakterisierung als Mann mit *animus audax* und *corpus patiens* (5,4 und 3), wird aber hier am Schluss der Schilderung eines Verbrecherlebens zurückhaltend und fast positiv dargestellt, denn Catilina hätte ja das Prädikat *virtus* und *fortis* statt *audacia* und *ferox* bekommen, wenn er für den Staat und nicht gegen ihn gekämpft hätte.

Dann kommt Sallust auf die Catilinarier insgesamt *(postremo):* Kein Catilinarier wurde gefangen, weder im Kampf noch auf der Flucht. Das ist Zeichen der *vis animi,* Sallust erkennt jedem Gefallenen sogar das Prädikat *civis ingenuos* zu (5). Mit *ita cuncti suae hostiumque vitae iuxta pepercerant* (6) fasst Sallust das Verhalten der catilinarischen Soldaten zusammen und deutet mit der mangelnden Schonung an, was *audacia* wirklich bedeutet.

Mit *hostiumque vita iuxta* findet er den Übergang zur Schilderung der Lage des Senatsheeres. Er beginnt allerdings den nächsten Satz mit deutlicher Abhebung: *neque tamen.* Das Senatsheer hat nicht weniger einsatzfreudig gekämpft und nicht weniger gelitten. Sallust rühmt das Heer zunächst mit dem Ausdruck *exercitus populi Romani* und macht damit deutlich, dass er nicht mehr aus catilinarischer Sicht von *hostes* spricht. Er erwähnt den Sieg des Senatsheeres, aber sagt noch vor dem Wort *victoriam,* dass es weder ein froher, fröhlich stimmender *(laetam)* noch ein unblutiger Sieg *(incruentam)* ist.

Damit nimmt er Catilinas Ausdrücke *cruentam atque luctuosam victoriam* (58,21) auf. Catilinas Wille ist in Erfüllung gegangen. Die Catilinarier haben grausam und rücksichtslos gekämpft. Sallust vermeidet es aber, in dieser letzten Darstellung die Catilinarier als grausam und entmenschlicht darzustellen, denn das waren sie entweder nicht oder er will sie dafür nicht verantwortlich machen, zumal nicht nach der Schilderung ihres Sterbens. Nur Catilina hatte sie mit seinem Kampfaufruf entmenschlichen und zum Kampf ohne Gnade bringen wollen. Was also für Catilina Zeichen von entmenschlichender *audacia,* von *furor* und – wie in 61 gesagt – von *ferocia* ist, ist für seine Soldaten ein Zeichen von *vis animi,* die in *audacia* übergeht.

Was kennzeichnet die Soldaten des Senatsheeres? Zunächst begründet Sallust seine Charakterisierung ihres Sieges: Es gab einsatzfreudige Soldaten in diesem Heer *(strenuissimus)* und gerade sie sind gefallen oder schwer verwundet worden. Damit erläutert er *neque laetam neque incruentam.* Aber es geht noch weiter: Jetzt kommen die Leichenfledderer und Schaulustigen, Menschen, die zum Senatsheer gehören *(e castris processerant)* und sich der *avaritia* und der *crudelitas* schuldig machen. Sie sehen Leichen, die für sie alle feindlich sind *(hostilia),* sie drehen sie um, aber sie finden einen Freund *(amicum),* einen Bekannten *(hospitem),* einen Verwandten. Was sie zu finden erwarteten, das nennt Sallust gar nicht, jedoch hat er noch eine Steigerung, die ihre Erwartung zum Teil erfüllt: Manche fanden ihre persönlichen politischen Gegner *(inimicos).* Sallust umschreibt den Vorgang des Findens der Freunde und Verwandten mit *reperiebant,* so, als hätten die Leute aus dem Senatsheer tatsächlich gezielt nach ihnen gesucht *(reperire* bedeutet systematische Suche). Er vermengt die bewusste Suche nach Beute mit dem eher zufälligen Finden von Freunden, denn es sind ja in der Tat die Leichenfledderer, die sich nicht scheuen, die Leichen umzudrehen und bei ihnen nach Beutestücken zu suchen. Er unterstellt diesen Menschen somit eine böse Gesinnung. Für das Finden der politischen Gegner verwendet er den Ausdruck *cognoscerent* und zeigt damit, dass die Leute erst einmal genauer hinschauen mussten oder hingeschaut haben, die Leichen durchsucht haben, bis sie merkten, um wen es sich handelt. Im Ganzen: Die Fledderer und Katastrophentouristen sind gekommen zur persönlichen Befriedigung, aber sind mit Personen konfrontiert worden, haben entweder toten Freunden oder toten Gegnern letztmals ins Auge gesehen. Daher schließt Sallust seine Darstellung mit dem zusammenfassenden, kunstvollen und ans Herz gehenden Satz: *Ita varie per omnem exercitum laetitia, maeror, luctus atque gaudia agitabantur* (9). Dieser Satz spricht nur noch vom Heer des römischen Volkes. Er nimmt *neque ... laetam aut incruentam victoriam adeptus erat* aus § 7 wieder auf, aber jetzt um die Erfahrung mit dem Leichenfleddern und der Schaulust bereichert und damit vertieft und verstärkt (was wiederum ein Kennzeichen archaisierenden Stils ist). *Ita* fasst die vorangehende Schilderung zusammen, *varie* kündet eine Aufspaltung an, *omnem* erfasst das Heer total. Die Emotionen, die dann geschildert werden und das *varie* erläutern, sind in raffinierter Weise chiastisch angeordnet:

laetitia	maeror	luctus	gaudia
Jubel	*Kummer*	*Trauer*	*Freude*
geäußert	*innerlich*	*geäußert*	*innerlich*

Freudeäußerungen stehen als Außenglieder, Trauererscheinungen sind die Innenglieder. Aber es folgen einander zweimal, also parallel, ein äußerlich gezeigter und ein innerlich erlebter Affekt. Aber die beiden Formen der Trauer stehen als Innenglieder, die beiden Formen der Freude als Außenglieder, sodass sich eine chiastische Anordnung ergibt und der Ausdruck einer großen Spannung durch Gegensätze. Die polysyndetische Fügung, erst mit Kommata, dann mit *atque,* trennt die Vierzahl der Affekterscheinungen nicht säuberlich voneinander ab, hebt sie auch nicht (durch Syndese mit vielen *et)* isoliert hervor oder stellt sie als schnellen Ablauf (durch Asyndese ohne *et)* dar, sondern macht sie zu einem spannungsreichen Konglomerat. Da *atque* auch spezifizieren und gleichsetzen kann, ließe sich zudem daran denken, dass in ein und derselben Person vielerlei Gefühle miteinander kämpfen und die geäußerte Trauer *(luctus)* von innerer Freude *(gaudia)* überlagert wird. Mit diesem wenig erfreulichen, wenn auch eindrucksvollen Bild der Menschen im römischen Heer schließt Sallust sein Werk und verweist damit auf die Spaltung, die durch die Bevölkerung geht und die er immer wieder beschrieben oder angedeutet hat, und zugleich auf die Widersprüche im Menschen, die ebenso Gegenstand seines Werkes waren.[31] Sein Thema *facinus memorabile sceleris atque periculi novitate* ist erfüllt.

31 Spaltung der Bevölkerung und ihrer Gesinnung und Bestrebungen: z.B. 3,3–4,2; 12,1; 12,3-5; 20,10-13; 36,4–39,5; Widersprüche im Menschen: z.B. 1,5; 2,8; 3,4; 5,1 u.ö.; 10,2; 23,3-4; 25; 35,3-6; 48,1; 51,35; 52,5; 54.

Literaturhinweise

Fachwissenschaftliche Veröffentlichungen

C. Sallustius Crispus, De Catilinae coniuratione. Kommentiert von Karl Vretska, 1. und 2. Halbbd., Heidelberg 1976

Albrecht, Michael von: Meister römischer Prosa von Cato bis Apuleius – Interpretationen, Heidelberg 1971, 90–109 (zu *Cat.* 10,5f.)

Becker, Carl: Sallust, in: Aufstieg und Niedergang der römischen Welt I 3, 1973, 720–754

Büchner, Karl: Sallust, 2. verb. u. erw. Aufl., Heidelberg 1982

Büchner, Karl: Sallustinterpretationen, Stuttgart 1967

Drexler, Hans: Die moralische Geschichtsauffassung der Römer, in: Gymnasium 61, 1954, 163–190 und in: Klein, Richard (Hg.): Vom Staatsdenken der Römer, Darmstadt 1966, 255-287

Drexler, Hans: Die Catilinarische Verschwörung, ein Quellenheft, Darmstadt 1976

Gärtner, Hans-Armin: Erzählformen bei Sallust, in: Historia 35, 1986, 449–473

Gugel, Helmut: Bemerkungen zur Darstellung von Catilinas Ende bei Sallust, in: Ableitinger, Doris/Gugel, Helmut (Hg.): Festschrift Karl Vretska, Heidelberg 1970, 361–381

Neumeister, Christoph: Die Geschichtsauffassung Sallusts im *Catilina* und ihre Behandlung in der Sekundarstufe II, Frankfurt/Main 1983

Neumeister, Christoph: Neue Tendenzen und Ergebnisse der Sallustforschung (1961–1981), in: Gymnasium 93, 1986, 51–68

La Penna, Antonio: Die Bedeutung der Proömien Sallusts, in: Pöschl, Viktor (Hg.): Sallust, Darmstadt, 2. erw. Aufl. 1981, 296–325

Latte, Kurt: Sallust, Darmstadt 1975

Leeman, Anton D.: Sallusts Prologe und seine Auffassung von der Historiographie, in: Mnemosyne 7, 1954, 323–339 und Mnemosyne 8, 1955, 33–48, ferner in: Klein, Richard (Hg.): Vom Staatsdenken der Römer, Darmstadt 1966, 472–499 und in: Leeman, Anton D.: Form und Sinn. Studien zur römischen Literatur (1954–1984), Frankfurt a.M. 1985, 77–98

Leeman, Anton D.: Formen sallustischer Geschichtsschreibung, in: Gymnasium 74, 1967, 108–115

Paananen, Unto: Sallust's Polito-Social Terminology. Its Use and Biographical Significance, Helsinki 1972

Pöschl, Viktor: Grundwerte römischer Staatsgesinnung in den Geschichtswerken des Sallust, Berlin 1940, Nachdr. 1967

Pöschl, Viktor (Hg.): Sallust, 2. erw. Aufl. Darmstadt 1981, 296–325

Pöschl, Viktor: Einleitung, in: Pöschl, Viktor (Hg.): Sallust, 2. erw. Aufl. Darmstadt 1981, VII–XII
Pöschl, Viktor: Die Reden Caesars und Catos in Sallusts *Catilina* (1969), in: Pöschl, Viktor (Hg.): Sallust, 2. erw. Aufl. Darmstadt 1981, 368–400
Pöschl, Viktor: Zum Anfang von Sallusts Catilina, in: Wimmel, Walter (Hg.): Forschungen zur römischen Literatur. Festschrift zum 60. Geburtstag von Karl Büchner, Wiesbaden 1970, 254–261
Schmidt, Wolfgang: Die Reden Caesars und Catos. Terminologie und Ideologie, in: Gymnasium 69, 1962, 336–350
Steidle, Wolf: Sallusts historische Monographien. Themenwahl und Geschichtsbild. Wiesbaden 1958 (Historia-Einzelschr. 3)
Suerbaum, Werner: Sallust über die Schwierigkeit, Geschichte zu schreiben, in: Hörmann, Friedrich (Hg.): Gegenwart der Antike (Dialog Schule–Wissenschaft VIII), München 1974, 83–103
Syme, Ronald: Sallust, Darmstadt 1975

Veröffentlichungen mit Berücksichtigung unterrichtlicher Ziele

Ahrens, Ernst (Hg.): Lateinausbildung im Studienseminar. Frankfurt/M. (Diesterweg) [2]1966, 84–94 (Interpretationen von A. Klinz zu *Cat.* 51–54)
Blänsdorf, Jürgen/Lederbogen, Ekkehard: C. Sallustius Crispus. Coniuratio Catilinae. Lehrerkommentar, Stuttgart 1986
Engemann, Herbert: Catilina spricht zu den Verschwörern. Bericht über eine Interpretation zu Sallust, *Catilinae coniuratio* 20,2–17, unter besonderer Berücksichtigung des Politischen als Unterrichtsprinzip, in: Der altsprachliche Unterricht 5/5, 1962, 27–33
Fauth, Wolfgang: Ein römisches Frauenporträt bei Sallust *(Cat.* 25), in: Der altsprachliche Unterricht 5/5, 1962, 34–41
Fuhrmann, Manfred: Sallusts »Catilina« als historische Schrift im Unterricht, in: Der altsprachliche Unterricht 22/2, 1979, 43–51
Grotz, Hans: Die Sallust-Lektüre in der Jahrgangsstufe 11, in: Staatsinstitut für Schulpädagogik und Bildungsforschung München (Hg.): Handreichungen für den Lateinunterricht in den Jahrgangsstufen 8–11, Band 1: Prosa, München 1984, 270–350
Gugel, Helmut: Sallusts *Coniuratio Catilinae* – ein curriculares Unterrichtsmodell, in: Anregung 19, 1973, 20–30
Harms, Bernhard: Gaius Sallustius Crispus: *Catilinae Coniuratio* (Lehrerkommentar), Frankfurt/M. 1962, 4. Aufl. 1978
Klinz, Albert: Der Mittelexkurs in Sallusts »Catilina«, in: Anregung 19, 1973, 92–96
Klinz, Albert: Sallust als Schulautor. Didaktische Hinweise – Interpretationsbeispiele, Bamberg 1985

Klowski, Joachim: Die kontrastive Grammatik in der Praxis. Ein Bericht über die sprachliche Arbeit an Sallusts *Catilina* mit einer zweisprachigen Ausgabe, in: Der altsprachliche Unterricht 17/5, 1974, 5–16

Maier, Friedrich: Sallusts »Catilinarische Verschwörung« als Denkmodell. Ein Beispiel für »Politische Erziehung im Lateinunterricht«, in: Anregung 26, 1980, 81–91 (zu *Cat.* 5.9 – 6.7 – 9 – 13.5)

Maier, Friedrich.: »Politische Bildung an Sallusts ›Denkmodellen‹. Zur Problematik der Aktualisierung antiker Geschichtswerke«, in: Maier, Friedrich: Lateinunterricht zwischen Tradition und Fortschritt, Bd. 3, Bamberg 1985, 13–36

Morlang, Wilhelm: Römische Wertbegriffe im Lateinunterricht: Das Problem des Sittenverfalls in Sallusts »Catilinae coniuratio«, in: Der altsprachliche Unterricht 13/2, 1970, 76–92

Morlang, Wilhelm: Zur Beschäftigung mit der Rhetorik im Lateinunterricht. Das Verhältnis von Redner und Zuhörern am Anfang der Caesar-Rede und der Cato-Rede, in: Anregung 19, 1973, 227–232

Munding, Heinz: Römisches Erbe – einmal anders gesehen, in: Der altsprachliche Unterricht 14/5, 1971, 72–80 und in: Munding, Heinz: Antike Texte – aktuelle Probleme, Bamberg 1985, 36–49

Offermann, Helmut: Sallust in der Schule. Gedanken zur Vermittlung seiner Schrift über die Verschwörung Catilinas, in: Anregung 43, 1997, 295–313

Schirock, Edith: Herrschaft und Herrschaftsanspruch – Römisches Selbstverständnis, Freiburg/Würzburg 1977

Schmüdderich, Ludwig: Das Bild Cäsars in Sallusts »Verschwörung des Catilina«, in: Der altsprachliche Unterricht 5/5, 1962, 42–51

Schmüdderich, Ludwig: Res publica und Toleranz in Sallusts *Coniuratio Catilinae,* in: Der altsprachliche Unterricht 14/1, 1971, 64–69

Seel, Otto: Catilina, in: Der altsprachliche Unterricht 1/1, 1951, 5–35

Wilsing, Niels: Die Praxis des Lateinunterrichts II, 2. Aufl. Stuttgart 1964, 71f. (zu *Cat.* 61)

Wenzel, Matthias: Zwei Texte – ein Menschenbild? Vergleichendes Interpretieren im Horizont der Schüler bei der Lektüre von Sallusts ›*Catilina*‹, in: Der altsprachliche Unterricht 40/3, 1997, 65–68

Schallplatte: Sallust, *bellum Catilinae* 51,1–24 und 25–43 *(Caesaris oratio in senatu habita),* Polyglotte Düsseldorf Schallplatte 17 cm, 45 UpM, Nr. L 0385 A/0385 B (Vorder- und Rückseite) (Reihe Viva Vox. Opera scriptorum poetarumque antiquorum discis sonantibus mandata)

Synoptische Textausgabe

Synoptische Drucke unterscheiden sich von den üblichen bilingualen Texten dadurch, dass sie Zeile für Zeile die im Deutschen und Lateinischen einander entsprechenden Satzkonstituenten gegenüberstellen. So können wieder größere Textmengen zügig „gelesen" werden (plurima lectio). Die Übersetzung ist „so wörtlich wie möglich" und stellt nicht nur eine Hilfe zur Internalisierung lateinischer Sprachstrukturen dar, sondern kann auch eine Arbeitsgrundlage sein für die redaktionelle Bearbeitung und die gute, gefeilte Übersetzung, in der auch schon die Interpretation ihren Niederschlag findet.
Zweisprachige Textausgaben in synoptischem Druck sind ideale Arbeitsmittel für lehrerunabhängige Lernphasen wie Freiarbeit, für binnendifferenzierte Unterrichtssequenzen und für die häusliche Präparation sowie für die Arbeit in Förderkursen; sie eignen sich außerdem hervorragend als Hilfsmittel im Rahmen des Universitätsstudiums.
Die Ausgabe der „Catilinarischen Verschwörung" enthält den vollständigen Text mit deutscher Übersetzung in synoptischem Druck.
In einer ausführlichen Einleitung wird der synoptische Druck der zweisprachigen Ausgabe didaktisch begründet und es wird in die Eigenarten von Sallusts Stil eingeführt. Im Anhang werden weitere Einlesemethoden vorgestellt.

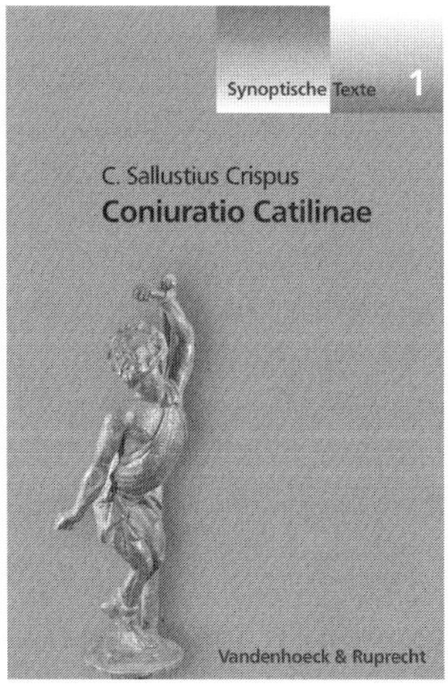

C. Sallustius Crispus, Coniuratio Catilinae

Herausgegeben, übersetzt und synoptisch eingerichtet von Werner Kempkes.
Synoptische Texte 1.
2003. 96 Seiten mit Kopiervorlagen, kartoniert
ISBN 3-525-71800-4

V&R
Vandenhoeck
& Ruprecht